Heino Kamieth
Ökologisches Bodenmanagement

STADTÖKOLOGIE

Herausgegeben von

Prof. Dr. Jürgen Pietsch

Band 2

Heino Kamieth

Ökologisches Bodenmanagement

Bodenschutz unter Nutzung urban-industrieller Substratströme

KRÄMER

Die Deutsche Bibliothek - CIP-Einheitsaufnahme

Kamieth, Heino
Ökologisches Bodenmanagement: Bodenschutz unter Nutzung urban-industrieller Substratströme / Heino Kamieth. - Hamburg : Krämer, 1995.
(Stadtökologie; Band 2)
ISBN 3-926952-91-1

Druck: Rosch-Buch, Hallstadt
Printed in Germany
ISBN 3-926952-91-1

INHALT

ABBILDUNGEN UND TABELLEN

Abbildungen

Tabellen

Kapitel 1

Einleitung

Mit dem Boden als zu schützendem Bestandteil der Umwelt rückte zu Beginn der 80er Jahre nach Luft und Wasser ein weiterer Umweltbereich in den Blickpunkt der Umweltpolitik. Gesetzliche Initiativen des Bundes und der Länder sowie regionale Bestandsaufnahmen von Bodenproblemen verdeutlichen den Handlungsbedarf "Bodenschutz" auf allen Planungsebenen. Erst neuerdings wird unterschieden zwischen Problemen des Bodenschutzes in naturnahen oder agrarisch genutzten Räumen und Bodenproblemen des besiedelten Bereichs. Die im folgenden als ***urban-industriell überformt*** bezeichneten Böden wurden in der Bodenschutzdiskussion erst sehr spät thematisiert.

Die besondere Bodenschutzproblematik im besiedelten Bereich wird in der Bodenschutzkonzeption der Bundesregierung (BMI, 1985) und den Maßnahmen zum Bodenschutz (BMU, 1988) als eigener Problemkreis nicht erwähnt. Eine Ursache ist die unzureichende Informationsgrundlage; die "Boden-Wissenschaften" haben sich erst in jüngster Zeit diesem Forschungsfeld zugewandt. Das Defizit gilt erst recht für die kommunale Umweltplanung, ökologische Bodenqualitäten sind kaum erfaßt, Zielvorstellungen werden noch von der Wissenschaft erwartet. Trotzdem ist Bodenschutz als Handlungsfeld kommunaler Umweltplanung erkannt und gefordert.

Bestehende Bodenschutzansätze zeigen eine statisch-kurative Orientierung; das wird deutlich im Entwurf des Bundes-Bodenschutzgesetzes (BMU, 1993). Bisher ist der Faktor "***Boden- bzw. Nutzungsdynamik***" im besiedelten Bereich aus der Bodenschutzdiskussion weitgehend ausgeblendet. Erst die Berücksichtigung dieses Faktors eröffnet einen ***stadtgemäßen Umgang*** mit dem Umweltmedium Boden.

Nutzungsdynamik betrifft zum einen flächenhafte Bodeninanspruchnahme, darüber hinaus aber auch die Auslösung von ***Substratströmen***, die in ihrer Dimension die Hausmüllmenge pro Kopf um mehr als das Doppelte übertreffen können. Zusätzlich zu Bauschutt und Erdaushub erzeugen abfallwirtschaftliche Ziele sowie die Reinigung kontaminierter Böden erhebliche Substratangebote, deren Verwertungsmöglichkeiten im Rahmen eines stadt-gemäßen Umgangs mit Böden weder problematisiert noch gelöst sind.

Die Erfassung und Steuerung urban-industrieller Bodendynamik ist ein neues Gebiet der Umweltforschung; sie ist Voraussetzung zu einem bewirtschaftenden Umgang mit Boden im Sinne einer kommunalen Naturhaushaltswirtschaft.

Die vorliegende Arbeit entstand als Dissertation an der Technischen Universität Hamburg-Harburg im Arbeitsgebiet "Stadtökologie - Methoden der Umweltplanung". Das Forschungsumfeld bildete ein interdisziplinäres BMFT-Forschungsvorhaben (BMFT 0339168 A) im Förderschwerpunkt "Bodenbelastung und Wasserhaushalt" mit dem Titel ***"Erfassung und funktionale Bewertung urban und industriell überformter Böden"*** (AG BOFO, 1993).

Das Vorwissen zu dem vom Verfasser federführend bearbeiteten Teilprojekt 3: "Bodennutzung, Bodenbewertung und -planung im urban-industriellen Bereich unter Nutzung kommunaler Umweltdatenbanken" wurde bereits veröffentlicht (PIETSCH, KAMIETH, 1991).

Die Arbeit baut auf diesen Vorleistungen auf; Thema ist die Erarbeitung von Grundlagen und Methoden für ein ökologisches Bodenmanagement im besiedelten Bereich. Zentrale Ansatzpunkte sind die ***Erfassung und Steuerung urbaner Substratströme*** unter Einbeziehung unterschiedlicher urban-industrieller Nutzungsansprüche an den Boden. Der statisch-kurative Bodenschutz wird durch qualitätszielorientierte Bodengestaltung erweitert. Zielebene ist die kommunale Planung, bzw. sind kommunale Handlungsmöglichkeiten.

1.1 Problemstellung und Zielsetzung

Siedlungsflächenentwicklung, Nutzungsdynamik und Umweltgesetzgebung bewirken gemeinsam und sich gegenseitig verstärkend im urban-industriellen Bereich eine außerordentliche Dynamik der Bodenbildung und damit der Standorteigenschaften.

Flächenwidmungen in der Nutzungsplanung und die Verteilung von Bodensubstraten folgen fast ausschließlich ökonomischen Abwägungen, während die Entwicklung der dabei entstehenden Bodenqualitäten überwiegend zufälliger Art ist.

Stoffströme der Bau-, Energie-, Rohstoffwirtschaft, Substrate der Boden- bzw. Altlastensanierung sowie Komposte aus organischen Abfällen und sonstige "Bodenverbesserungsmittel" bedingen eine meist unregelmäßige aber beständige Veränderung der Bodeneigenschaften urbaner Freiflächen. Neue (Abfall-) gesetzliche Vorgaben hinsichtlich " ***Erfassen*** ", " ***Verwerten*** " und " ***Stoffbilanzen*** " erfordern erweiterte Problem- und Lösungssichten für den Bodenschutz.

Für die kommunale Ebene der Umweltplanung und der Abfallwirtschaft fehlt bisher ein übergreifender Ansatz, der den Umgang mit den verschiedensten bodenbildenden Substraten in eben diesen Zusammenhang stellt, mit den Zielen

Verwertung *und* Bodenschutz.

Die Problemkonstellation läßt sich in sechs Thesen zusammenfassen:

(1) Urban-industrielle Bodennutzung zeichnet sich durch hohe Dynamik aus.

- Stadtböden nehmen in ihrer geograhischen Ausdehnung ständig zu.
- eng verknüpft mit dem Nutzungswandel ist der zweite dynamische Faktor: urban-industrielle Substratströme.

(2) Der kommunalen Umweltplanung fehlen Wertmaßstäbe für "städtische Böden"

- Qualitätsvorstellungen beschränken sich bisher auf schadstoffbezogene Sanierungsziele.
- Wertmaßstäbe müssen den status quo und Gestaltungsziele umfassen.

(3) Urban-industrielle Substratströme sind bodenbildend. Bilanzen und geeignete Bewertungsmaßstäbe fehlen.

- Erforderlich sind Informationen zu Mengen, Qualitäten und Verbreitung von Substratströmen,
- ihre Bedeutung für urban-industrielle Bodenbildungen,
- den Aktivitäten und Zielen der unterschiedlichsten Boden-Akteure.
- Offensichtlich werden diese Aufgaben vor dem Hintergrund kreislauf- und recyclingorientierter Zielsetzungen.

(4) Die im urban-industriellen Bereich umgesetzten (Abfall-) Substrate nehmen in ihren Mengen stark zu und sorgen für steigenden Verwertungsdruck.

- Siedlungswachstum, Bauboom und die Altlastenproblematik sorgen für
  * nach wie vor steigende Mengen von Bauabfällen,
  * Zunahme der Substrate aus der Bodenreinigung.
- Der Vorrang der stofflichen Verwertung wird gesetzlich fixiert. Im Sinne des Kreislaufgedankens bedeutet das eine bodenbezogene Verwertung.
- Weitgehend ungelöst sind bisher die Verwertungsmöglichkeiten von Abfallsubstraten zur Bodenbildung.
- Trotzdem treten Kommunen mit ehrgeizigen Vermeidungs- / Verwertungszielen an.
- Kostendruck durch Gebührenerhöhungen der Deponierung soll die Verwertung fördern.
- Als Folge davon "verschwinden" Substratströme aus der statistischen Erfassung; Verwertung unbekannt.

(5) Die Suche nach Verwertungsmöglichkeiten von Substraten im besiedelten Bereich verursacht quantitative und qualitative Probleme.

- Grundsätzlich sollten im urban-industriellen Bereich anfallende Substrate auch dort verwertet werden, entsprechend dem Verursacherprinzip und dem Prinzip der Konzentration von Belastungen.
- Geeignete Stoffsenken, d.h. geeignete Nutzungen, sind qualitätszielorientiert zu ermitteln.
- Das Fehlen von Kontroll- und Überwachungsinstrumenten läßt Sanierungsfälle von morgen entstehen.

(6) Zielkonzepte und entsprechende Organisationsstrukturen für die Boden-Akteure fehlen.

- Die Verursacher und Verwerter von Substratströmen (Bodenakteure) sind hinsichtlich ihrer ökonomischen und ökologischen Zielvorstellungen nicht koordiniert.
- Bisherige Verwertungsstrategien von Substraten sind sektoral konzipiert(z.B. Bauschutt- und Kompostverwertung).
- Es fehlt ein übergreifender Ansatz zum Umgang mit Bodensubstraten imurban-industriellen Bereich, der unter Bodenschutzaspekten integriert.

1.2 Struktur und Methoden

Das folgende Kapitel geht auf den Stand der Bodenschutzpolitik ein. Eine Analyse bisheriger Bodenschutzpolitik sowie des Wissensstandes zu Stadtböden offenbart Defizite und einen Bedarf handlungsorientierter Konzepte auf kommunaler Ebene.

Kapitel 3 verdeutlicht den Zusammenhang von Nutzung bzw. Nutzungsgeschichte und Bodenzustand. Entwickelt wird ein methodischer Ansatz zur Erfassung und Darstellung urban-industrieller Nutzungsdynamik und eine am urban-industriellen Bereich orientierte Nutzungstypensystematik. Der empirischen Validierung dient ein Hamburger Untersuchungsraum. Die nutzungsbezogene Vorgehensweise wird zur Grundlage für flächenbezogene Betrachtungen einer qualitativen Bodenbewirtschaftung.

Im weiteren wird die quantitative Dimensionen urban-industrieller Substratströme ermittelt. Unter dem Gesichtspunkt der Bodenbildung relevante Substratströme werden erfaßt und bewertet. Eine Bestandsaufnahme bisheriger Verwertung und Bodenbildung einzelner Substratströme offenbart Ursachen von Bodenbelastungen. Bilanzierung und Klassifizierung von Substratströmen sind Voraussetzung künftiger Verwertung und Bodenbildung im Rahmen einer qualitativen Bodenbewirtschaftung.

Kapitel 5 liefert den dritten Lösungsschritt: Gestaltungsziele für eine qualitative Bodenbewirtschaftung. Ein nutzungsbezogener, funktionaler Ansatz dient der Ableitung stadtgemäßer Wertmaßstäbe für Bodenqualitäten.

Danach werden die in Kapitel 3 bis 5 entwickelten Grundlagen und Methoden zu einem Bodenmanagement-Modell integriert und geeignete Instrumente der Umsetzung vorgeschlagen. Abschließend wird das Konzept der qualitativen Bodenbewirtschaftung hinsichtlich Realisierungschancen kritisch bewertet und ein Ausblick auf weiterführende Entwicklungen gegeben.

Kapitel 2

Bodenschutzpolitik und Problemstrukturen urban-industrieller Böden

2.1 Bodenschutzpolitik

Die bisherige Bodenschutzpolitik zeichnet sich durch Zersplitterung von Zuständigkeiten und durch Wissensdefizite aus. Wesentliche Ursachen dieses Mangels sind (vgl. HÜBLER, 1989, SPILOK, 1992):

- In Deutschland blieb der Schutz des Bodens, während Luft und Wasser schon lange durch eigene öffentlich-rechtliche Regelungswerke geschützt wurden, ein Anhang anderer Rechtsbereiche. Rund 35 bundesgesetzliche und eine Vielzahl landesrechtlicher Regelungen haben den Boden oder bestimmte Aspekte zum Gegenstand, die verschiedenen Rechtsbereichen zugeordnet sind (Bau- und Planungsrecht, Landwirtschaftsrecht, Liegenschaftsrecht, Grundstücksverkehrsrecht, Nachbarrecht u.a.), und werden von verschiedenen Verwaltungen exekutiert. Auf Bundesebene blockierte bis 1986 auch der Kompetenzstreit über den Bodenschutz zwischen dem für die allgemeine Umweltpolitik zuständigen Bundesministerium des Innern und dem für die Agrarpolitik und den Naturschutz zuständigen Bundesministerium für Ernährung, Landwirtschaft und Forsten weitergehende Maßnahmen.

- Die Tatsache, daß der Boden im Gegensatz zu Wasser und Luft im Privateigentum steht und daß Gefährdungen des Bodens vielfach nicht erkannt wurden.

- Der Stand des Wissens über die Belastungen und Zerstörungen war, abgesehen von der Problematisierung des Landschaftsverbauchs, gering. Bodenschutz war bis in die 80er Jahre als Umweltthema in der Öffentlichkeit nicht bekannt.

Markstein der Bodenschutzpolitik der 80er Jahre war die Verabschiedung der Bodenschutzkonzeption (BMI, 1985) durch das Bundeskabinett Anfang 1985. Einer ihrer wesentlichsten Mängel ist der von HÜBLER (1989) und HIRN (1989) formulierte fehlende "gesamtgesellschaftliche Ansatz" zum Schutz des Bodens. Doch sie läßt erkennen, daß der Regierung die Schäden und Gefährdungen der Böden durchaus bewußt sind, und sie enthält durchaus eine Reihe von notwendigen und unterstützenswerten Forderungen, die als Sofortmaßnahmen die Belastung des Bodens deutlich reduzieren könnten. Dazu gehören die Orientierung am Prinzip der Vorsorge und damit die Forderung nach der Minimierung von problematischen Stoffeinträgen aus Industrie, Gewerbe, Verkehr, Landwirtschaft und Haushalten sowie der Trendwende im Landverbrauch.

In der Auflistung von "Maßnahmen zum Bodenschutz" (BMU, 1988) werden die Aussagen der Bodenschutzkonzeption nicht konkretisiert und umgesetzt, sondern verwässert. Ein Vergleich entsprechender Passagen durch BACHMANN (1989) verdeutlicht gerade für die Programmaussagen einen Verlust wesentlicher Leitlinien wie z.B. "Haushälterischer Umgang" und "Sozialpflichtigkeit".

In der Bodenschutzpolitik fehlen bis heute von der Bundes- über die Länder- bis zur Kommunalebene nachhaltige Bewirtschaftungsansätze bzw. Leitlinien einer ökologisch orientierten Bodenkultur.

Auch im Entwurf des Bundesbodenschutzgesetzes (BMU, 1993) fehlen Überlegungen zu Bodengestaltung und Bodenentwicklung; vielmehr konzentriert sich das Gesetz auf Abwehr von Schadstoffbelastungen. Dadurch wird z.B. die in den Ländern bereits normierte Altlastenproblematik noch einmal geregelt. Einen Fortschritt stellt die Berücksichtigung von Substratströmen in § 9 dar. Danach kann die Bundesregierung "Vorschriften erlassen über Anforderungen zur Abwehr schädlicher Bodenveränderungen beim Umgang mit ausgehobenen, abgeschobenen und behandelten Böden". Erwartete Regelungen zum "haushälterischen Umgang" mit Fläche und Boden fehlen. Der Entwurf bleibt teilweise hinter der Gesetzgebung einzelner Bundesländer zurück.

Vorbildlich sind Vorschläge für eine haushälterische Nutzung des Bodens, wie sie im Rahmen des Nationalen Forschungsprogramms "Nutzung des Bodens in der Schweiz" erarbeitet wurden (HÄBERLI et. al, 1991).

Vergleichbare Regelungen im § 9 des Bundesbodenschutzgesetzes (BBodSchG) wären die entscheidenden Grundlagen für eine ökologisch orientierte Bodenkultur, die länderspezifische Ausgestaltung die problembezogene Umsetzung.

Die in Deutschland vorgesehene weitere Konkretisierung der Bodenschutzpolitik über Bodenschutzprogramme bzw. gesetzliche Regelungen der Länder ist bis auf wenige Ausnahmen nicht über Referentenentwürfe hinaus entwickelt: Von den alten Bundesländern hat bis heute nur Baden-Württemberg den Schritt zu einer eigenständigen gesetzlichen Regelung des Bodenschutzes getan. Als erstes neues Bundesland hat Sachsen den Bodenschutz gesetzlich verankert. Der Landtag hat im Sommer 1991 das "Erste Gesetz zur Abfallwirtschaft und zum Bodenschutz im Freistaat Sachsen (EGAB)" beschlossen (vgl. Tab. 2.1).

Der kommunalen Ebene mangelt es bis heute an Zielfindungen, die über sektorale Konzepte (Freiflächenschutz, Altlasten-, Entsiegelungsprogramme etc.) hinausreichen.

Tab. 2.1: Umweltpolitische Zielsetzungen des Bodenschutzes

Gesetz/Programm/Konzept	wesentliche Ziele/Inhalte
Bund	
Bodenschutzkonzeption (BMI, 1985)	Schutz aller, auch rein anthropozentrischer Bodenfunktionen (z.B. Rohstoffe)
Maßnahmen zum Bodenschutz (BMU, 1988)	Konkretisierung von Schutzmaßnahmen
Bodenschutzgesetz (Referentenentwurf, BMU, 1993)	Funktionsvielfalt erhalten; Vorsorge gegen schädliche Veränderungen; eingetretene Schäden beseitigen; Auswirkungen der Beeinträchtigungen auf Mensch und Umwelt verhindern; einheitliche Bewertungsmaßnahmen
Länderkonzepte und -programme (Beispiele)/ Landesgesetze	
Bodenschutzprogramm Baden-Württemberg (1986)	Sicherung der lebensnotwendigen Bodenfunktionen und Erhaltung der dauerhaften Nutzungsfähigkeit der Böden
Berliner Bodenschutzprogramm (SEN.STADT.UM., 1987)	Vorsorge u. Wiederherstellung der natürlichen Bodenfunktionen; Beratung/Anleitung v. Bodenbeanspruchern
Bodenschutzprogramm Schleswig-Holstein 1988	Regionale Konkretisierung der Bundeskonzeption; Bestandsaufnahme und länderbezogene Lösungsansätze
Bodenschutzprogramm des Saarlandes (MU SAAR, 1990)	Schutz des Bodens als Organismus; Erhalt ökologischer Funktionen; Verhinderung der Entstehung von Bodenschadstoffen bereits a.d. Quelle; Sozialpflichtigkeit des Bodeneigentums; Verpflichtung aller Behörden und öffentlichen Planungsträger auf diese Zielsetzungen
Bodenschutzkonzept Niedersachsen 1991	Erhaltung und Schutz der unbebauten Freiräume; schonender u. sparsamer Umgang mit dem Boden
Bodenschutzgesetz Baden-Württemberg BodSchG vom 24.6.91	Erhalt des Bodens als Naturkörper und Lebensgrundlage für Menschen und Tiere; Schutz vor Belastung; Beseitigung von Belastungen; Bodenbelastungsgebiete
Gesetz zur Abfallwirtschaft Bodenschutz in Sachsen (EGAB v. 12.8.91)	Schutz und Erhalt von Bodenwirtschaft und Boden-und funktionen; Sorgfaltspflicht im Umgang mit Boden; Berücksichtigung der Ziele und Grundsätze des Bodenschutzes bei Planungen, Baumaßnahmen, sonst.Vorh.
Bodenschutzkonzept Hamburg (FHH, 1993)	40 Maßnahmen, einschließlich Verwertungskonzept für gereinigte Böden, Einrichten einer Bodenbörse

Die aufgeführten Gesetze, Konzepte und Programme beinhalten überwiegend Allgemeinplätze, Wiederholungen aus dem Bundeskonzept. Selten finden sich Hinweise auf Finanzierungs- und Förderprogramme zur Umsetzung der Bodenschutzziele. Lediglich das Bodenschutzprogramm Berlin geht über die gebetsmühlenhaft wiederholte Aufzählung von Bodenbelastungen und gleichrangigen Bodenfunktionen hinaus und versucht bei den Ursachen, z.B. den "Bodenbeanspruchern" anzusetzen.

Eine Sonderstellung nimmt auch das Bodenschutzprogramm des Saarlandes (MU SAAR, 1990) insofern ein, als ***Bodenprobleme im urban-industriellen Bereich*** herausgestellt werden. Allerdings findet die Bodendynamik durch Nutzungswandel und Substratströme keine Berücksichtigung. Das aus mehreren Teilschritten zusammengesetzte Hamburger Bodenschutzkonzept beinhaltet die Erarbeitung eines umfassenden Verwertungskonzeptes für gereinigte Böden und Bodenaushub (FHH, 1993).

Sowohl die TA Siedlungsabfall als auch die - jetzt Kreislaufwirtschaftsgesetz genannte - im Juli 1994 mit Zustimmung des Bundesrates vom Bundestag verabschiedete 5. Novelle Abfallgesetz fordern Konzepte zur Wiederverwertung von Abfallstoffen. Die restlichen, "echten" Abfälle sind auf ein Minimum zu reduzieren. Dieses Prinzip hat erheblichen Einfluß auf das System anthropogener Stoffströme. Zu erschließen sind neue, "sinnvolle" Stoffsenken, die - nimmt man den Kreislaufgedanken ernst - den Boden betreffen.

Fraglich ist, ob die künftig anfallenden Substrat-Massen tatsächlich ***"bodenbildend"*** unterzubringen sind. Bestes Beispiel ist Kompost: Es ist zu bezweifeln, ob die künftigen Mengen ohne grundsätzlich neue Verwertungskonzepte vom Markt aufgenommen werden. Im Extremfall bedeutet das: Da die TA Siedlungsabfall vorsieht, daß künftig nur noch Substanzen auf Deponien abgelagert werden dürfen, die weniger als fünf Prozent Organik enthalten, könnten nicht verwertbare organische Substrate wie Kompost und Klärschlamm doch in die Müllverbrennung wandern. Hamburg plant bereits Verbrennungskapazität für 100.000 t/a Klärschlamm/Organik.

Mit den Begriffen Gefahrenabwehr - Schadensbegrenzung - Schutz - Nachsorge - Vorsorge - kann das Handlungsspektrum umschrieben werden, dessen bisher entwickelte Anteile für eine ineffiziente und teure, nicht für eine ökonomische oder gar ökologische Bodenpolitik stehen. Hier wird - auch unter wirtschaftlichen Aspekten - eine Verschiebung hin zu einer vorsorgenden Umweltpolitik erforderlich, mit der die Entstehung nicht oder nur unter hohen Aufwendungen zu beseitigende Schäden vermieden und auf "tragfähige Böden" hingearbeitet wird. Zwar besteht ein Konsens, weitere stoffliche Belastungen zu vermeiden, doch fehlt ein optimaler Handlungsrahmen, da die Ziele für Stadtböden selbst noch nicht hinreichend diskutiert sind (PIETSCH & KAMIETH, 1991).

2.2 Vom Schutz-Prinzip zum Qualitäts-Management

Der Bundes-Bodenschutz ist eindeutig ein Bodenfunktionen-Schutz. Eingeschlossen sind bodenzerstörende Funktionen. Dieser Ansatz zieht sich wie ein roter Faden von der Bodenschutzkonzeption der Bundesregierung bis zur Ebene der kommunalen Aktivitäten.

Da der Schutz der ökologischen Bodenfunktionen mit den Nutzungsansprüchen nur begrenzt vereinbar ist, hat der Sachverständigenrat für Umweltfragen (SRU, 1987) empfohlen, den Bodenschutzbegriff auf den Schutz der Funktionen des Bodens im Naturhaushalt zu begrenzen.

Leitgedanke des geplanten Bundes-Bodenschutzgesetzes soll "der Schutz vor schädlichen Bodenveränderungen" sein: sie liegen vor, wenn die Bodenfunktionen beeinträchtigt sind und dadurch Gefahren oder erhebliche Nachteile oder erhebliche Belästigungen für den einzelnen oder die Allgemeinheit herbeigeführt werden. Das Gesetz zeichnet sich aufgrund der Zielformulierungen (vgl. Tab. 2.1) durch einen statisch-kurativen Charakter aus. Die Hoffnung auf einen Anschubeffekt im Hinblick auf Schutz und Pflege (Entwicklung) des Bodens und die Integration von Bodenschutz und Altlastensanierung (vgl. BRANDT, 1993) scheint sich nicht zu erfüllen.

Der bisherige, statisch-kurative Bodenschutz baut im wesentlichen auf drei Prinzipien auf:

- Empfindlichkeit bzw. begrenzte Belastbarkeit,
- Bodenfunktionen-Schutz sowie
- Beseitigung von Schäden.

Künftiger, ein dem Vorsorgeprinzip und den Zielen einer Kreislaufwirtschaft entsprechender Bodenschutz muß die Entwicklung/Gestaltung von Qualitäten einbeziehen; das gilt aufgrund ihrer Nutzungs- und Substratdynamik umso mehr für Stadtböden.

Bodenschutz im besiedelten Bereich bedarf allerdings einer über den naturhaushaltsbezogenen Funktionenschutz und damit statischen Schutzansatz erweiterten Definition, die gestalterische Aspekte einschließt; Nutzungs- und Substratdynamik sind zu berücksichtigen. Dann zeichnen sich drei Handlungsansätze für den urbanen Bodenschutz ab:

Bodenschutz im besiedelten Bereich beinhaltet:

1. Erhaltung
2. Flächenhaushalt
3. Qualitätsmanagement

Diese drei Handlungsansätze entsprechen den erforderlichen "Entwicklungsstufen" im kommunalen Bodenschutz, zeigen den Weg vom statischen Bodenschutzprinzip zum ***gestaltenden Qualitätsmanagement.***

Erhaltung heißt:
Belastungen und Veränderungen von gewachsenen Böden (bzw. Böden mit besonderen Funktionen) zu vermeiden.

Flächenhaushalt bedeutet:
Bewirtschaftung der flächenhaften Bodeninanspruchnahme unter Berücksichtigung ökologischer Funktionen. Ziel ist eine kontinuierliche Bilanzierung und vor allem Bewertung im Sinne eines haushälterischen Umgangs mit der Ressource Boden.

Qualitätsmanagement ist:
Die gezielte Entwicklung von Bodenfunktionen unter Nutzung der urbanen Flächen- und Substratdynamik.

2.3 Urban-industrielle Böden - Definitionen und Wissensstand

In urban und industriell überformten Gebieten sind 'Böden' unterschiedlichster Ausprägungen und Eigenschaften entstanden. Entstehungsursache waren weder natürliche Entwicklungen noch auf Bodenbildung oder Bodenentwicklung zielendes Handeln. Böden im urbanen Bereich unterscheiden sich sowohl in ihrer stofflichen Zusammensetzung, als auch in der Ablagerungsart deutlich von denen naturnaher Standorte.

Damit sind die klassischen Definitionen, die Böden als "natürlich vorkommend" bzw. "Naturkörper" charakterisieren (z.B. SCHLICHTING, 1970; STAHR, 1985) nur bedingt anwendbar auf Böden urban-industrieller Bereiche.

Böden sind in der Regel in Horizonte gegliedert, die sich durch mehr oder weniger deutliche Übergänge in vertikaler Abfolge abgrenzen lassen. In der Horizontalen bestehen meist fließende, kontinuierliche Übergänge: Bereiche mit relativ geringen Merkmalsänderungen lassen sich von anderen Bereichen abgrenzen, so daß Bodeneinheiten in Form eines unendlichen Mosaiks entstehen (SCHLICHTING, 1970).

Definition Böden:

Böden sind vierdimensionale Ausschnitte aus der Erdkruste, in denen sich Gestein, Wasser, Luft und Lebewesen durchdringen. Nach SCHRÖDER (1983) besteht Boden je nach Anteilen und Durchmischung aus folgenden Bestandteilen:

- Mineralische Bestandteile als unbelebte, anorganische Komponente des Bodens: Gesteinsbruchstücke, primäre und sekundäre Minerale, amorphe Substanzen,

- Bodenwasser und -luft in ihrer Abhängigkeit von den mineralischen Bestandteilen (Gefügeformen).

Diese beiden Faktoren bilden die Grundlage bzw. den Raum für:

- Organische Bestandteile als teilweise belebte, organische Komponente des Bodens:
  Organismen der Bodenflora und Bodenfauna, Pflanzenwurzeln, unzersetzte und zersetzte Vegetationsrückstände, neugebildete Humusstoffe.

Abweichend dazu sind in Stadtböden Ablagerungsfolgen je nach Nutzung bzw. Nutzungswandel in jeder räumlichen Lage bis zu vertikaler Anordnung möglich. Den Abgrenzungen von Nutzungseinheiten entsprechend entstehen z.T. übergangslose, exakt begrenzbare rechteckige Bodeneinheiten (vgl. PIETSCH, KAMIETH, 1991 und Abb. 2.1).

Vielfach sind stadt- und industrienahe Standorte durch Auffüllung und Aufschüttung, Entnahme und Kontamination gleichermaßen beeinflußt. Dies führt zu einer engen Verzahnung von naturnahen und anthropogenen Substraten als Ausgangsmaterialien der Bodenbildung. Neben der Zusammensetzung oder dem Stoffbestand sind Durchmischungsgrad, Schichtungsgrad, Verdichtungsgrad und Kontamination von entscheidender Bedeutung (KNEIB, SCHWARZE-RODRIAN, 1986; BRIDGES, 1989).

Stadtböden enthalten anthropogene Substrate in unterschiedlichster Art und Anteilen; daraus resultieren besondere physikalische und chemische Eigenschaften, die z.T. extreme Standortverhältnisse bedingen. Außer der Zusammensetzung kann die Ablagerungsart für Belastungen sorgen (Störung von Austauschprozessen). Intensität und Art der anthropogenen Prägung urbaner Böden ist jeweils abhängig von der Nutzung bzw. den Nutzungsabfolgen (PIETSCH, KAMIETH, 1991). Nutzungsspezifisch werden

- neue Substrate eingebracht, bzw. Substrate ausgetauscht,
- Stoff- und Energiedurchsätze variiert,
- Genesen gesteuert.

Abb. 2.1: Grenzen und Übergänge von Nutzungseinheiten (N) und Substraten bzw. Bodentypen (T) im Außenbereich und im besiedelten Bereich (verändert nach: PIETSCH, KAMIETH, 1992)

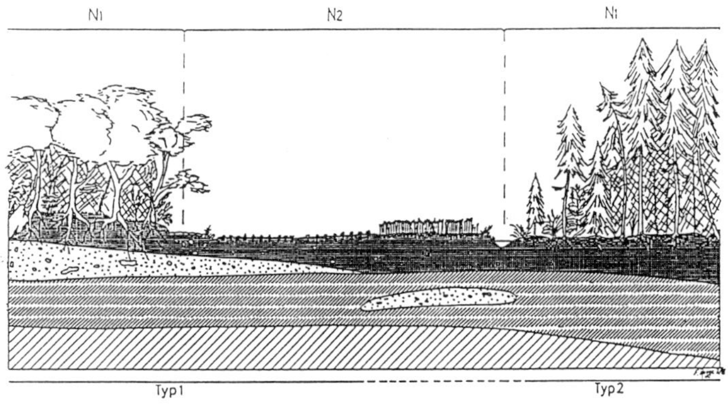

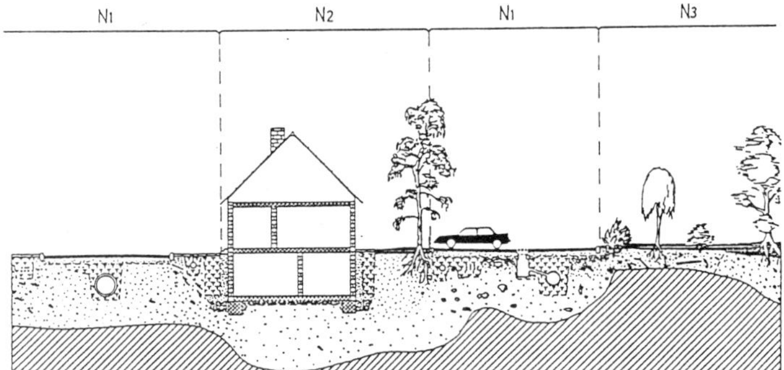

Diese anthropogene, nutzungsspezifische Prägung läßt sich als Funktionsgleichung darstellen. In Anlehnung an SEMMEL (1983):

"Boden ist das Produkt seiner Umwelt, d.h. das Produkt von an oder in der Nähe der Erdoberfläche wirkender Vorgänge. Diese Beziehung kann als Funktionsgleichung dargestellt werden":

$$B = f(K, F, S, R, Z, N)$$

K = Klima
F = Flora und Fauna
S = Ausgangssubstrat
R = Relief
N = Nutzung
Z = Zeit

Stadtböden (B_S) sind geprägt durch den alles dominierenden anthropogenen Faktor Nutzung. Die Nutzung (n) prägt außerdem alle übrigen Faktoren der Bodenbildung (vgl. PIETSCH, KAMIETH, 1991) so daß gilt:

$$B_S = f(N, K_n, F_n, S_n, R_n, Z_n)$$

Kn = Stadtklima
Fn = städtische Fauna und Flora
Sn = nutzungstypische Substrate
Rn = städtische Oberflächen
Zn = Intervalle städtischen Nutzungswandels

Definition urban-industrielle Böden (Stadtböden)

Aus anorganischen und/oder organischen Substraten natürlicher oder technischer Herkunft bestehende Oberflächen, deren anthropogen bedingte Wirkfaktoren die Einflüsse von Naturfaktoren lokal überlagern können.

Entstanden sind in der Stadt Oberflächen/Böden und Bodengesellschaften, wie sie nur durch und unter urbanen Nutzungen entstehen konnten. Sie weisen stadttypische Genesen (Entwicklungsprozesse) auf, die nur bis zu einem gewissen

Grad an "natürlichen" Bodenentwicklungen gemessen werden können (vgl. Kap. 3.3).

Die Vielfalt und die Intensität der Nutzungsansprüche an die Böden nimmt im urbanen Bereich derart zu, daß deren Nutzungsmöglichkeiten und Funktionen im Naturhaushalt eingeschränkt bzw. sogar zerstört werden.

Mit der Ausdehnung einer Stadt oder eines Ballungsraumes wachsen die Problemdimensionen. Urban-industrielle Böden sind Phänomene des gesamten besiedelten Bereichs und nehmen eine nicht unerhebliche Fläche ein: der Anteil der Siedlungsflächen liegt (nach Angaben des Ministers für Landes und Stadtentwicklung Nordrhein-Westfalen)

- an der Gesamtfläche der alten Bundesländer bei ca. 12% und
- in NRW bei 19% der Landesfläche.

Bei einer Trendverlängerung bis zur Jahrtausendwende wäre etwa ein Viertel dieses Bundeslandes "Siedlung". Eine Trendumkehr, als umweltpolitisches Ziel in der Bodenschutzkonzeption der Bundesregierung gefordert ist nicht in Sicht (MLS, 1984; IFS, 1988). Die Ausdehnung der Siedlungsflächen wird vor dem Hintergrund der jüngsten politischen Entwicklungen auf unvermindert hohem Niveau anhalten. Der Bau von 2,5 Millionen Wohnungen in der ersten Hälfte der 90er Jahre wird allein zu einem täglichen Zuwachs von ca. 48-54 ha "Stadtböden" beitragen (BFLR, 1990).

Den unverminderten Trend bestätigen regionale Prognosen. Eine Untersuchung für den Raum Hannover bis zum Jahre 2010 (ISP/ARUM, 1991), erstellt im Rahmen der "Ökobilanz EXPO 2000" geht von einer Zunahme von ca. 5.500 - 8.400 ha aus (vgl. Abb. 2.2).

Die Zunahme der Siedlungsfläche bedeutet nicht unbedingt, daß diese Flächen vollständig überbaut, die gesamte Bodenfläche verändert wird. Die Werte verdeutlichen aber das Ausmaß anthropogener Bodenbildungen bzw. Bodenbewegungen.

Die räumliche Konzentration der Siedlungsflächenausdehnung auf die Verdichtungsgebiete führt in diesen Gebieten zu besonders hohen Anteilen urbanindustrieller Böden. In der Raumplanung werden Regionen mit großen Verdichtungsräumen, Regionen mit Verdichtungsansätzen sowie ländlich geprägte Regionen unterschieden. Besonders stark hat sich von 1950 bis 1985 der Siedlungsflächenanteil in den Regionen mit großen Verdichtungsräumen erhöht:

- in den Kernstädten von 30,6% auf 49,9%,
- im hochverdichteten Umland von 9,1 auf 16,9% und
- in ihrem ländlichen Umland von 7,7% auf 11,6%.

Auch die Kernstädte der Regionen mit Verdichtungsansätzen weisen mit einem Siedlungsflächenanteil von 34,3% in 1985 gegenüber 18,6% in 1950 einen erheblichen Zuwachs auf (RACH, 1987).

Abb. 2.2: Prognose des Flächenverbrauchs in der Region Hannover vor dem Hintergrund der Planungen für die Weltausstellung EXPO 2000 (verändert nach: ISP/ARUM, 1991)

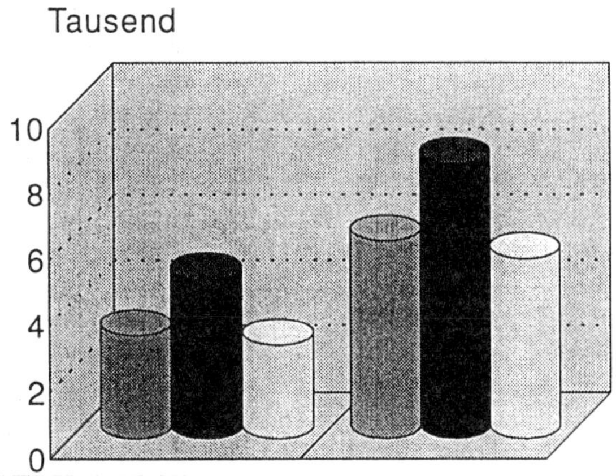

	1991-2000	1991-2010
Status-quo	3,086	5,962
Expo-Szenario	4,825	8,356
"Ökol.Präferenz"	2,79	5,427

Angaben in ha

Legende
Status-quo
Expo-Szenario
"Ökol.Präferenz"

So ist z.B. laut Umweltbericht 1982 der Hessischen Landesregierung die Wohnsiedlungsfläche der am Untermain (zwischen Frankfurt und der Mainmündung) gelegenen Gemeinden zwischen 1950 und 1980 um 172 % gewachsen. Die Gewerbeflächen haben sich in dieser Zeit sogar um 232 % ausgedehnt (HESS. LANDESREGIERUNG, 1982). Von 1950 bis 1984 wurden in Berlin (West) ca. 4.800 ha an Freiflächen bebaut, eine Fläche, die größer ist als der Bezirk Neukölln. Der Anteil der landwirtschaftlich genutzten Fläche am Stadtgebiet ging im gleichen Zeitraum von ca. 9 % auf ca. 2 % zurück (IFS, 1988).

2.3.1 Bodenkunde

Die Wissenschaft vom Boden, die Bodenkunde, beschäftigte sich traditionell mit natürlich gewachsenen Böden und den Standorten von Wiesen, Äckern, Mooren und Wäldern. Ihre Forschungen hatten für Landwirtschaft und Forstwirtschaft im wesentlichen die Ertragssteigerung zum Ziel, ohne die ökosystemaren Auswirkungen zu berücksichtigen. Folgen waren u.a. die jahrzehntelangen und noch anhaltenden Bemühungen, feuchte Standorte und Moore trockenzulegen und "urbar" zu machen.

Nicht nur die Bodenkunde, die ökologische Forschung insgesamt beschäftigte sich bis vor wenigen Jahren nur mit der "freien Natur", menschliche Siedlungen lagen lange Zeit außerhalb des Untersuchungsgegenstandes. Stadt und Natur sind für viele heute noch Begriffe, die unvereinbar sind. Die früher oft wiederholte Behauptung, jede Stadt sei generell lebensfeindlich, blieb lange Zeit unwidersprochen (SUKOPP, 1985). Inzwischen ist hier eine Neuorientierung zu beobachten. Die moderne Ökosystemforschung bezeichnet Städte als "urban-industrielle" Ökosysteme und bezieht die gestaltende Rolle des Menschen als konstituierenden Faktor mit ein. Zuerst hat sich die ökologische Forschung in der Stadt mit Biotopkartierungen und der Untersuchung von Bioindikatoren befaßt. Fragen zu urbanen Böden wurden erst in jüngster Zeit infolge der Bodenschutzdiskussion aus den planungsorientierten Wissenschaftsdiziplinen gestellt.

Trotz der in den letzten Jahren intensivierten Beschäftigung mit Stadtböden, bestehen noch erhebliche Forschungs- und Erkenntnisdefizite. Innerhalb der Deutschen Bodenkundlichen Gesellschaft wurde der Arbeitskreis Stadtböden gegründet, der Empfehlungen für die Erweiterung der Bodenkundlichen Kartieranleitung zur Erfassung von Stadtböden erarbeitet hat (BLUME et al., 1989). An Aufgaben sind von der Bodenkunde noch zu leisten (AG BOFO, 1993):

- Beschreibung der spezifischen Eigenschaften von Stadtböden,

- funktionale Bewertung der Eigenschaften zur Ableitung der Leistungsfähigkeit dieser Böden hinsichtlich der Ansprüche der siedlungsspezifischen Nutzungen,

- "Regionalisierung" der Böden und funktionale Bewertung des Verbreitungsmusters.

Mit der Entwicklung neuer Kartiertechniken in der Stadt sowie der Beschreibung und Bewertung von Stadtböden werden Erweiterungen der bisherigen Bodensystematik erforderlich. Vorschläge zur Benennung und Taxonomie werden in der Bodenkunde noch diskutiert.

2.3.2 Bestandsaufnahmen

In urban-industriellen Verdichtungsräumen steht die Bestandsaufnahme noch am Anfang. Stadtböden sind auf amtlichen bodenkundlichen Karten i.d.R. nicht existent. Ausnahmen sind Pilotprojekte und wissenschaftlich orientierte Bodenkartierungen z.B. in den Städten

- Berlin (GRENZIUS und BLUME, 1984; GRENZIUS, 1987),
- Hamburg (MOLL und SPEETZEN, 1987 sowie WOLF, 1993),
- Kiel (CORDSEN et al. 1988),
- München (SUTTNER, 1992),
- Oberhausen (METZGER, 1993),
- Herne (KERSTING et al., 1993),

die erstmals großflächig Stadtböden bodenkundlich beschreiben und Vorschläge einer Klassifizierung entwickeln.

Eine Substratkartierung nach Nutzungstypen in Essen (AUBE, 1987) hatte zum Ergebnis, daß lediglich 9% der Böden eines 3.200 ha großen Untersuchungsraumes im industriell geprägten Norden der Stadt "naturnahe Restflächen" waren (Abb. 2.3).

Vorläufer bodenkundlicher Bestandsaufnahmen im urban-industriellen Bereich waren die Stadtrandkartierungen der Ruhrgebietsstädte. Schon in den 30er Jahren wurden für mehrere Stadtkreise geologisch-bodenkundliche Kartierungen durchgeführt. Sie sollten Grundlagen für die Planung der Ansiedlung von Industrie, Gewerbe und Wohnungen im Stadtrand-bereich bilden (MÜCKENHAUSEN und SCHÖNHALS, 1989). Diese für fast alle Städte des Ruhrgebietes in den unmittelbaren Nachkriegsjahren durchgeführte Kartierung hatte den Charakter einer Baugrunderkundung, daher wurden auch anthropogene Substrate als "Bodenbildungen" erfaßt.

Abb. 2.3: Substratkartierung nach Nutzungstypen - Nordhälfte des Stadtgebietes Essen (aus: AUBE, 1987)

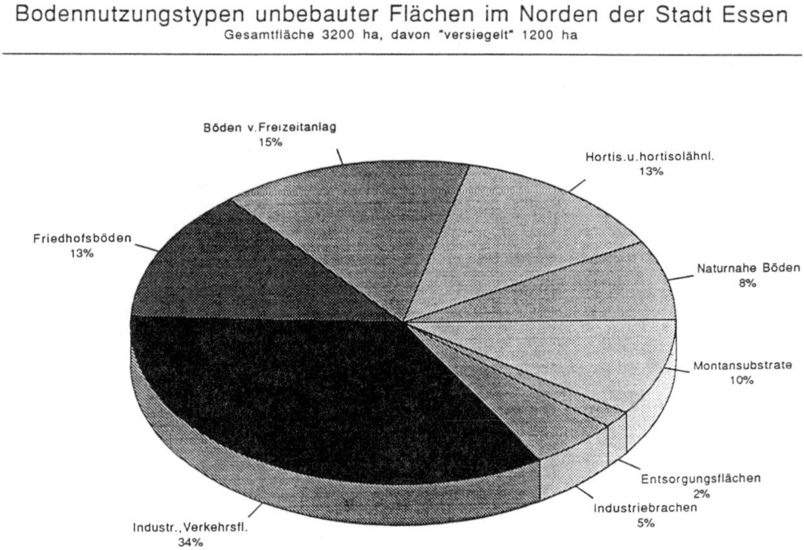

--> Zunahme an Bodenfunktionen
<-- Zunahme der Überformung/Belastung

Alle bisherigen Bodenkarten sind von der Systematik her vorgesehen für Aussagen und Informationen zum nicht besiedelten Bereich, obwohl teilweise der besiedelte Bereich mit einbezogen ist:

1. Bodenkarten im Maßstab 1:25.000 und 1:50.000 klammern häufig nur die Siedlungskerne als weiße Flecken aus, die Böden der aufgelockerten Bebauung in den Randbereichen werden trotz teils erheblicher Überformungen in gleicher Weise dargestellt wie naturnahe Böden unter Äckern oder Wald;

2. Für Siedlungen und Infrastrukturen, die nach der Reichsbodenschätzung auf ehemals landwirtschaftlich genutzten Flächen errichtet wurden, existiert somit eine Informationsquelle zum Ausgangszustand vor der letzten Bodenüberformung.

In beiden Fällen werden zwar wertvolle Informationen zur Einschätzung der tatsächlichen Bodenformen und Bodeneigenschaften geliefert, die realen Bodenverhältnisse sind allerdings nicht erfaßt, Böden des besiedelten Bereichs nicht berücksichtigt.

Inzwischen liegen vom "Arbeitskreis Stadtböden" der Deutschen Bodenkundlichen Gesellschaft (AK STADTBÖDEN, 1989) Vorschläge zu Aufgaben, Inhalten und Aufbau eines Konzeptes zur Stadtbodenkartierung vor. Im Ansatz und der Zielrichtung für potentielle Nutzer unterscheidet sich das Konzept Stadtbodenkartierung von der bisherigen Kartieranleitung erheblich.

Urban-industrielle Böden werden analog der Siedlungsentwicklung in ihrer flächenhaften Ausdehnung weiter zunehmen. Ihre Quantität ist über Nutzungsstatistiken relativ leicht überschaubar. Erhebliche Defizite weisen die qualitative Erfassung und Bewertung auf.

2.4 Urban-industrielle Böden - Eigenschaften und Belastungen

Böden in der Stadt sind überbaut, umgelagert, verschüttet, ausgegraben, kontaminiert und mit künstlichen, in der Natur nicht vorkommenden Stoffen versetzt. Es stellt sich die Frage, ob sie ökosystemare Funktionen von Böden noch wahrnehmen.

Abgesehen davon, daß Ökosysteme nicht zwangsläufig abgrenzbar sind - ihre Grenze legt immer der Wissenschaftler gemäß seinen Untersuchungszielen fest (vgl. TREPL, 1988) - kann die Siedlungsform Stadt über ihre natürlichen bzw. anthropogenen Strukturen und Subsysteme als eine ***funktionale Einheit*** gefaßt werden. Dies bedeutet auch, daß auf der Flächeneinheit Stadt mehrere Ökosysteme existieren können.

Alle Bestandteile natürlicher Böden können ebenso in Stadtböden vorhanden sein, sie enthalten allerdings zusätzlich anthropogene, künstliche Bestandteile. Die sich wiederholenden Eingriffe des Menschen in natürliche Entwicklungsprozesse (Genesen) der Böden und das daraus resultierende geringe Alter von Stadtböden deuten auf weitere Unterschiede.

Stadtböden können relativ abgeschlossene Einheiten urban-industrieller Subsysteme bilden, deren Funktionen durch den Menschen bewußt und unbewußt gesteuert werden. Wie selbst kleinste Einheiten, z.B. ***"Etagenböden"*** (dazu zählen begrünte Tiefgaragen, Verkehrsinseln) an Austauschprozessen im Ökosystem Stadt teilnehmen, Initialböden als Kristallisationspunkte der Überwucherung anthropogener Strukturen entstehen können, beschreiben PIETSCH, KAMIETH (1991) ausführlich. Stadtböden sind weder tote Artefakte noch völlig vom Menschen gesteuerte Systeme.

2.4.1 Lebensbedingungen

Jüngste Initialböden sind ebenso wie jahrzehntelang genutzte Gartenböden erst durch das Bodenleben, ihre biotischen Bestandteile, befähigt, in Nahrungsnetze, Stoff- und Energiekreisläufe eines Öko- (Sub)systems eingebunden zu werden. Erst mit dem Bodenleben werden viele Stofftransformationen und Stoffkreisläufe über den Boden ermöglicht. Es gibt im Boden kaum Stoffumsetzungen, an denen Mikroorganismen nicht direkt oder indirekt beteiligt sind.

Stadtböden sind zwar in den seltensten Fällen mit einer fruchtbaren Weide zu vergleichen, verfügen aber unter allen Nutzungen über Makro- und Mikrofaunen. Bodenlebewesen (Ameisen, Regenwürmer, Maulwürfe) sorgen in nicht unerheblichem Maße für das Entstehen von Böden aus urbanen Ausgangssubstraten.

Bodenleben ist in Stadtböden reichlich und immer vorhanden, wenn auch mit veränderten Artenspektren gegenüber Böden der freien Landschaft. Bodenleben stirbt nicht unter Belastung, sondern paßt sich an, reagiert sehr flexibel auf jegliche Belastungen. Im Boden sind sehr harte, "unfreundliche" Lebensbedingungen nicht selten. (vgl. DOMSCH, 1985, 1988). Viele Bodenlebewesen halten und regenerieren sich in Baumscheiben am Straßenrand und in "Etagenböden".

Bei entsprechender Bodenbeschaffenheit werden auch im Stadtzentrum hohe Abundanzen erreicht, die eine intensive bodenbiologische Aktivität bewirken, und die besonders im Falle der Regenwürmer Nahrungsgrundlage für stadtbewohnende Wirbeltiere bilden. Die Regenwurmbesiedlung städtischer Böden kann die von natürlichen Standorten übertreffen, Artenzahl und Anzahl der Individuen nehmen aber mit zunehmender "Naturferne" der Böden ab (FRÜND et al. 1988). Die Siedlungsdichten von Enchytraeiden und Schnecken entsprechen ungefähr den in der freien Landschaft zu erwartenden Werten (Enchytraeiden sind mit den Regenwürmern verwandte, ca. 2 - 40 mm große Würmer). Die gegen Bodenverdichtungen sehr empfindlichen Schnecken wurden bei einer Untersuchung in Bonn-Bad Godesberg (FRÜND et al. 1988) in großer Häufigkeit in den Böden von unzugänglichen Verkehrsinseln und Fahrbahnteilern gefunden.

Auch Bodenbildungen auf Bau- und Trümmerschutt weisen einen ähnlich hohen Individuen- und Artenbestand an Bodenorganismen auf wie vergleichbare Bodenbildungen natürlicher Gesteine (WEIGMANN et al., 1981).

Überraschend sind die oft intensiven Durchwurzelungen urbaner Substrate durch Baumwurzeln. Oberflächenverbauungen ("Versiegelungen"), Tiefbauten und kleinräumig rasch wechselnde chemische und physikalische Bedingungen bieten unter bestimmten Voraussetzungen ausreichend Lebensraum für Pflanzenwurzeln. Entscheidend ist ein stabiles Makroporensystem, das durch den Zugang von Wasser und Luft einen entscheidenden Einfluß auf die Wachstumsbedingungen hat. Bei Straßenbäumen ist intensive Durchwurzelung mit Feinwurzeln außer für offene Baumscheiben sogar typisch für:

- Rinnsteinbereiche (Wasserversorgung),
- schutthaltige Substrate,
- bestimmte Bereiche um Ver- und Entsorgungsleitungen mit Lockerungen und groben Substraten,
- alle Bereiche mit oberflächennahem Luft- und Wasserzutritt, selbst unter "Versiegelungen" (KRIETER, 1986).

> Urban-industrielle Böden sind selbst als anthropogen gestaltete Ablagerungsfolgen biologisch aktive Reaktionsräume und einer ständigen Fortentwicklung (Genese) unterworfene Teilsysteme des Ökosystems Stadt.

2.4.2 Potentiale und Funktionen

In "Böden" als belebten Systemen laufen Prozesse ab, die für alle Ökosysteme und deren Untereinheiten von elementarer Bedeutung sind. Der Mensch nutzt diese Eigenschaften für seine Umwelt und spricht daher von "Leistungen", die von Böden erbracht werden. Synonym werden dafür häufig die Begriffe Bodenpotentiale und Bodenfunktionen gebraucht.

"Bodenpotentiale" meint Leistungen, welche Böden erbringen könnten. Der Begriff suggeriert eine totale Verfügbarkeit und beinhaltet so die Gefahr einer Ausschöpfung des doch potentiell Möglichen. Der Begriff "Bodenfunktion" dagegen beinhaltet (lediglich) die z.Z. in Anspruch genommenen, genutzten Potentiale. STAHR (1985) unterscheidet grundsätzlich drei Potentiale:

1. Das Biotische Potential, das die Nutzung als Pflanzenstandort und der Leistungen von Bodenlebewesen umfaßt z.b. Bodenfruchtbarkeit und Stoffabbau,

2. das abiotische Potential, dessen Nutzung auf anorganische Produkte, Bestandteile oder Eigenschaften der Böden zielt wie Rohstoffe, Filter- und Speichereigenschaften und

3. das Flächenpotential, bei dem es um die Nutzbarkeit der abstrakten Fläche geht. Böden im Sinne der Ausgangsdefinition werden dabei allerdings nicht genutzt.

Eine weitere wichtige, jedoch begrenzte Funktion haben die Böden als reduzierende Reaktoren bzw. Stoffsenke (Abfallproblematik). Nicht nur die organischen pflanzlichen und tierischen Abfallstoffe werden mineralisiert und die Nährstoffe wieder zur Verfügung gestellt. In die Böden eingetragen und nur teilweise abgebaut werden auch vom Menschen produzierte chemisch-organische Stoffe.

Einige "Leistungen" führen jedoch zu verminderten Bodenqualitäten, da sich die beanspruchten Potentiale erschöpfen. Filterleistungen bedingen immer ein Erschöpfen des Filters. Übertragen auf die Böden kommt diese "Nutzung" langfristig einer Zerstörung gleich.

Menschliches Handeln führt vielfach zur Schädigung von Bodenpotentialen. Ihre Nutzung kann andere Potentiale irreversibel zerstören; besonders sensibel ist das biotische Potential. So können die Nutzungen Rohstoffgewinnung oder Entsorgungsfläche (Abwasser-Rieselfeld) die biotischen Potentiale Nahrungsproduktion oder Artenerhaltung für die Zukunft ausschließen. Häufiger Nutzungswandel kann im durchaus nicht seltenen Extremfall die Nutzbarkeit der Böden auf das reine "Flächenpotential" einschränken.

Durch Nutzung der verschiedensten Potentiale ist der Boden auch in der Stadt

- Lebensgrundlage und Lebensraum für Menschen, Tiere und Pflanzen und damit
- Teil der Ökosysteme, besonders im Hinblick auf den Wasser- und Stoffhaushalt,
- regelndes Element der Natur und der (Stadt-)Landschaft.

2.4.3 Schadstoffe und belastende Einwirkungen

Der auf den urbanen Oberflächen agierende Mensch verändert gezielt oder zufällig die Funktionen der unversiegelten Böden (als Bestandteile des urban-industriellen Ökosystems) und als Ressource für den Menschen selbst. Die aus urbanen Nutzungen und deren Veränderungen resultierenden stadtspezifischen Bodengenesen sind zum Teil auch als Folgen von Belastungen zu betrachten. Im folgenden sollen Veränderungen und Belastungen betrachtet werden, die einen Übergang zwischen veränderten Böden und Altlasten darstellen. Ein Teil der Böden dieser Kategorie bildet bis zu ihrer "Entdeckung" die stille Reserve an Altlasten im urbanen Bereich.

Belastende Einflüsse auf die unversiegelten Böden in der Stadt haben prinzipiell zwei Ursachen:

- Böden sind Stoffsenken, die meisten der in Atmosphäre und Hydrosphäre emittierten Stoffe sowie Stoffe aus dem Wirtschaftskreislauf gelangen als Sedimente in die Geosphäre, davon große Mengen in terrestrische Böden. In urbane Gebiete werden durch den wirtschaftenden Menschen große Stoffströme gelenkt, die umgewandelt und wieder verteilt (emittiert) werden. Sie konzentrieren sich als Nah-Immissionen auf Flächen, die für Stoffablagerungen ökologisch nur begrenzt aufnahmefähig sind. Zusätzlich gelangen nutzungsspezifische (Schad-)stoffe durch Bewirtschaftungsmaßnahmen sowie durch Unfälle in die Böden.

- Die Struktur der Böden, räumliche Anordnung der festen Bodenbestandteile, bedingt wesentlich die Eigenschaften und die Entwicklung von Böden. Im urban-industriellen Bereich konzentrieren sich mechanische Einwirkungen (Abgraben, Aufschütten, Verdichten) auf die Bodenstruktur räumlich und zeitlich.

Sowohl durch Stoffe, deren Umsetzungen, als auch durch mechanische Einwirkungen werden verändert

- die Bodenchemie (pH-Wert, Mobilität von Stoffen);
- die Bodenphysik (neue Substrate, Wasser-, Lufthaushalt);
- die Bodenbiologie (Veränderung der Lebensbedingungen für Flora und Fauna);
- die Ökologie des Standortes (Boden als Basis für ein Biotop).

Alle Stoffe oder Verbindungen, die in Böden eingetragen werden, sind potentielle Schadstoffe; entscheidend für ihre Bedeutung ist die Dosis-Wirkungsbeziehung. Sowohl "natürliche" (z.B. Chloride, Nitrate), als auch die mehr als 100.000 durch den Menschen geschaffenen, künstlichen Stoffe, verursachen Bodenbelastungen. Einige Stoffe gelangen in Größenordnungen von mehreren 100.000 t/a in die Umwelt, andere nur in wenigen kg/a.

Im Zusammenhang mit Schadstoffanreicherungen ist besonders wichtig, daß Böden nicht oder nur sehr begrenzt von aufgenommenen Stoffen befreit oder gereinigt werden können. Weder Versalzung, Schwermetallanreicherung noch Ansammlungen bestimmter organischer Verbindungen lassen sich ohne hohen technisch-chemischen Aufwand und damit entsprechenden Kosten aus Böden wieder entfernen (SRU, 1987). Einige organische Verbindungen sind kurz- und mittelfristig (Tage bis einige Jahre) durch biologische Prozesse abbaubar. Ein Austragspfad stellt Niederschlags- bzw. Sickerwasser mit der Folge von Belastungsverlagerungen in das Grundwasser oder die Oberflächengewässer dar.

Zusammenstellungen zu einer größeren Anzahl bodenrelevanter Schadstoffe, ihrem Eintrag und Verhalten in der Umwelt sowie ihren Wirkungen, finden sich im Anhang der Bodenschutzkonzeption der Bundesregierung (BMI, 1985) und bei LUCKS und SARTORIUS (1985).

Quellen, Eintragsformen, Konzentrationen und Wirkungstiefen von Schadstoffeinträgen in urban-industrielle Böden sind in Tab. 2.2 zusammengestellt.

Tab. 2.2: Quellen und Konzentrationen von Schadstoffeinträgen in urbane Böden

Quelle	Eintrag	Konzentration	Kontamination
Immissionen	diffus	gering	Oberfläche
Ablagerung	lokal	hoch	Obfläche/Tiefe
Kanalisation	linear	hoch	Tiefe
Defekte Tanks, Leitungen	lokal	sehr hoch	Tiefe
Unfälle	lokal	sehr hoch	Oberfläche
Bewirtschaftung, Pflegemaßnahmen	lokal	gering	Oberfläche

Stoffliche Einwirkungen auf den Boden, deren Folgen sowohl qualitativ (z. B. durch Toxizität oder Persistenz) als auch quantitativ (z. B. durch Versauerung oder Auswaschung) problematisch sein können, folgen unterschiedlichen, diffusen oder konzentrierten, direkten und indirekten ***Eintragspfaden*:**

1. Deposition von Luftverschmutzungen aus Gewerbe, Industrie und Hausbrand (diffuse, eher großflächige Einträge):

Für Emissionen von "Massenschadstoffen", die als trockene oder nasse Deposition letztendlich wieder in den Böden landeten, stellte sich die Depositionssituation der Bundesrepublik 1989 wie folgt dar (UBA, 1990):

-	Schwefeldeposition	544.500 t S/a;
-	Stickstoffdeposition	271.800 t N(oxid)/a;
		271.900 t N(red)/a.

Während Schwefeldioxid und Stäube bundesweit seit Jahren rückläufig sind, ist die Tendenz bei Stickoxidimmissionen eher stagnierend bis leicht steigend.

Nach Berechnungen aus dem Jahre 1983/84 (FHH, 1984) wurden z.B. mit einer Staubmenge von jährlich 41.000 t auf das hamburgische Stadtgebiet rd. 143 t Schwermetalle niedergeschlagen. Dabei handelt es sich aufgeschlüsselt nach den verschiedenen Elementen um folgende Mengen:

Arsen	4,50 t/a
Quecksilber	0,08 t/a
Cadmium	0,30 t/a
Chrom	3,90 t/a
Nickel	14,90 t/a
Vanadium	22,80 t/a
Blei	42,00 t/a
Kupfer	54,20 t/a

Über Luftverschmutzungen werden auch Spurenschadstoffe, hauptsächlich organische Verbindungen in die Böden eingetragen: Sie sind ähnlich wie die Schwermetalle meist an Staubpartikel gebunden, werden aber auch durch Niederschläge aus der Atmosphäre gelöst. In der Bundesrepublik werden jährlich etwa 1,9 Mio Tonnen organischer Verbindungen an die Umwelt abgegeben.

2. Verkehrsspezifische Emissionen aus Straßen- und Schienenverkehr (Einträge sowohl diffus, als auch konzentriert auf Verkehrsflächen und deren Randbereiche):

Auf den Straßen wurden 1983 rd. 0,8 Mio. Tonnen Auftaumittel eingesetzt, mit rückläufigem Trend. An Emissionen zu berücksichtigen ist noch der nicht näher quantifizierbare Einsatz von Herbiziden auf den Verkehrsflächen, besonders der Bundesbahn. Weitaus größer und problematischer sind gasförmige Emissionen:

Tab. 2.3: Verkehrsbedingte Schadstoffemissionen 1987 (alte Bundesländer, verändert nach UBA, 1990)

Emission	1000 t/a	Anteil Verkehr
Kohlenwasserstoffe	2470	53 %
Stickstoffoxide	2900	62 %
Kohlenmonoxid	8770	75 %
Staub	65	
Rußpartikel	220	30 %

Kohlenwasserstoffe reichern sich in Böden an, Stickstoffoxide führen zu Versauerungen. Bodenbelastungen entstehen außerdem durch Fahrbahn-, Reifen- und Bremsabrieb beim Straßenverkehr (UBA, 1990):

Fahrbahnabrieb		6.500.000	t/a
Reifenabrieb		24.000	"
davon	Blei	44	"
	Chrom	8	"
	Kupfer	12	"
	Nickel	8	"
	Zink	32	"
Bremsabrieb		6.000	"
davon	Blei	6	"
	Kupfer	160	"
	Nickel	40	"

3. Schadstoffe aus Infrastruktureinrichtungen: Kanalisationssysteme und Gasleitungen (Einträge konzentriert und linear in tiefere Bodenschichten):

Undichte Abwasserleitungen sind ein bisher unterschätztes Problem urbaner Boden- und Grundwasserbelastungen. Pro Jahr versickern in Großstädten jeweils mehrere Millionen m^3 belastete Abwässer.

4. Ablagerungen und Kontaminationen auf Betriebsflächen (konzentrierte Einträge bis in Tiefen von mehreren Metern. Vergraben von produktionsspezifischen Abfällen; Tanks, Leitungssysteme etc.):

Bodenbelastungen dieser Art auf bestehenden und ehemaligen Standorten von Industrie und Gewerbe setzen sich aus einer Fülle branchenspezifischer Stoffe zusammen. Je nach Produktionsverfahren kann mit typischen Schadstoffen gerechnet werden (KINNER et al. 1986).

5. Deponien und Ablagerungen (konzentrierte Einträge):

Zu den als Altlasten erfaßten ehemaligen Altablagerungen kommen die noch in Betrieb befindlichen Deponien und unzählige Kleinstablagerungen, Verfüllungen, Aufschüttungen, die in ihrer flächenhaften Ausdehnung in altindustrialisierten Gebieten die verbliebene Restfläche der weitgehend natürlich gelagerten Böden übertreffen können (AUBE, 1987).

Die häufigsten nicht auf athmosphärische Einträge zurückzuführenden Schadstoffbelastungen im urban-industriellen Bereich stehen im Zusammenhang mit Ablagerungen anthropogener Abfallsubstrate. Das "Unterbringen" von belasteten Substraten kann zu Schadstoffakkumulationen und Gefährdungssituationen führen (vgl. MEUSER, 1991).

6. Aufbringen von "Bodenverbesserungsmitteln" (konzentrierter, nutzungstypischer, durch den Menschen direkt gesteuerter Eintragspfad);

Eine nicht unerhebliche Bedeutung für Schadstoffeinträge - besonders für die bearbeitete Bodenschicht - haben sogenannte Bodenverbesserungsmittel. In Tabelle 2.4 sind die Schwermetallgehalte einiger solcher Stoffe aufgeführt.

Problematisch ist, daß teilweise großflächig hohe Mengen der Materialien unter Mißachtung bzw. Unkenntnis begleitender Schadstoff-Frachten eingearbeitet werden; häufig wurden die "Bodenverbesserer" jahrzehntelang angewandt und führten zu bedenklichen Schadstoffakkumulationen. Solche Maßnahmen liegen oft weit zurück (Aufbringen von Asche und Ruß aus dem Hausbrand sowie Bauschutt als Kalkdüngung in Haus- und Kleingärten, Anwendung von Fluß- und Klärschlämmen), und verdeutlichen den gleichmäßigen Übergang von schadstoffbelasteten Böden zu Altlasten.

Tab. 2.4 : Schwermetallgehalte in Substraten, die zur Bodenverbesserung angegeben werden; verändert nach: SCHMID (1986)

	Blei	Cadmium	Chrom	Kupfer	Quecksilber	Zink
SAND (Flußsand, Gießereisand)	1-3	<0,05	3-8	2-10	<0,02	5-25
HOLZ unbehandelt	5-35	0,6-2	5-40	20-80	<0,02	100-300
ASCHE Holz behand.	100-1000	14-16	50-400	100-350	0,1-2	1000 - 30.000
RINDE (Mulch, kompostiert)	5-10	0,9-1	3-4	10-20	0,02-0,1	30-200
KOMPOSTE (Garten)	30-130	-0,6	5-30	15-40	0,1-0,7	80-300
KOMPOSTE (Siedlungsabfälle)	20-800	0,4-4	20-600	25-300	0,1-3	250-1500
KLÄRSCHLAMM	170	4	90	285	2	1400

7. Bodenaustausch mit kontaminierten Substraten (konzentrierter Eintrag);

Aufschüttungen und Verfüllungen als Gründungs- und Sicherungsmaßnahmen für Gebäude, Infrastruktureinrichtungen usw. waren in der Vergangenheit und sind es teilweise heute noch willkommene Verwendungsmöglichkeiten (Recycling) für Bodenaushub, Bauschutt und sonstige (Abfall-) Substrate, die nicht selten mit Schadstoffen kontaminiert sind: Schlacken, Schlämme, Baggergut aus Flußsedimenten.

8. Sedimentation in Gewässern (konzentrierter Eintrag).

In den Sedimenten stehender und fließender Gewässer werden schon durch natürliche Prozesse Schadstoffe, insbesondere Schwermetalle angereichert. Hinzu kommt ein sehr viel größerer anthropogener Anteil. Der Abfluß der angeschlossenen Gebiete konzentriert die diffuse Immissionsbelastung der Städte auf eine vergleichsweise winzige Schadstoffsenke: die Folge sind Faulschlammbildungen mit Schadstoffkonzentrationen, die den Kriterien einer Einstufung als Sondermüll genügen.

Beispiele in Hamburg und Berlin machen deutlich, daß fast alle städtischen Gewässersedimente mit Schwermetallen und Halogenkohlenwasserstoffen stark belastet sind (SENATOR FÜR STADTENTWICKLUNG UND UMWELTSCHUTZ, 1984; FHH, 1985, 1988a).

Sedimente oder Unterwasserböden (subhydrische Bodenbildungen) sind eine Sonderform urbaner Böden, die in einigen Städten bzw. Stadtteilen Flächenanteile von mehr als 10% einnehmen; in Hamburg liegt ihr Anteil bei 8%. Durch Überschwemmungen oder Sanierungs- und Unterhaltungsmaßnahmen werden auch angrenzende Böden kontaminiert.

Aufgrund der Vielfalt und Überlagerung von Eintragspfaden kommt der Schadstoffproblematik bei der Erfassung, Bewertung und Gestaltung von urban-industriellen Böden ein hoher Stellenwert zu.

Kapitel 3

Nutzungsbezogene Erfassung und Bewertung

3.1 Nutzungsbezogene Raumgliederung

Nach dem Bericht der Bundesregierung "Maßnahmen zum Bodenschutz" (BMU, 1988) ist Voraussetzung für einen wirksamen Bodenschutz eine flächendeckende, differenzierte Erfassung und Fortschreibung der vorhandenen und geplanten Bodennutzungen als Grundlage für flächenbezogene Aussagen. Vorrangig zu erarbeiten sind unter anderem flächendeckende Aussagen über Bewertung und Verknüpfung von bereits bekannten Daten, auch in Abhängigkeit von Bodeneigenschaften und Nutzungsformen.

Eine entscheidende Frage für Auswahl und Aufbereitung von bodenbezogenen Informationen ist die Wahl der Bezugsflächen. Dies gilt besonders für den besiedelten Bereich mit seinem kleinräumigen Mosaik und der hohen Dynamik von Flächennutzungen.

Bezugsflächen der klassischen Bodenkarten werden nach bodengenetischen Gesichtspunkten abgegrenzt. Voraussetzung dafür sind relativ einheitliche Ausprägungen von Substraten und Umweltfaktoren innerhalb der Flächen. Mit der Zunahme der räumlichen und zeitlichen Dichte von Bodennutzungen im besiedelten Bereich werden Flächen gleicher Merkmale noch kleiner; für die Erfassung, Bewertung und Entwicklung von Böden sollten dort andere Bezugsflächen gewählt werden.

Zur Erfassung und Analyse der ökologischen Qualitäten urban-industrieller Bereiche kommt neben rasterbezogenen Erhebungen (neutrale Bezugsflächen) der nutzungsbezogenen Raumgliederung (funktionale Bezugsflächen) eine herausragende Rolle zu:

- Nutzungseinheiten sind charakterisiert durch eine nutzungsbedingte Vereinheitlichung/Prägung von ökologischen Eigenschaften;

- nutzungsbezogene Raumgliederungen erlauben durch die z.T. typischen Ausprägungen von Flächeneinheiten Vergleiche untereinander, deren Ergebnisse qualitativ und quantitativ darstellbar sind.

Nutzungseinheiten beinhalten eine nutzungsgeprägte Ausstattung an Böden, Oberflächen, Vegetation usw. (vgl. Kapitel 2.3), die sich in der Summe ihrer

Eigenschaften zumindest qualitativ beschreiben läßt. Damit sind Nutzungstypen nicht nur Kriterien zur ökologischen Differenzierung der Stadt, sie lassen auch Bewertungsmaßstäbe zur Beurteilung ihrer gegenwärtigen und geplanten Qualität zu. Die in einem Untersuchungsgebiet auftretenden Ausprägungsextreme stellen somit gleichzeitig Orientierungspunkte einer Skala der Bewertung der ökologischen Binnenqualität von Nutzungen dar (AUBE, 1987).

Sowohl der Aufbau eines planungsorientierten kommunalen Bodeninformationssystems als auch kommunale Bodenschutzkonzepte werden sich nicht zuletzt aus maßnahmenorientierten Gründen an Einheiten der Realnutzung orientieren müssen.

Ein erstes Ziel im Forschungsvorhaben Erfassung und funktionale Bewertung urban und industriell überformter Böden war die Entwicklung einer flexiblen, erweiterbaren, zu bestehenden und geplanten Standards kompatiblen Systematik der Bodennutzungen.

Angestrebt wurde eine nutzungsbezogene Typisierung von Bodeneigenschaften und Bodenbelastungen speziell für den urban-industriellen Bereich. Für den planungsorientierten Ansatz sollte aus Gründen der Übertragbarkeit der Methoden ein möglichst bundeseinheitlicher Nutzungstypenschlüssel der amtlichen Flächenstatistik zugrunde gelegt werden, der etwa nach dem Prinzip "Hauptmerkmal Nutzung und Ergänzungsmerkmal Boden" aufgeweitet wurde. Eine derartige Systematik war bisher nicht entwickelt.

Es existieren in der Planungspraxis und der stadtökologischen Forschung schon eine Reihe von Systematiken der realen und geplanten Bodennutzungen, die für unterschiedliche, teils sehr spezielle Fragestellungen entwickelt wurden, den o.g. Anforderungen aber nicht genügten. Beispielhaft sind folgende wesentliche Ansätze aufgeführt:

- Auf Gemeindeebene werden in den Flächennutzungsplänen (FNP) und den Bebauungsplänen (B-Pläne) bauplanungsrechtlich zulässige Nutzungen dargestellt. Im FNP-Nutzungsartenkatalog zur Erhebung der Bodenflächen nach der in einem Flächennutzungsplan (§ 5 BauGB) dargestellten Art der Nutzung sind neun Haupttypen und 18 Subtypen vorgesehen (vgl. RACH 1988).

- Bundesweit existieren die Liegenschaftskataster bzw. amtliche Flächenstatistiken. Liegenschaftskataster sind länderspezifisch aufgebaut, dadurch konnten durch den Zwang, einen gemeinsamen Nenner zu finden, bei der letzten bundesweiten Flächenerhebung 1985 nur 12 Arten der Flächennutzung unterschieden werden.

- Das Statistische Bundesamt entwickelte einen neuen Erhebungsansatz "Statistisches Bodeninformationssystem STABIS" (DEGGAU et al. 1989). Die Systematik der Bodennutzungen enthielt 9 Nutzungsbereiche mit etwa 80 Nutzungstypen.

- Die inhaltliche Struktur von STABIS ist vergleichbar mit dem Vorhaben der Landesvermessungsanstalten: "Amtliches Topographisch-Kartographisches Informationssystem - ATKIS (ATKIS, 1987)".

- Für stadtökologische Erhebungen existieren Systematiken landschaftsökologisch differenzierter Nutzungstypen. Am weitesten fortgeschritten ist die Systematik zur "Methodik der Biotopkartierung in besiedelten Bereichen" nach SCHULTE und VOGGENREITER (1987).

- Zur Erfassung und Systematisierung von Stadtböden wurden ebenfalls nutzungsbezogene Raumgliederungen vorgeschlagen, z.B. GRENZIUS (1987) und REINIERKENS (1988).

- Im Umweltatlas Berlin (SENATOR FÜR STADTENTWICKLUNG UND UMWELTSCHUTZ, 1985) werden Informationen zu Vegetation, Böden und Nutzung zu stadtökologischen Einheiten, die als "Ökochoren" bezeichnet werden, zusammengefaßt. Unterschieden werden 69 Typen (davon 18 als urban-industriell bezeichnet). Die Abgrenzung der Flächen orientiert sich in erster Linie an Einheiten der Vegetationskartierung und an Bodengesellschaften, die ihrerseits in den urban-industriell geprägten Bereichen aus Nutzungseinheiten abgeleitet wurden.

3.1.1 Untersuchungsraum und Methoden

Der Untersuchungsraum berührte die beiden für Hamburg typischen Landschaftseinheiten, die Geest und die Marsch. Er erstreckte sich von der Inneren Stadt (St. Georg) nahe der Außenalster mit einer älteren Bebauung über verschiedene Wohnbebauungstypen, vorwiegend aus der Nachkriegszeit, in einer etwa 8 km langen Traverse nach Nord-Osten in den Raum Wandsbek. Der untersuchte Bereich repräsentierte eine Mischung unterschiedlichster Böden, Ablagerungen, Funktionen, Oberflächen und Nutzungen wie Industriegebiete, Park- und Kleingartenanlagen, aber auch einige naturnahe "Restflächen".

Vor Aufhebung der Stadtsperre im Jahre 1860 waren im Untersuchungsraum nur Teile der Hamburger Vorstadt St. Georg und die preußische Kleinstadt Wandsbek dicht besiedelt, die übrigen Böden waren vorwiegend landwirtschaftlich genutzt. In den folgenden 130 Jahren wurde die Gesamtfläche durch

Abtrag, Auftrag und Durchmischung soweit umgeformt, daß lediglich 10 % der Böden keine "Auftragsböden" sind. Dieser Überformungsgrad entspricht Ergebnissen für die Stadt Essen (AUBE, 1987).

Neben der nutzungstypischen Veränderung von Böden in urban-industriellen Bereichen bewirkten Aufschüttungen in den tiefliegenden Marschgebieten sowie die Zerstörung weiter Bereiche des Untersuchungsraumes im Zweiten Weltkrieg eine mehr oder weniger vollständige Überformung der Böden.
Arbeitshypothese war, daß die nutzungsspezifischen Einwirkungen vieler Bodenfaktoren die urbane Bodenbildung maßgeblich steuern. Ausgehend von dieser Hypothese wurde eine auf bestehenden Vorschlägen aufbauende, umfassendere Flächennutzungssystematik konzipiert, wobei der Gliederungstiefe für den besiedelten Bereich und für (Boden-) Sondernutzungen eine besondere Bedeutung zukam (vgl. BERLEKAMP, KAMIETH, PRANZAS, 1990).

Da der Erhebungsansatz des Statistischen Bundesamtes explizit als mögliches Instrument der Bodenschutzplanung angelegt wurde, diente die STABIS-Systematik als Rahmen. Leitgedanke waren einerseits die Wahrung der Kompatibilität zu dieser Systematik und andererseits die Entwicklung einer bodenschutzorientierten Systematik, zugeschnitten auf den urban-industriellen Bereich.

Die dreistellig gegliederte STABIS-Systematik wurde um eine vierte Hierarchieebene erweitert, um für den urban-industriellen Bereich einen höheren Differenzierungsgrad zu erreichen. Die Tabelle 3.1 weist folgende Gliederungstiefe auf:

- ***Nutzungsbereiche*** (Einsteller) aus STABIS
- ***Nutzungsgruppen*** (Zweisteller) aus STABIS und eigene Erweiterungen
- ***Nutzungsarten*** (Dreisteller) aus STABIS + Erweiterungen
- ***Nutzungstypen*** (Viersteller) sind eigenes Konzept.

Die Gliederung auf der vierten Hierarchieebene orientiert sich an einer Systematik der "Landschaftsökologisch orientierten Nutzungstypen", die von WELLMANN (1983) für die Stadtbiotopkartierung Hamburg entwickelt wurde.

Die Realnutzung im Untersuchungsraum sowie Informationen zum Nutzungswandel auf einigen ***"Mustertypen"*** wurden als Datenfiles in dem Geographischen Informationssystem ARC/INFO digital abgelegt und weiterverarbeitet.

Eine ausführliche Darstellung der Methoden zur Realnutzungserfassung ist in BERLEKAMP, KAMIETH, PRANZAS (1990) veröffentlicht; Methoden zum Nutzungswandel siehe Kap. 3.2.

Tab. 3.1 : Nutzungstypen - Systematik für den urban - industriellen Bereich

1 Baulich geprägte Flächen
11 Wohnflächen
111 Wohnen in offener, niedriger Bebauung
1111 Große Einzelhäuser auf gr. Grundstücken [2]
1112 Einzelhäuser [1]
1113 Gartenhofhäuser (Bungalows) [2]
1114 Stadthäuser [1]
1115 Reihenhaus- u. Kleinsiedlungen 20er Jahre [1]
1116 Neue Reihenhausbebauung [1]
112 Wohnen in geschlossener, niedriger Bebaug.
1121 Einzelhäuser [1]
1122 Gartenhofhäuser (Bungalows) [2]
1123 Stadthäuser
1124 Reihenhaus-u. Kleinsiedlungen 20er Jahre [1]
1125 Neue Reihenhausbebauung [1]
113 Wohnen in offener, hoher Bebauung
1131 Blockbebauung der Gründerzeit [1]
1132 Blockbebauung mit vielen Neubauten [1]
1133 Stadthäuser [1]
1134 Randbebauung der 20er u. 30er Jahre [1]
1135 Neue Randbebauung [1]
1136 Zeilenbebauung der 20er Jahre [1]
1137 Neue Zeilenbebauung [1]
1138 Wohnanlagen (gehobenen Standards) [2]
114 Wohen in geschlossener, hoher Bebauung
1141 Blockbebauung der Gründerzeit [1]
1142 Blockbebauung mit vielen Neubauten [1]
1143 Randbebauung der Gründerzeit [1] (Schlitzb.)
1144 Stadthäuser [1]
1145 Randbebauung der 20er u. 30er Jahre [1]
1146 Neue Randbebauung [1]
115 Wohnen in Hochhausbebauung

12 Flächen mit gemischter Nutzung
121 Gemischte Nutzung städtischer Prägung
1211 Blockbebauung der Gründerzeit [1]
1212 Blockbebauung mit vielen Neubauten [1]
1213 Altstadt- und Stadtrandbebauung [1]
1214 Neue Randbebauung [1]
1215 Randbebauung der 20er u. 30er Jahre
122 Gemischte Nutzung ländlicher Prägung

13 Flächen von Einzelanwesen
132 Landwirtschaftliche Einzelanwesen
132 Sonstige Einzelanwesen

14 Industrie- und Gewerbeflächen
141 Industrie
142 Einkaufszentren
143 Sonstiges Gewerbe
144 Lagerflächen

15 Flächen besonderer baulicher Prägung
151 Verwaltung, Sicherheit und Ordnung
152 Gesundheit und Soziales
1521 Krankenhäuser [2]
1522 Pflegeheime [2]
153 Bildung, Forschung und Kultur
1531 Schulen [2]
1532 Große Bildungseinrichtungen [2]
1533 Kirchen [2]
1534 Kindergärten und -heime [2]
1539 Sonstige (Gemeindehaus usw.) [2]
154 Wochenend- und Ferienhausbebauung
156 Öffentliche Plätze [2]
159 Sonstige baulich geprägte Flächen

16 Ver- und Entsorgungsflächen
161 Energieversorgung
162 Wasserversorgung
163 Sonstige Versorgung
164 Entsorgung v. Abwasser u. Oberfl.abfluß [2]
165 Entsorgung sonstiger Abfälle

2 Aufschüttungs- und Abgrabungsflächen
21 Aufschüttungen
22 Abgrabungen
23 Deponien [2]

3 Verkehrsflächen
31 Straßen
311 Bundesautobahnen
312 Bundesstraßen
313 Hauptverkehrszüge innerhalb und a.g.O. [3]
314 Großflächige Verkehrsgebiete [1/2]
315 Busbahnhöfe [2]
316 Busdepots [2]
32 Parkplätze, öff., nicht funktionsgebunden [2]
33 Bahngelände
331 Schienenverkehrsfläche
332 Bahnbetriebsgelände
333 S- und U-Bahnhöfe [2]
34 Luftverkehrsflächen
341 Flughäfen
342 Segelfluggelände [2]
35 Schiffsverkehrsflächen
37 Verkehrsbegleitgrün

4 Freizeit und Erholungsflächen
41 Sport-, Spiel- und Freizeitanlagen
411 Sportanlagen [2]
4111 Einzelplätze [1]
4112 Sport- und Schwimmhallen [2]
4113 Stadien [2]
4114 Freibäder
4119 Sonstige Sportanlagen [1/2]
412 Spielplätze [2]
42 Grün- und Parkanlagen
43 Kleingartenanlagen
44 Campingplätze
45 Friedhöfe
49 Sonstige Erholungsflächen

Fortsetzung Tabelle 3.1 : Nutzungstypen - Systematik für den urban - industriellen Bereich

5 Landwirtschaftsflächen
51 Ackerland
511 Nicht offen entwässertes Ackerland
512 Offen entwässertes Ackerland
513 Freilandgartenbauflächen
514 Unterglasgartenbauflächen
52 Wiesen und Weiden
521 Nicht offen entwässerte Wiesen und Weiden
522 Offen entwässerte Wiesen und Weiden
53 Obstbauflächen und Baumschulen
531 Intensiv - Obstbau
532 Streuobstanbau
533 Baumschulen

6 Waldflächen und Gehölze
61 Laubwald
62 Nadelwald
63 Mischwald

7 Wasserflächen
71 Flüsse, Bäche
72 Kanäle, Vorfluter und Gräben
73 Häfen
74 Seen und Teiche, Altarme
741 Naturnahe Seen, Teiche, Altarme u. Bracks
742 Naturferne Seen, Teiche, Altarme
75 Rückhaltebecken

8 Feuchtgebiete, Trockenstandorte und Flächen ohne nennenswerte Vegetation
81 Feuchtgebiete
811 Moore
812 Verlandungsgebiete
813 Periodisch überflutete Gebiete
82 Heiden und sonstige Trockenstandorte
821 Heiden
822 Sonstige Trockenstandorte
83 Flächen ohne nennenswerte Vegetation
831 Dünen und Strände
84 Flächen geringer Nutzungsintensität (z.B. Truppenübungsplatz)

9 Brachflächen
91 Brachflächen in Wohn- und Mischgebieten
92 Brachflächen in Industrie- u. Gewerbegebieten
93 Brachliegende Verkehrsflächen
94 Nicht mehr genutzte landwirtsch. Flächen

---

1 nach WELLMANN (1984)
2 Konzept nach BERLEKAMP, KAMIETH, PRANZAS (1990)
3 a.g.O. = außerhalb geschlossener Ortschaften

3.1.2 Anwendungen

Zur Zeit existieren keine ausreichend differenzierten Informationssysteme zur Flächeninanspruchnahme und Nutzungsdynamik. Für die Ermittlung, Bilanzierung und Bewertung der Flächeninanspruchnahmen und Nutzungsansprüchen ist neben der Dokumentation der direkt in Anspruch genommenen Flächen eine Berücksichtigung qualitativer Wirkungen (der Nutzungen) von Bedeutung.

DEFINITIONEN ZUR FLÄCHEN- UND BODENNUTZUNG

Flächennutzung:
Inanspruchnahme und Gestaltung von Teilen der Erdoberfläche für die Erfüllung raumbeanspruchender gesellschaftlicher Grundfunktionen (Wohnen, Produzieren, Erholen, usw.). Die städtische Flächennutzung ist durch eine hohe räumliche Konzentration und Intensität gesellschaftlicher Nutzungsansprüche auf engem Raum gekennzeichnet (KRAUSE, 1986).

Bodennutzung:
Bodennutzung spielt sich in Raum und Zeit ab. Wir können sie auffassen als ein Muster verschiedener Nutzungstypen, die sich räumlich anordnen, teils überlagern und einem zeitlichen Wandel unterworfen sind (vgl. BRASSEL, 1988).

Nutzungsarten:
Nutzungsarten bestimmen die Art und Weise der Inanspruchnahme bzw. des Gebrauchs von Flächen für die Realisierung raumbeanspruchender gesellschaftlicher Grundfunktionen (KRAUSE, 1986).

Nutzungstypen:
Nutzungsarten werden in Karten als Nutzungstypen dargestellt. Nutzungstyp = Nutzungsart sind im Sinne einer vorgegebenen Systematik zweidimensionale Ausschnitte der Erdoberfläche mit einer definierten Mindestgröße und homogener Realnutzung bei eindeutiger oder schwerpunktmäßiger Zuordnung.

Bodennutzungstyp:
Dreidimensionaler Ausschnitt eines Nutzungstyps aus der Erdoberfläche mit definierter Mindestgröße unter Berücksichtigung der zeitlichen Dynamik der Bodennutzung, des Nutzungswandels.

Die dauerhafte Sicherung der vielfältigen Nutzbarkeit des Bodens in qualitativer und quantitativer Hinsicht erfordert eine bodenökologisch orientierte Nutzung und Nutzungslenkung (vgl. Kapitel 6.1.2). Für die methodische und instrumentelle Umsetzung dieser Forderung müssen die notwendigen inhaltlichen Vorleistungen erbracht werden. Hierzu zählt der der Aufbau von Flächeninformationssystemen, mit denen

- die realen Bodennutzungen,
- die Nutzungsdynamik,
- die vorhandenen Qualitäten,
- die Vorsorge-Qualitäten (Planung) und
- die Nutzungskonflikte

mit Raumbezug flächendeckend abgebildet werden können (vgl. Ansatz von SCHOLICH und TUROWSKI, 1987).

Die Erfassung der Realnutzung ist ein Abbild gegenwärtiger Bodeninanspruchnahme. Entscheidend für den Grad der Veränderung/Belastung von Böden ist aber die ***Abfolge von Bodennutzungen***. Entsprechende vollständige Nutzungsabfolgen für jede Fläche zu erfassen war im Forschungsvorhaben nicht vorgesehen. Um trotzdem Zusammenhänge zwischen Nutzungswandel und Bodeneigenschaften zu erfassen und zu dokumentieren, wurde ein ***reduzierter Ansatz*** gewählt, mit dem Ziel:

- Ein bestimmte Zeitabschnitte betreffender Wandel kann für die Bodenveränderungen wesentlich und möglicherweise flächendeckend, zumindest für größere Teilbereiche erfaßbar sein,

- die Übertragbarkeit von Fallstudien zu prüfen,

- gut dokumentierbare Wandeltypen als Beispiel für ein regionales Spektrum herauszuarbeiten.

3.2 Nutzungsdynamik

Städte sind im Gegensatz zu den meisten anderen Landschaftsräumen durch eine hohe Dynamik intensiver, anthropogener Eingriffe charakterisiert, die sich in permanenten räumlichen Veränderungen und wechselnden Nutzungsanforderungen niederschlägt. Auf die weiter zunehmende Ausdehnung der Siedlungsflächen wurde in Kapitel 2.3 schon hingewiesen. Konzepte der Stadtentwicklung müssen diese Dynamik berücksichtigen und können nicht auf "Ökologische Stabilitäten" im herkömmlichen Sinne aufbauen. Die Bedeutung der Nutzungsdynamik für urban-industrielle Bodenbildungen, historische Entwicklungen und aktuelle Trends sind ausführlich beschrieben in PIETSCH & KAMIETH (1991).

Freiflächenverbrauch, ein Begriff, der häufig synonym für Bodenüberformung im besiedelten Bereich gebraucht wird, drückt nur unzureichend aus, welche Bodenqualitäten beansprucht, verändert oder zerstört wurden. Eingriffe in die Böden gehen über die umgenutzte Fläche weit hinaus. Nicht beeinflußt sind in Ballungsräumen nur noch Restflächen.

> Nicht nur durch Ausdehnung der Siedlungsflächen und durch den Nutzungswandel, sondern auch durch hohe Bodenbildungsraten und die rasche bodengenetische Differenzierung zeigen Böden im urbanen Bereich eine außerordentliche Dynamik.

Punkt-, linien- oder flächenhaftes Bauen und Umlagern haben die ursprünglichen natürlichen Bodenbildungen häufig nicht nur einmal, sondern mehrmals erheblich verändert. Unter einigen Nutzungen wird laufend Substrat ausgehoben und neues eingebracht. Nach Schätzungen der Baubehörde gibt es im Hamburger Straßennetz jährlich etwa 36.000 Aufgrabungen und damit auch Verfüllungen und erneute Oberflächenabdichtungen. Gering überformte Böden werden als Restflächen ständig verkleinert, zersplittert.

Gerade weil die Nutzungsarten im Laufe der Zeit sehr unterschiedlich waren, ist in jede Analyse zu Bodenbestand und Bodenqualität auch die jeweilige Nutzungsgeschichte einzubeziehen. Zusammenhänge zwischen Nutzungsdynamik und urban-industriellen Bodenbildungen werden als unverzichtbare Untersuchungsschwerpunkte beim Aufbau von Stadtbodeninformationssystemen angesehen (FETZER et al. 1992).

Ein Ziel des Forschungsvorhabens war daher, den Nutzungswandel ausgewählter urban-industriell überformter Teilbereiche zu erfassen und für die Bodenbewertung aufzuarbeiten.

Ziele und Methoden

Der o.g. reduzierte Ansatz zur Erfassung des Nutzungswandels bedeutete, für eine Auswahl von Testflächen ("Mustertypen" siehe 3.2.1) den Nutzungswandel im Zuge der Urbanisierung nachzuvollziehen, zu dokumentieren und methodische Ansätze zur Erfassung und Definition von "Nutzungswandeltypen" zu entwickeln.

Von der Dokumentation des Nutzungswandels und der Aufbereitung von bodenrelevanten Informationen aus der Nutzungsgeschichte wurden innerhalb des Forschungsprojektes erwartet

- Hinweise für die bodenkundliche Bestandsaufnahme,

- Kriterien für die Regionalisierung von Stadtböden,
- Hinweise für die Laboranalytik, Interpretation von Feld- und Labordaten,
- Vorgaben für die funktionale Bewertung von Stadtböden,
- Erklärungen für Zusammenhänge zwischen Vegetation und den sie kontrollierenden Standortfaktoren wie Boden und Nutzung,
- Vorgaben für die Entwicklung von Bodenqualitätszielen.

Außerdem für Stadt-, Umwelt-, Fachplanung und Bodenmanagement:

- Intensität der anthropogenen Bodenveränderungen,
- Hinweise auf Bodenbelastungen,
- Substrateinträge,
- Eigenschaften des Stoffhaushaltes.

Ziele und Methoden sind vergleichbar den ersten Arbeitsschritten zur Erfassung und Bewertung von Altstandorten (vgl. KÖTTER et al. 1989, KNEIB, 1992). Darüber hinaus bestand das Ziel der Aufbereitung der urbanen Nutzungsdynamik als wesentlicher Inhalt eines Kommunalen Flächeninformationssystems. Die Überlagerung sämtlicher Flächeninformationen zur aktuellen Nutzung und zum Nutzungswandel vermittelt ein räumliches Gesamtbild aller erfaßten Faktoren der Bodenüberformung und Bodenbelastung:
- Gebäude und Zusatzeinrichtungen,
- Infrastruktur,
- Gewässerregulierung,
- Substrataufträge,
- Abgrabungen,
- Nutzungsbedingte Schadstoffpotentiale.

Literaturauswertungen und Vorarbeiten zur Quellenerschließung zeigten schnell, daß ein flächendeckender Ansatz unverhältnismäßig hohen Aufwand erfordert, sofern eine lückenlose Bestandsaufnahme möglichst kleinräumiger Differenzierung beansprucht wird. Da das Untersuchungsziel eindeutig eine vollständige Bestandsaufnahme des Nutzungswandels erfordert, blieb als sinnvollste Möglichkeit mit einer Auswahl geeigneter Flächen ein regionales "Muster" des Nutzungswandels zu erfassen.

3.2.1 Mustertypenkonzept

Zur Erfassung des regionalen ***"Nutzungswandel-Musters"*** wurden als Testflächen ***"Mustertypen"*** ausgewählt, Fallbeispiele von Nutzungen bzw. Nutzungswandeltypen entlang des Stadt- und Landschaftsgradienten im Untersuchungsraum. Zu den Nutzungsbereichen
- baulich geprägte Flächen,

- Aufschüttungs- und Abgrabungsflächen,
- Verkehrsflächen,
- Freizeit- und Erholungsflächen,
- Wald und Gehölze,
- Brachflächen

war mindestens ein Beispiel ausgewählt worden. Ziel war auch, gut dokumentierbare Wandeltypen zu wählen, die ein regionales Spektrum aufzeigen. Insgesamt wurden 16 repräsentative Mustertypen ausgewählt (Tab. 3.2).

Tab. 3.2 : Mustertypen (Testflächen im Untersuchungsraum Hamburg-Ost)

Typ Nr. *	Bezeichnung	Objekt/Lage
1112	Wohnen in offener, niedriger Bebauung, Einzelhäuser	Hammerstr., Bärenallee
1133	Wohnen in offener, hoher Bebauung, neue Zeilenbebauung	Bebaute Gewerbebrache im Wandsetal
1145	Wohnen in geschlossener, hoher Bebauung, Randbebauung der 20er/30er	Alter Teichweg, Elsässerstr.
115	Wohnen in Hochhausbebauung	Tondernstr. in Dulsberg
1141	Blockbebauung Gründerzeit	Hansa-Platz in St. Georg
141	Industrie	"Hefe-Fabrik" Wandsbeker Zollstr.
153	Flächen besonderer baulicher Prägung: Bildung/Kultur	Schule u. Gemeindehaus in Hamm-Mitte
21	Aufschüttung	Trümmerschutthügel Wandsbek
32	Parkplätze, öffentlich	Wandsbeker Rathausbrücke
331/332	Schienenverkehrsfläche Bahnbetriebsgelände	Güterbahnhof Wandsbek Gustav-Adolf-Straße
4111	Sportanlagen, Einzelplatz	Dulsberg Süd in Dulsberg
42	Grün- u. Parkanlagen	Hammer Park
43	Kleingartenanlagen	Horner Kreisel
45	Friedhof	Wandsbeker Allee
65	Gehölze	Wandsbeker Gehölz
92	Brachflächen in Industrie- und Gewerbegebieten	Wandsbek, Neumann-Reichard-Straße

* Typ-Nr. entspricht Nutzungstypen-Systematik für den urban-industriellen Bereich in Tab. 3.1

Mustertypen sind nicht unbedingt in ihrer Fläche und Nutzung identisch mit Nutzungstypen, sie können mehrere Realnutzungseinheiten umfassen; bei Auswahl und Flächenbegrenzung wurde der Nutzungswandel des Standortes berücksichtigt.

Die Auswertung von Luftbildserien, historischen Karten, Chroniken sowie Archiven der Bauprüfbehörden war Grundlage für die Rekonstruktion des Nutzungswandels. Erfaßt wurden auf den Mustertypen soweit möglich Lage und Grundriß sämtlicher Gebäude seit der ersten Überbauung, Substrateinträge (Bauschutt, Aschen), Substrataustäge (Baugruben, sonstige Abgrabungen) und Schadstoffpotentiale.

Methoden

Für die Archivarbeiten wurden an Auswertungszielen definiert:

- Von der Gegenwart her rückschreibende Anlage von Zeithorizonten der Bodennutzung, dazu jeweils:

- Lage und räumliche Ausdehnung von Gebäuden und sonstigen Oberflächenverbauungen,
- Tiefbaumaßnahmen und Zusatzeinrichtungen (Fundamente, Bunker, Tanks, Entwässerung, Leitungssysteme),

- potentielle Stoff-Emittenten (dazu gehören z.B. Heizungs- und Feuerungsanlagen),

- produktionsspezifische Anlagen (Lager usw.),

- Aufschüttungen, Abgrabungen, Füllstoffe, Baustoffe (möglichst Beschreibung, Bilanzierung, Dokumentation).

3.2.2 Ergebnisse

Alle ausgewerteten Informationen ließen sich ca. 15 Themen zuordnen, die sich auf vier Gruppen verteilen:

1. Urbanisierung, d.h.
   * Stadtentwicklung
   * Nutzungsumfeld der untersuchten Flächen
   * flächenscharfe Nutzung

2.	Bebauung, d.h.	*	allgemeine Bebauung
		*	Nachweis von Einzelgebäuden
		*	Einzelgebäude flächenscharf
		*	Verbauungen unter der Oberfläche
3.	Produktion, d.h.	*	Industrie/Gewerbe
		*	Branchen
		*	Rohstoffe und Produkte
		*	Anlagen und Schadstoffe
4.	Bodenbezogene Informationen	*	Auffüllungen/Abgrabungen
		*	Oberflächengewässer
		*	Bodenbeschreibungen und Informationen zum Grundwasser
		*	Baustoffe und Substrate, Hinweise auf Bodenuntersuchungen

Die Tabelle 3.3 faßt die Auswertung aller erschlossenen amtlichen Quellen zum Nutzungswandel zusammen. Die vierte Spalte ***"Substrat/Wasser"*** beinhaltet vier Themen, die direkte Bodeninformationen betreffen, die Spalten ***"Urbanisierung"***, ***"Bebauung"***, ***"Produktion"*** betreffen indirekte Informationen.

Den größten Fundus an Informationen zum Nutzungswandel der letzten fünfzig Jahre stellten die Akten der Bauprüfabteilungen der Hamburger Bezirksämter dar. Verfügbar waren Unterlagen mit Informationen, die teilweise bis Mitte des letzten Jahrhunderts zurückreichen.

Wichtige Informationen im Sinne des Untersuchungsansatzes lagen vor als

- Bauanträge/Baubescheide,
- Bauänderungsanträge/-bescheide,
- Urkunden zum Besitzwechsel,
- Pläne und Zeichnungen als Anlagen zu Bauanträgen, Fotos

Die Auswertung der 16 Mustertypen in Tab 3.4 zeigt, daß gewerbliche, industrielle z.B. auch Typ 332 "Bahnbetriebsgelände" eine sehr hohe ***Binnendynamik*** der Nutzung aufweisen. Jährliche bauliche Änderungen sind die Regel. Andere Typen wie z.B. Wohnbebauung zeichnen sich durch eine sehr unterschiedliche Dynamik ihrer Nutzungsstruktur aus. Veränderungen der Binnennutzung fanden in Abhängigkeit von Kriegseinwirkungen, im Jahresrhytmus oder in Schüben statt.

Tab. 3.3 : Quellenauswertung zum Nutzungswandel - Zuordnung bodenbezogener Informationen nach Themen

Informationen zu	Urbanisierung			Bebauung				Produktion				Substrat/Wasser			
Quellen	1	2	3	4	5	6	7	8	9	10	11	12	13	14	15
Luftbilder SW 1:8000		x		x	x			x				x	x		
DGK 1:5000		x	x	x	x	x	x	x				x	x		
Topographische Karten TK 25	x	x	x	x				x				x	x		
Stadtpläne	x		x	x			x	x				x	x		
Schadenskarte WK II 1:2500			x	x	x	x		x							
Baualterkarten 1:2500			x	x	x	x		x							
Chroniken	x	x		x				x	x	x	x	x	x	x	x
Stadtbaugeschichte	x	x		x				x	x						
Histor. Bebauungspläne 1:4.000 - 1:10.000	x	x	x	x	x	x		x							
Histor. Übersichtskarten 1:4000 - 1:25.000	x	x		x									x		
Historische Stadtteilkarten 1:2.500 - 1:25.000	x	x		x	x			x				x	x		
Historische Katasterpläne	x	x			x							x	x		
Bauprüfakten - Anträge, Bescheide				x			x	x	x	x	x	x	x	x	x
Bauprüfakten - Pläne 1:500 - 1: 1000			x	x	x	x	x	x	x	x	x	x	x	x	x
Bauprüfakten - Photos				x				x	x	x	x	x		x	x

1. Stadtentwicklung
2. Nutzungsumfeld
3. Nutzung flächenscharf
4. Allgemeine Bebauung
5. Einzelgebäude
6. Einzelgebäude, flächenscharf
7. Unterirdische Verbauungen
8. Industrie/Gewerbe
9. Branchen
10. Rohstoffe und Produkte
11. Anlagen und Schadstoffe
12 Auffüllungen/Abgrabungen
13. Oberflächengewässer
14. Bodenbeschreibung/Grundw.
15. Baustoffe und Substrate, Bodenuntersuchungen

Nicht nur ein Wechsel der Bodennutzung ist für Bodenzustände ausschlaggebend, sondern ebenso die Binnendynamik einer bestehenden Nutzung

Tab. 3.4 : Auswertung der Nutzungsdynamik von Mustertypen (Zeitraum ca. 1930 - 1989). Aufsummiert sind ***"Einzelereignisse"*** als Verursacher von Nutzungsänderungen und Nutzungsausprägungen

Mustertyp	Nutzungsänderung der Gesamtfläche *	Änderung der Ausprägung ***"Binnendynamik"*** **
1112 Wohnen in offener, niedriger Bebauung	0	25 ***
1133 Wohnen in offener, hoher Bebauung	3	8
141 Industrie	0	28
21 Aufschüttung	1	10
331 Bahngelände	0	4
42 Park	0	8
92 Industriebrache	1	25

* Änderung der Flächennutzung (auch durch Flächenteilungen, Flächenerweiterungen)

** Veränderung der Ausprägung innerhalb einer Flächennutzung (***"Binnendynamik"***) z.B. durch Neubau, Abriß von Gebäuden und Anlagen

*** Überwiegend Kriegseinwirkungen

Realnutzungseinheiten sowie Informationen zum Nutzungswandel von 16 ***"Mustertypen"*** wurden im Maßstab 1:1000 im Geographischen Informationssystem ARC/INFO digitalisiert. Ziel dieser Bestandsaufnahme war die Schaffung einer flächenbezogenen Datengrundlage für ein Bodenmanagement-Konzept (vgl. Kap. 6). Die Tabelle 3.5 listet die gesamte nutzungsbezogene Datenbasis auf.

Tab. 3.5 : Nutzungsbezogene Datenbasis ARC/INFO

Thema	Digitale Aufbereitung	Darstellungsmöglichkeiten
1.1 Realnutzung im erweiterterten U-Raum	Polygone der Realnutzungseinheiten auf Grundlage der DGK 5	* Plots Gesamtkarte * variable Kartenschnitte mit mit Typ-Nr. * Plots mit selektierter Darstellung von Nutzungstypen, Maximal DIN A2
1.2 Realnutzung des Untersuchungsraums (12qkm)		"
1.3 Mustertypen	Polygone mit Umrissen der Mustertypen auf Grundlage 1:1000	Plots Arbeitskarten bis DIN A2
1.4 Übersichts-karte Muster-typen	Wie 1.3 aber im Maßstab Maßstab 1:5000	Darstellbar 1:6000 bis DIN A2
1.5 Mustertypen Realnutzung	Polygone Gebäude, Straßen Straßen und Gewässer	Plots Arbeitskarten bis DIN A2
1.6 Mustertypen Realnutzung/ Subtypen	Wie 1.5, zusätzlich Subtypen Oberflächenverbauungen und "Grünnutzungen"	Plots Arbeitskarten bis DIN A2
1.7 Mustertypen Nutzungs-wandel	Wie 1.5, für mehrere Zeithorizonte	Eingriffs- und Flächenbilanzen bilanzen des Nutzungswandels Plots bis DIN A2
1.8 Mustertypen Sonder-nutzungen	Flächen und Bereiche mit bodenrelevanten Informationen	Wie 1.7
1.9 Sonderkarte Kriegs-schäden	Polygone mit Kriegsschadensklassen auf Grundlage 1:25.000	Bereiche mit vermuteten Trümmerschuttlagen, Plots bis DIN A2
1.10 Flächenstatistische Auswertungen zu 1.1, 1.2 und 1,.5		Flächenbilanzierung der Realnutzung im Untersuchungsraum und in den Mustertypen, Ausdruck als Tabelle

3.3 Nutzungsbezogene Genesen

Entgegen der häufig vertretenen Ansicht, daß im urbanen Bereich Bodenbildungsprozesse unterbunden sind, bzw. Bodenneubildung und Bodenentwicklungen nicht stattfinden (vgl. z.B. BÖHME, 1986; SRU, 1987), sind gerade in der Stadt eben diese Vorgänge besonders offensichtlich und dynamisch.

Die Vielfalt der geo- und pedologischen Ausgangsvoraussetzungen und Standorte, auf denen Städte entstanden, wurden und werden durch die Nutzungseinflüsse nivelliert. Andererseits können diese Einflüsse wiederum so prägend sein, daß sich zahlreiche neue, stadttypisch differenzierte Böden und Untergrundverhältnisse entwickeln.

Im urban-industriellen Bereich laufen sowohl anthropogene als auch natürliche Litho- und Pedogenesen ab. Bodenbildungen auf Trümmerschutt in einer ungenutzten Brachfläche gehen zwar auf eine anthropogene Lithogenese zurück, unterliegen aber einer mehr oder weniger natürlichen, durch den Menschen nicht direkt beeinflußten Pedogenese. Umgekehrt können nach natürlichen Lithogenesen anthropogene, überwiegend durch den Menschen gesteuerte Pedogenesen ablaufen.

Urban-industriell überformte Böden unterliegen durch menschliche Tätigkeiten und Nutzungen bzw. Nutzungsabfolgen einer anthropogenen Dynamik, aus der sich stadtspezifische Genesen entwickeln. Diese sollten nicht als Störungen "natürlicher" Genesen aufgefaßt, sondern als eigenständige Entwicklungen unter besonderen, zeitlich und räumlich begrenzten Umweltfaktoren betrachtet werden (PIETSCH, KAMIETH, 1991). Sie unterliegen denselben naturwissenschaftlich beschreibbaren Prozessen wie andere Böden. Kürzer sind die Abfolgen und die Wirkungszeiten (Intervalle) der Einflüsse, ihre Wirkungen auf die Bodenentwicklung dennoch intensiver als außerhalb des besiedelten Bereichs.

Die Eingriffe und Veränderungen durch den Menschen zielen in aller Regel auf die Schaffung von geeigneten Standortvoraussetzungen, bodengenetisch sind sie meist zufälliger Art; gezielte Steuerungen der Bodengenese beschränken sich auf wenige Nutzungen, wie z.B. Flächen der Nahrungsmittelproduktion oder Sportrasen, für die Kenngrößen des Bodenwasser- und Bodenlufthaushalts durch bodentechnische Eingriffe und Bewirtschaftungsmaßnahmen auf ökonomisch optimale Sollwerte gebracht werden.

Die Beschreibung nutzungsbezogener Genesen hat Bedeutung für

- Definitionen stadtgemäßer Bodenqualitätsziele (vgl. Kapitel 5),

- Identifizierung und Steuerung von Bodenakteuren (vgl. Kapitel 6).

3.3.1 Genesen und Stadtentwicklung

Bautätigkeiten, Baustoff- und Baugrundgewinnung beeinflußen mehrfach die Gestalt städtischer Oberflächen und die Bodenstruktur. Über die Baulanderschließung werden seit alters her von Natur aus ungeeignete Standorte bebaubar gemacht und neue gewonnen. Mit dem Einbringen von Baumaterialien, Gesteinen für die Häuser, flächig vor allem Pflaster und Unterbau, ist eine - nicht standortbedingte - Vielfalt von Ausgangsgesteinen bereits in den historischen Städten festzustellen. Aufschüttungen für Verkehrswege, Bauplätze, aber auch zu Gestaltungszwecken überwiegen anteilsmäßig.

Die "Vor Ort" stattfindende Entsorgung von Abfällen aller Art führte u.a. zur Schwermetall-anreicherung durch die Mineralisierung organischer Abfälle. Schwermetallgehalte lassen sich als Funktion des Siedlungsalters interpretieren (KLOKE, 1987a), da Abfälle aus Küche und Stall, Fäkalien, Holz- und Kohleaschen mit ihren Spurenelementen ständig in Siedlungsnähe in den Boden kamen. Kloaken, heute sogar Bodendenkmäler, waren gesundheitsgefährdend und verdarben das Grund- und Oberflächenwasser. Vom kleinen Knochen- und Aschehaufen über den Kehrichtplatz bis zur Großdeponie hat die Abfallbeseitigung urbane Substrate geprägt. Die Zufuhr organischer Substanz in den Siedlungsbereich innerhalb einzelner Perioden läßt sich in einzelne Stoffströme, bis hin zu aktuellen "Modeerscheinungen" wie z.B. das Aufbringen von Rindensubstraten in öffentlichen und privaten Grünflächen zerlegen (PIETSCH u. KAMIETH, 1991).

Nur die Neubauzonen auf landwirtschaftlichen bzw. forstwirtschaftlichen Flächen am Stadtrand hatten keine urban-industriellen, bodenverändernden Vornutzungen. Ansonsten sind von der Baustoffgewinnung und -verarbeitung über Wohnbauten, Lagerplätze und Gewerbe- und Verkehrsflächen sowie Aufschüttungen häufig mehrere Vornutzungsphasen zu beobachten.

Trends und Phasen der Stadtentwicklung stehen jeweils für typische Bodengenesen:

Bis zur Industrialisierung waren kleinflächige, aus Abfällen resultierende organische Boden-bildungen zusammen mit Baustoffresten aus gebranntem Ton und Lehm vorherrschend. Stadtböden entwickelten sich auf bereits über einen langen Zeitraum städtischer Bodenkultur unterworfenen Standorten. Unter bis zu 800 Jahre alter Gartennutzung entstanden in den Altstädten bis 1,5 m mächtige, stark humose Böden. Für Lübecks Altstadt ist z.B. typisch die Kalkregosol-Hortisol-Gesellschaft (mit Pararendzina) aus Aufschüttungen. Die Anteile der Beimengungen an Kulturschutt liegen zwischen 5 - 30% (vgl. AEY, 1987).

Mit der Industrialisierung wurden großflächig bis dahin nur landwirtschaftlich oder forstwirtschaftlich genutzte Böden umgewidmet. Junge Stadtböden verschiedenster Genesen entstanden. Die aufblühende Montanindustrie war Verursacher von in diesem Ausmaß bisher nicht aufgetretenen Schadstoff-kontaminationen; großflächige "Altlasten" entstanden.

Typisch für Bodenbildungen in der unmittelbaren Nachkriegszeit sind relativ trockene, kalkreiche Trümmerschutt-Pararendzinen, überwiegend auf Brach-flächen. Gleichzeitig mußten Böden und Grundwasser einen erneuten Schub an Kontaminationen infolge der Kriegseinwirkungen verkraften. Straßenbau und Straßenverkehr ließen kalkhaltige, mit Schwermetallen und Tausalzen ange-reicherte Straßenrand-Rohböden entstehen.

Als aktuelle Form der Bodengenesen sind in erster Linie Mülldeponie-Böden ("Methanosole"), "Marktböden" aus Pflanzsubstraten sowie "Funktionsböden" mit exakt eingestellten Eigenschaften (Landschaftsbau, Sportanlagen, Deichbau, Abdeckungen von Gebäuden und Ablagerungen, Böden von Freizeitanlagen) sowie Kontaminationen von weiträumiger, regionaler Ausdehnung zu nennen.

> Mit höherer Nutzungsintensität gehen in der Stadt Bemühungen einher, Genesen zu verhindern oder zu unterbrechen. Schon nachlassender "Erhaltungsaufwand" läßt Genesen sofort anspringen.

3.3.2 Akteure

Urban-industrielle Böden entstehen als ***"Koppelprodukte"*** städtischer Nutzungen bzw. der Stadtentwicklung und sind damit der Nutzungs- und Substratdynamik unterworfen. Eingriffe im Zusammenhang mit Stadtentwicklung sind ausführlich dargestellt bei PIETSCH und KAMIETH (1991). Die nutzungsbezogenen Ursachen, die auf verschiedenste Boden-Akteure (vgl. Kapitel 6.4) zurückgehen, lassen sich in drei Gruppen gliedern:

A Baumaßnahmen im Hoch- und Tiefbau (Einrichtung von Nutzungen)

- Mechanische Eingriffe wie Ausgraben, Verschütten, Umlagern Veränderung der Bodenstruktur durch Verdichten, lockern;

- zufälliger, z.T. gezielter Aufbau von Substratschichten aus geogenen und/oderveränderten geogenen Ausgangssubstraten wie Ziegel und Beton;

- Zufuhr anthropogener Substrate, z.B. Abfälle aller Art, Baustoffe, Hilfsstoffe.

Der technische Umgang mit Böden sowie technische Benennung und Beschreibung von Böden bei Baumaßnahmen sind bis in Details geregelt durch DIN-Normen für die Bereiche Erdbau, Bodenmechanik und bautechnische Bodenkunde. Die in DIN-Normen definierten Anforderungen an die "Baufähigkeit" von Böden stellen die Beschreibung von gesteuerten Genesen dar. Sie zielen auf technische Sicherheit, nicht auf Sicherung ökologischer Funktionen.

B Kulturmaßnahmen (Einrichtung und Pflege von Nutzungen)

- Garten- und Landschaftsbau sorgen für gezielte Bodenveränderungen zur Vorbereitung und Pflege von Pflanzungen, dazu zählen

- Zufuhr geogener, organischer und künstlicher Substrate bzw. Bodenverbesserungsmittel, z.B. mineralische und organische Marktböden,

- Genese verhindernde Erhaltungsmaßnahmen, z.B. Reinigungs- und Pflegemaßnahmen in Grünanlagen.

Klassifizierung, Bewertungen, Bearbeitungsverfahren zur gezielten Veränderung von Böden und ihren Eigenschaften regeln DIN-Normen für den Landschaftsbau. Eine Zusammenstellung findet sich in Kapitel 6, Tab. 6.2.

C Indirekte Wirkungen (aus der Nutzung resultierend)

- Aufgrund der spezifischen Eigenschaften städtischer Nutzungen entstehen stadteigene, klimatische Parameter;

- städtische Oberflächen und darunter liegende Infrastruktureinrichtungen sind verantwortlich für Phänomene der urbanen Grundwasserdynamik, die wiederumstädtische Bodengenesen prägen kann;

- Entkopplung von Stoffkreisläufen durch Überbauung (Oberflächenabdichtungen, "Versiegelungen");

- Oberflächengewässer in Städten zeichnen sich durch starke Ablagerungen organischer Substanz und Akkumulation von Schadstoffen aus. Die Gewässerböden einschließlich der Uferbereiche sind nicht selten der Kategorie Altlasten zuzuordnen;

- stadttypische Vegetation hat Rückwirkungen auf Bodengenesen;
- Zufuhr von anthropogenen Massenströmen (Abfälle aller Art/Bodenverbesserungsmittel) und in Koppelung damit häufig: Schadstoffströme.

3.4 Klassifikation nach Genesen

Die Klassifikation von Böden bedeutet eine Einteilung aufgrund einer Eigenschaft oder einiger Eigenschaften. Sie ist quasi Vorläufer einer alle Eigenschaften berücksichtigenden Systematik (vgl. MÜCKENHAUSEN, 1977). Da die Genese urbaner Böden noch nicht hinreichend untersucht ist, sind bisher aus der Bodenkunde nur Ansätze für Klassifikationen vorhanden.

Für eine Klassifikation urbaner Böden in Anlehnung an die herkömmliche Systematik spricht sich der Arbeitskreis Bodensystematik der Deutschen Bodenkundlichen Gesellschaft aus, da auch aus ökologischer Sicht die Einteilung nach pedogener Prägung sinnvoll erscheine; so unterscheiden sich z.B. Gleye aus künstlichem Auftrag in ihrer Luftarmut nicht von solchen natürlicher Gesteine (BLUME, 1988). Auf anthropogenen Gesteinen sind nach GRENZIUS (1987) Bodenentwicklungen erkennbar, die zur Entstehung von Lockersyrosemen, Regosolen und Pararendzinen geführt haben.

Urban-industriell überformte Böden sind nach der Klassifikation des AK Bodensystematik lediglich als Deposole (Auftragsböden) ohne weitere Differenzierung einzustufen. Eine weitere Aufschlüsselung wurde von seiten der Bodenkunde in verschiedenen Ansätzen vorgeschlagen (RUNGE, 1975; GRENZIUS und BLUME, 1984; AK STADTBÖDEN, 1989; REINIERKENS, 1988). Eine substratorientierte Klassifikation in Füll-, Schütt- und Mischsubstrate wurde von SUTTNER (1992) vorgeschlagen.

Nach dem Vorschlag des AK STADTBÖDEN (1989) sollen alle Auftragsböden mit erkennbarer Pedogenese nach der bestehenden Klassifikation eingeordnet und mit der Vorsilbe Depo- gekennzeichnet werden (z.B. Depo-Pararendzina). Auftragsböden ohne Horizontentwicklung werden als Deposole bezeichnet und je nach Ausgangsmaterial in

- Allosole (natürliches Substrat),
- Technosole (technogenes Substrat) und

- Phyrosole (Mischung aus natürlichen und technischen Substraten) untergliedert.

Ergänzend zu dieser Klassifikation nach Substraten bietet sich eine Untergliederung an, die im Hinblick auf steuernde Eingriffe eines Bodenmanagements klassifiziert: nach Zielen/Zufällen anthropogener Genesen. Anthropogene Böden im urban-industriellen Bereich unterliegen

- zufälligen, durch den Menschen verursachte, aber nicht beabsichtigte Genesen (a) und

- gesteuerten Genesen (b,c).

a) Nicht gesteuerte Genesen kommen z.B. auf Standorten mit umgelagerten Substraten anthropogener und natürlicher Lithogenese (Technosole, Phyrosole) in Gang:

* Brachflächen mit Trümmerschutt, Bauschutt bzw. Flächen mit geringem Erhaltungsaufwand wie etwa Straßenrandbereiche.

* Pionierstandorte mit Initialbodenbildungen z.B. auf Festsubstraten. Als eine Sonderform entstehen "Böden aus der Luft" durch Anwehungen. Initial böden dokumentieren die hohe Dynamik der Bodenbildung in der Stadt.

* Deponieböden mit hoher chemischer Dynamik. Die Bodenentwicklung wird durch Produkte der chemischen Verwitterung und Zersetzung verzögert. Die Ansiedlung von Flora und Fauna scheitert langfristig an extremen Standortbedingungen. Beispiele sind Bergehalden und Mülldeponien.

b) Teilgesteuerte Genesen auf Allosolen/Phyrosolen:

* Gartenähnliche Böden (Hortisole). Charakteristisch ist die Anreicherung von Humus in den oberen Bodenschichten. Beispiele: Gärten, Alte Park- und Grünanlagen usw.

* Oberbodenersatz im Landschaftsbau (Grünflächen, Straßenbegleitgrün).

c) **Gesteuerte Bodengenesen auf Flächen mit und ohne Erhaltungsaufwand (Funktionsböden).**

* Oberflächenabdeckungen von Deponien und anderen "Landschaftsbauwerken",

* Oberflächen mit Stellplatz- und Lagerfunktion,

* Grasdächer (Erhaltungsaufwand),

* Abdeckungen von Tiefgaragen (Erhaltungsaufwand),

* nach Normen gebaute Freizeitböden (Hoher Erhaltungsaufwand).

Kapitel 4

Bodenbildende Substratströme

4.1 Quellen und Senken

In menschlichen Siedlungen sind neben der Nutzungsdynamik die Abfallsubstrate wesentliche bodenbildendende Faktoren. Waren bis zum Beginn der Industrialisierung in erster Linie organische Abfälle bodenbildende Substratströme in Siedlungen und Städten, stellen heute die anorganischen Abfälle aus dem Baubereich den größten Anteil ***potentiell bodenbildender Substratströme***. Zusätzlich bodenbildend ist der Input an "Wirtschaftsgütern" wie landwirtschaftliche Produktionsrückstände, Komposte, Bodenverbesserer im weitesten Sinne. Nicht Gegenstand der Betrachtung ist der Input an Primär-Baustoffen.

"Potentiell bodenbildende Substrate" bedeutet, daß nur ein Teil der urban-industriell umgesetzten Substrate tatsächlich zum "Liegenden" wird.

"Urban-industrielle Substrate"

sind durch den wirtschaftenden Menschen entstandene natürliche und/oder künstliche Ausgangsmaterialien der ***Stadtböden*** (vgl. Kap. 2.3). Sie werden nach ihrer anthropogenen Entstehung klassifiziert.

Im Untergrund der Städte, ihren Böden, sedimentiert die Siedlungsgeschichte. Sie ist belegbar durch Tontafeln über Baumaterialien und Konsumgegenstände bis hin zu Disketten. Stadtforschung, Geschichte generell, erhält vielfach ihre Informationen durch Ausgrabungen, wenn andere "Archive" nicht mehr ausreichen. Der Informationsgehalt städtischer Böden umfaßt nicht allein Kulturschichten. Böden, denen historischer "Wert" zukommt, sind bodenökologisch oft als "Altlast" zu deuten: Müllplätze, Sickergruben, vorindustrielle Stätten der Metallverarbeitung und "Bodendenkmäler".

Die Zufuhr organischer und anorganischer Stoffe und Substrate in die städtischen Areale erfolgte in wechselnder Intensität. Die Einfuhr von Substanzen und Materialien jeder Art übertraf in allen Epochen die Ausfuhr. In der Folge haben sich Kultur-Lagen herausgebildet und das Niveau der Städte erhöht. Bodenbildung unter urbanem Einfluß stellt sich als wirksame Mischung von Gesteins- und Bodenentwicklungen (Litho- und Pedogenesen) dar.

Hausmüllähnliche Abfälle aus unterschiedlichen Epochen der Siedlungsentwicklung sind konstitutiv für viele und mächtige Bodenschichten in der Stadt. Sie sind gekennzeichnet durch hohe Anteile organischer Substanz. Häusliche Abfallgruben und Latrinenschächte werden als besonders wichtige Fundstätten regelmäßig bei Altstadtgrabungen erfaßt. Mittelalterliche Vorschriften basierten auf einem strikten Verursacherprinzip: die Beseitigung bzw. Zwischenlagerung von Abfällen mußte ohne Belästigung der Nachbarn und möglichst auf dem eigenen Grundstück erfolgen (DIRLMEIER, 1989). Auf dem "Alter Markt" in Duisburg lassen sich aus der Zeit von 900 - 1300 fünf Schichten aus Abfällen und Sand/Schotter (zur Stabilisierung eingesetzt) nachweisen.

Mit dem Einsetzen industrieller Produktionstechniken entstanden neue, in ihrer Dimension weit größere anorganische Substratströme im urban-industriellen Bereich. Ein ausführlicher historischer Abriß findet sich in PIETSCH und KAMIETH (1991).

Schwerpunkte urbaner Substratströme:

Mittelalter:	Organische Substrate (unbehandelte Abfälle, Bau- und Brandschutt)
Industrialisierung:	Anorganische Substrate (Produktionsrückstände)
Nachindustrielle Phase:	Zunahme organischer Substrate (behandelte Abfälle; "Produkte")

In den alten Bundesländern fallen jährlich rund 300 Millionen Tonnen Abfall an (ohne landwirtschaftliche Abfälle). Hiervon entfielen im Jahre 1989 etwa 220 Millionen Tonnen, entsprechend 70%, auf Abfälle aus der Bauwirtschaft. Dabei handelt es sich mit etwa 168 Millionen Tonnen um Erdaushub, 23 Millionen Tonnen sind Bauschutt, 10 Millionen Tonnen Baustellenabfälle und 20 Millionen Tonnen Straßenaufbruch (BMU, 1990). Diese statistisch erfaßten Angaben spiegeln nur einen Teil der tatsächlich umgesetzten Substratmengen wider. Angaben der Bauwirtschaft liegen höher (Tab. 4.3; Abb. 4.1).

Nicht nur die Bautätigkeit führt zu neuen Bodenbildungen, auch die Grünflächenpflege, Behandlung hausmüllähnlicher Abfälle, Immissionen und Kriegseinwirkungen werden zu Quellen urbaner Böden. Die Dimensionen der Substratströme werden bereits bei überschlägigen Bilanzen für Großstädte bzw. Ballungsräume deutlich.

Tab. 4.1: Quantitativ wesentliche Quellen urbaner Substratströme (vgl. auch Tab. 4.2/4.3):

Quelle	Substrate
Hoch- und Tiefbau:	* Baustoffe * Recyclingbaustoffe * Bodenaushub * Bauschutt * Straßenaufbruch
Marktböden:	* Kompostmischungen * Torf, Rindensubstrate * Häckselgut * Blumenerden * Fertigerden
Energiegewinnung:	* Aschen und Schlacken
Rohstoffgewinnung:	* Bergematerial * Sonstiger Abraum
Kriege:	* Trümmerschutt
Abfallbehandlung/ Entsorgung	* Bioabfallkomposte * Pflanzenabfallkomposte
Abfallverbrennung Abwasserreinigung	* Aschen und Schlacken * Klärschlamm * Sandfang- und Rechengut
Industrielle Produktion bzw.	* Rückstände * Zwischenlagerung von Rohstoffen und Produkten
Altstandorte, Altablagerungen	Bodenreinigung: * Biologisch behandelte Substrate * Chemisch behandelte Substrate * Thermisch behandelte Substrate * Naßmechanische Behandlung

Die Wege der Substratströme von den Quellen zu den Senken sind höchstens ausschnitthaft quantifizierbar. Historisch - deskriptiven Auswertungen zur Nutzungsdynamik (AUBE, 1987, PIETSCH, KAMIETH, 1991, AG BOFO, 1993) zeigen nutzungstypische Schwerpunkte für Substratsenken:

Tab. 4.2 : Quantitativ wesentliche Senken (betroffene Nutzungen) urbaner Substratströme

Senke (Nutzungstyp)	Häufige Substrate
Wohnen	Bodenaushub, Bauschutt, Trümmerschutt, Aschen, Komposte, Marktböden
Industrie und Gewerbe sowie Verkehrsflächen	Bodenaushub, Bauschutt, Trümmerschutt, Produktionsspezifische Abfälle, z.B. Montansubstrate
Ver- und Entsorgung	Klärschlamm
Sport und Freizeit	Bodenaushub, Aschen, Schlacken
Grün- und Parkanlagen	Bodenaushub, Trümmerschutt, Montansubstrate
Kleingärten	Komposte, Marktböden

4.2 Aktuelle Trends und Einflußfaktoren

Bodensubstrate haben sich längst zu einer Handelsware entwickelt. Aus Baumärkten und Gartencentern werden die von PIETSCH und KAMIETH (1991) als "Marktböden" bezeichneten Substrate (Torf, Humus und Rindenabfälle, z.T mit synthetischen Stoffen und Dünger angereichert sowie "Erden" und sonstige "Bodenverbesserer") in zahlreichen Mischungen verkauft. Massenhafter Einsatz organischer Substanzen wie Mulchmaterialien, Rohbraunkohle, Humuserden, Komposte und Häckselgut in Landschaftsbau und Grünflächenpflege führt zu erheblichen Veränderungen von Standorteigenschaften. Substrate wie Katzenstreu und Abstumpfmittel im Winter ergänzen die Palette.

Bodenaushub und aus Bauschutt aufbereitete Recycling-Substrate drängen in die Verwertung, in den nächsten Jahren ca. 100 Mio. t/a. Ebenfalls in die Verwertung drängen schnell steigende Mengen an Substraten aus der Bodensanierung, soweit diese "gereinigten" Böden nicht wieder an Ort und Stelle untergebracht werden können (vgl. 4.6).

Als weitere Quelle zeichnen sich z.T. großflächige Bodenaustausch-Maßnahmen als Folge der Eingriffsregelung nach Naturschutzgesetz ab. Die Untere Naturschutzbehörde der Stadt Hannover plant den Austausch von ca. 10.000 t Oberboden landwirtschaftlich genutzter Flächen gegen unbelastete Bodensubstrate.

Die Anreicherung von urban-industriellen Böden mit organischen Stoffen geht in erster Linie zurück auf die Anwendung von Bodenverbesserungsmitteln. Die Zufuhr von nicht auf dem Standort entstandener organischer Substanz nimmt, gefördert durch "ökologische" Moden, Gartenbücher und den Freizeitmarkt beträchtliche Ausmaße an. Ursachen sind ***heute***:

- ***Praktiken in der Grünflächenpflege:***
  Einsatz von Komposten, Rindensubstraten und Häckselgut führt zur Aufkonzentration organischer Substanz, die auf einigen Standorten nicht durch Mineralisation kompensiert wird.

- ***"Marktböden" aus den Bauhöfen:***
  Verkauft werden nicht nur Torf, Humus/Kompost und Rindenabfälle, sondern auch als "Erden" und "Böden" bezeichnete Substratmischungen mit überwiegend organischer Komponente.

Die Konzentration der Anwendung organischer Substrate auf bestimmte Nutzungen kann zu quantitativen und qualitativen Problemen führen. Standortbürtiges organisches Material wird innerhalb städtischer Nutzungen verschoben: Das Abräumen von Laub und Grasschnitt ist einerseits Export, z.B. aus Straßenrandbereichen und andererseits als Stoffimport anderer Nutzungen zu betrachten; Risiken bergen begleitende Schadstofffrachten.

Die bisherige Übersicht hat verdeutlicht, daß eine Vielfalt an Quellen und Senken zu berücksichtigen sind, um alle urban-industriellen Substratströme zu erfassen. Zur Problemdiskussion ausreichend ist die Darstellung von Größenordnungen potentiell bodenbildender (Massen-)ströme einschließlich einer Bewertung der sie begleitenden Schadstoff-Ströme

Bis auf wenige Ausnahmen ist mit einer ***erheblichen Ausweitung*** (in Mengen und räumlicher Verteilung) urban-industrieller Substratströme zu rechnen. Das bedeutet zunehmender Druck eine sinnvolle Verwertung zu erreichen, das gilt insbesondere für Bodenaushub, Bauschutt, Substrate der Bodensanierung, Komposte und Klärschlamm-Mischsubstrate. Die Verbrennung organischer Substrate wird nur lokal zur Entlastung bodenbezogener Verwertung führen.

Als wesentliche Einflußfaktoren für die weitere Zunahme von potentiell bodenbildenden Abfallsubstraten lassen sich benennen:

- Nach wie vor steigende Mengen an Bauresteststoffen;
- Wiederverwertungsraten anorganischer Abfallsubstrate steigen aufgrund umweltpolitischer Vorgaben des Bundes (siehe Tab. 4.3) und den Zielen der Landesabfallgesetze;
- aus der Bodenreinigung von Altstandorten und Altablagerungen sind stark steigende Mengen an Restsubstraten zu erwarten;
- für Bodenaushub, Bauschutt, kontaminierte Böden, aber auch für Bergematerial aus dem Bergbau und Klärschlamm stehen in Zukunft kaum noch Deponiekapazitäten zur Verfügung;
- Deponierungsverbote für Bodenaushub und Bauschutt in Landesabfallgesetzen bzw. kommunalen Satzungen
- Deponiegebühren steigen kräftig (Ziel der Umweltpolitik, zunehmender Zwang der Kostendeckung).
- Durch diese Entwicklung nehmen auch die Wegstrecken der Anlieferung zu.
- Die Technische Anleitung Siedlungsabfall begrenzt den organischen Anteil im Hausmüll, was ein Deponierungsverbot für alle organischen Materialien, nicht nur Klärschlamm und Grünabfälle bedeutet;
- die Kompostierung von Grünflächenabfällen und Hausmüll wird durch neue Abfallgesetze sehr stark ansteigen (flächendeckende Bioabfallkompostierung).

Diese Substratströme, die überwiegend im urban-industriellen Bereich, d.h. auf ca. 15% der Fläche der BRD entstehen, werden nicht oder nur selten unter dem Gesichtspunkt einer gezielten Bodenentwicklung eingesetzt.

Zielsetzung einer künftigen qualitativen Bodenbewirtschaftung muß sein, dieses Substratpotential ökologisch und ökonomisch gewinnbringend über ein urbanes Bodenmanagement zu nutzen.

Grundlagen dazu sind in drei Schritten zu erarbeiten:

(1) Identifizieren von Substratströmen (was, wieviel, woher, wohin?)

(2) Charakterisierung von Substraten (Eigenschaften)

(3) Ziele und Instrumente der Steuerung von Substraten (Bodenmanagement unter Nutzung von Substratströmen)

Die ersten beiden Schritte sind in diesem Kapitel abgehandelt, der letzte Punkt ist Aufgabe in Kapitel 5 und 6. Das Identifizieren und Charakterisieren (1),(2) urbaner (Massen-) Substratströme wird über eine verursacherbezogene Klassifizierung erreicht.

4.3 Verursacherbezogene Klassifizierung und Bilanzierung

Eine Klassifizierung ***technogener*** Substrate urbaner Böden wurde vom AK STADTBÖDEN (1989) der Deutschen Bodenkundlichen Gesellschaft vorgeschlagen. Ziel war eine Merkmalsgruppierung der Substrate zur Erleichterung der Bodenansprache bei Kartierungsarbeiten.

Unter dem Gesichtspunkt der Dynamik stehen in der vorliegenden Arbeit Quantitäten und stoffliche Risiken sowie deren Verteilung, die "Stoffströme" im Vordergrund. Gegenstand der Klassifizierung ist nicht das "bodenkundliche Identifizieren im Feld" und auch keine bodengenetische Eingruppierung. Betrachtet werden nicht nur technogene, sondern auch natürliche Substrate.

Ausgehend von einer verursacherbezogenen Charakterisierung urbaner Substratdynamik anhand von Beispielen überwiegend aus dem norddeutschen Raum und einem historisch deskriptiven Ansatz, werden Strategien zur Erfassung einzelner potentiell bodenbildender Substratströme entwickelt. Abschließend wird eine regionale Bilanz für den Raum Hamburg und Hannover zusammengestellt.

Zur Klassifizierung werden die Substrate verursacherbezogen definiert, Mengen bilanziert, ihre Verbreitung in urban-industriellen Gebieten beschrieben sowie ökologische Risiken (z.B. Schadstoffströme) aufgezeigt. Der Klassifizierungsvorschlag betrifft urban-industrielle Substratströme allgemein und stellt einen bundesweiten Ansatz dar.

Tab. 4.3: Jährliches Aufkommen und Verwertungsrate (boden-) bedeutender ***anorganischer*** Abfallsubstrate in den alten Ländern der Bundesrepublik Deutschland

Bezeichnung und Abfallschlüssel LAGA (1992)	Menge in Mio Tonnen *	Verwertungsrate aktuell / Ziel **
Baureststoffe		
Bodenaushub (314 11)	85 - 215	32-50% / 70% **
Bauschutt (314 09)	15 - 30	16-20% / 60% **
Straßenaufbruch (314 10)	9 - 26	55-80% / 90% **
Feuerungsanlagen		
Grobaschen (313 07)	4,2	50-70% / -
Steinkohlenflug- und -kesselasche (313 07)	2,5 - 7	70-80% / -
Braunkohlenflug- und -kesselasche (313 05)	7,2	
Müllverbrennungsasche (313 08)	2,8 - 3,5	40-60% / -
Hütten und Gießereien		
Hochofenschlacke (312 19)	8 - 10	95-100% / -
Stahlwerkschlacke (312 18/20)	5	70-90% / -
Metallhüttenschlacke (312 09)	0,5	70% / -
Gießereialtsande (314 01)	2,2	
Bergbau		
Bergematerial	70	20-30% / -
Baggergut	40 - 50	Sandfraktion 50%

* Spannweiten, nach Angaben zahlreicher Quellen (vgl.Kap. 4.2)
** Vom Bundesumweltministerium angestrebte Verwertungsziele für die erste Hälfte der 90er Jahre (BMU, 1990)

Regionale Besonderheiten finden Berücksichtigung, in Problemen und Phänomenen hauptsächlich der Region Hamburg/ Niedersachsen. Erfaßt wurden:

- Substrate aus dem Baubereich: (ohne Baustellenabfälle)
  * Bodenaushub,
  * Bauschutt,
  * Straßenaufbruch,

- Trümmerschutt,
- Substrate aus Bodensanierungsmaßnahmen,
- Schlacken und Aschen,
- Baggergut,
- Montansubstrate,
- Bioabfallkomposte,
- Grünflächen- und Gartenabfälle,
- Klärschlamm und Marktböden.

Tab. 4.4: Jährliches Aufkommen (boden-)bedeutender ***organischer*** Substrate in den alten Ländern der Bundesrepublik Deutschland (eigene Zusammenstellung nach Angaben verschiedener Autoren)

Bezeichnung		Menge in Mio.	Angaben nach
Substrate Landwirtschaft		t/a !	
Stroh		ca. 23	
Rüben- und Kartoffelkraut		ca. 28	
Sonst. Pflanzenrückstände		ca. 1,5	
Tierische Exkremente		ca. 200	(1)
Klärschlamm (TS)	alte Länder	ca. 2,5	(6)
	neue Länder	ca. 0,23	(6)
Substrate Nicht-Landwirtschaft		m^3/a !	
Weißtorf		ca. 6,5	(3)
Schwarztorf		ca. 5,5	(3)
TKS und Torfmischdünger		ca. 1,0	(2)
Blumenerde		ca. 1,0	(2)
Hobby- Gartenerden		ca. 2,5	(3)
Eigenkompostierung		ca. 1,8	
(Gartenabfälle ca. 3,8 Mio t)			(4)
Rindenprodukte		ca. 1,0	(2)
Bioabfallkompost		ca. 0,5	(5)
		(ab 1995 ca. 1,0)	(2,5)
		(Potential 6,0)	(2)

(1) THORMANN (1989)
(2) VOGTMANN et al. (1991)
(3) SIEBELS (1991)
(4) DOEDENS & WEBER (1984), zit. in (5)
(5) FRICKE und TURK (1991)
(6) BERGS und HEBESTREIT (1993)

Tabelle 4.3 zeigt eine Mengenübersicht zu anorganischen Abfallsubstraten mit den entsprechenden aktuellen Verwertungsraten und den umweltpolitisch angestrebten Werten. Die Verwertungsraten machen deutlich, welche Mengen bereits jetzt und vor allem in Zukunft in mehr oder weniger gesteuerten Stoffströmen potentiell bodenbildend verteilt werden. Tabelle 4.4 zeigt eine Übersicht zu organischen Substraten.

4.4 Substrate aus dem Baubereich (Baureststoffe)

Substrate aus dem Baubereich (d.h. Baureststoffe ohne Baustellenabfälle) lassen sich unterscheiden nach Erdaushub/Bodenaushub, Bauschutt und Straßenaufbruch/Ausbauasphalt.

In Tab. 4.3 sind die aktuellen Zahlen zum jährlichen Aufkommen bzw. zu aktuellen und umweltpolitisch angestrebten Verwertungsraten aufgelistet. Die Angaben in der Literatur variieren sehr stark. Die Spannweiten zwischen den Angaben der verschiedenen Quellen zeigen, daß sich das tatsächliche Aufkommen nur schwer abschätzen läßt. Mengenangaben beruhen in erster Linie auf Angaben von Deponieanlieferungen; die Ablagerung in betriebseigenen Deponien sowie direkte, betriebsinterne Verwendung wird nicht erfaßt. In den Statistiken der Industrieverbände sind außerdem nur Betriebe mit mehr als 20 Beschäftigten berücksichtigt.

Fehler entstehen auch bei der Deklarierung, der Anlieferung an die Deponie. Da unterschiedliche Gebühren für die Abfallkategorien Erdaushub, Bauschutt und Straßenaufbruch fällig werden, wird Straßenaufbruch möglichst dem Erdaushub zugerechnet (HIERSCHE, 1989). Exakte Erhebungen in Landkreisen ergaben gegenüber Angaben des zuständigen Statistischen Landesamtes z.T. 100 bis 200 Prozent höhere Werte (TRAMPE und FINK, 1987). Inoffizielle Angaben der Bauindustrie reichen bis zum dreifachen der statistischen Angaben. Die Unterscheidung zwischen Bauschutt und Erdaushub ist in einigen Gebietskörperschaften nicht eindeutig (KLEGRAF, 1992), der jährliche Anfall von Erdaushub, Bauschutt und Straßenaufbruch schwankt sehr stark, etwa um den Faktor 3.

Im langzeitigen Durchschnitt wird pro Kopf der Bevölkerung von einer jährlich anfallenden Menge an Bauschutt, Straßenaufbruch und Bodenaushub von 2,0 - 2,5 t ausgegangen. Davon dürften ca. 75 - 80% Bodenaushub sein (NLFB, 1993). In Großstädten bzw. Ballungsräumen liegen diese Werte deutlich höher. In Hamburg beträgt das Aufkommen an Baureststoffen ca. 4 t pro Einwohner (zum Vergleich: 300 kg/E Hausmüll).

Baustellenabfälle (Reste von Baustoffen, Bauchemikalien, Bauhilfsstoffen und Bauzubehör, insbesondere aus dem Innenausbau sowie im Zusammenhang mit Baumaßnahmen anfallenden Verpackungsstoffen) sind unter dem Aspekt potentiell bodenbildender Substratströme nicht Gegenstand der Betrachtung.

4.4.1 Bodenaushub

Die Bau- und Abfallwirtschaft unterscheidet nach ***unbelastetem*** Boden- oder Erdaushub und ***belastetem*** Boden- oder Erdaushub:

(1) Natürlich anstehende (gewachsene) oder bereits verwendete, jedoch ehemals natürliche, nicht verunreinigte Erd- und Felsbaustoffe aus Sand, Lehm, Ton, Steinen, organischem Boden, die bei Erdbauarbeiten, z.B. aus Baugruben des Hoch- und Tiefbaus anfallen (FHH, 1989).

(2) Verunreinigt ist Bodenaushub, wenn Belastungen durch Fette, Öle, Säuren, Laugen, Salze, Schwermetalle, Lösemittel und andere Schadstoffe sowie Mikroorganismen oder Radioaktivität vorliegen.

Eine statistische Trennung beider Komponenten ist auf Bundesebene nicht möglich, vereinzelt liegen regionale oder kommunale Bilanzen vor.

Verbreitung:

In den alten Bundesländern fallen jährlich ca. 200 Mio. t an, die etwa zur Hälfte abgelagert werden. Die Mengenangaben schwanken je nach Quelle um nicht unerhebliche Beträge (85 - 215 Mio t/a, vgl. Abb. 4.1), so daß eine genaue Schätzung Schwierigkeiten bereitet. Bei den amtlichen Statistiken ist zu berücksichtigen, daß nur auf Deponien verbrachte Mengen erfaßt werden können. Die Mengen, die einer Verwertung bzw. sonstigen Verbreitung zufließen, sind darin nicht enthalten.

Verwertung und bodenbildende Verbreitung findet Bodenaushub als
- "Füllboden" bei Baumaßnahmen,
- zur anschließenden Geländenivellierung,
- zum Herrichten von Baugrund oder
- Bau von Lärmschutzwällen.

Eine Qualitätskontrolle, insbesondere auf Schadstoffbelastungen findet bei diesen Verwertungen in der Regel nicht statt. "Höherwertige" Verwertungen dienen der Aufwertung von Oberbodeneigenschaften. Bodenaushub dient häufig als "Mutterboden"-Ersatz, z.T. angereichert mit organischen Substraten. Bindige

Bodenaushubsubstrate sind im Landschaftsbau beliebt als Bodenverbesserer für steinig-sandige Standorte.

Risiken:

Mit den o.g. Verunreinigungen (Schadstoffen) ist Bodenaushub belastet, wenn er z.B. von Altlaststandorten, Altstandorten oder durch Unfälle oder diffusen Eintrag belasteten Standorten stammt. Häufig ist Bodenaushub mit Bauschutt vermischt (s.u.).

4.4.2 Bauschutt

Bauschutt ist das beim Bau, Umbau, Ausbau und Abriß von Wohnungs-, Industrie-, Gewerbe- und Versorgungsbauwerken anfallende Gemenge von Abfällen. Es besteht aus natürlichen, aber überwiegend technogenen Stoffen bzw. Substraten wie z.B. Ziegel, Beton, Leichtbauplatten, Kalk, Kalksandstein, Gipsplatten, Mörtel, Putz, Metallen, Kunststoffen, Holz, Teerpappe usw. sowie Reststoffen bzw. Abfallstoffen aus der Produktion. Die Bau- und Abfallwirtschaft unterscheidet zwischen unbelastetem und belastetem Bauschutt:

(1) Unbelasteter Bauschutt sind feste Baustoffe, die keine wasser-, boden- und gesundheitsgefährdenden Stoffe enthalten.

(2) Nicht sortierte, überwiegend mineralische Stoffe, die aufgrund ihres Gehaltes an wasser-, boden-, luft- oder gesundheitsgefährdenden Stoffen nachteilige Auswirkungen auf das Wohl der Allgemeinheit haben (vgl. HANDZIK, 1989).

Mineralischer Bauschutt gilt auch dann als unbelastet, wenn wasser-, boden- und gesundheitsgefährdende Stoffe eingewirkt haben, aber nachweislich Orientierungswerte unterschreiten. Derartiges Material fällt an beim Abbruch von Hochbauten, Wohngebäuden, Brücken und bei Ausschachtungen im besiedelten Bereich und wird durch Separierung und/oder Aufbereitung gewonnen, so daß augenscheinlich keine nichtmineralischen Bestandteile mehr feststellbar sind. Belasteter Bauschutt enthält Schadstoffe, die Orientierungswerte überschreiten.

Verbreitung:

Ablagerungen, teils über mehrere Jahrhunderte liegen im gesamten besiedelten Bereich mit Schwerpunkten in den Innenstädten. Lokale Schwerpunkte entstanden durch Großfeuer, Kriegseinwirkungen, durch Verfüllungen von Tälchen, Gruben usw. häufig zusammen mit Müll oder Trümmerschutt.

Gegenwärtig werden ca. 30 Mio t/a Bauschutt in den alten Bundesländern zum größten Teil auf Deponien abgelagert, etwa 20% als Recycling-Baustoffe einer Wiederverwendung zugeführt, der Rest im unmittelbaren Baustellenbereich "abgelagert". Die im Bauschuttrecycling durchgesetzten Substratmengen weisen hohe Steigerungsraten auf, einzelne Aufbereitungsanlagen erreichen Jahreskapazitäten von 350.000 t (Wuppertal).

In Hamburg sind zahlreiche Sortieranlagen in Betrieb mit Einzelkapazitäten von 60.000 - 170.000 t/a; 1989 wurden ca. 700.000 t/a sortiert (FHH, 1989). Inzwischen sind weitere Kapazitäten aufgebaut.

Mit steigenden Verwertungsraten kommt der Verbreitung über gesteuerte Substratströme zunehmende Bedeutung zu. Recyclingbaustoffe aus dem Baubereich (Bauschutt, Baustellenabfälle, Straßenaufbruch) kommen nach Angaben des Abfallwirtschaftsplans (FHH, 1989) zum Einsatz

- bei Lärmschutzwällen,
- beim Verfüllen von Leitungsgräben (Kabelsände),
- für Sauberkeitsschichten unter Gebäuden,
- bei der Untergrundverbesserung,
- in ungebundenen, hydraulisch und bituminös gebundenen Schichten des Straßenoberbaus sowie im ländlichen Wegebau,
- für Sportflächen und gelegendlich genutzte Stellflächen,
- für kombinierte Geh- und Radwege (z.B. in Grünanlagen),
- für Fundament- und Einkornbeton.

Risiken:

Bauschutt enthält Schwermetalle (z.B. Blei, Cadmium, Zink) und Asbest. Belastungen von Böden und Grundwasser entstehen ferner durch die Auswaschung von Sulfaten und Chloriden. Relativ hohe pH-Werte des Bauschutts von 7 - 8 können die biologische Verfügbarkeit von Schwermetallen vermindern.Weitere Risiken bestehen durch Belastungen mit organischen Schadstoffen: Aromatische Kohlenwasserstoffe, Polycyclische Aromatische Kohlenwasserstoffe, Halogenverbindungen.

4.4.3 Straßenaufbruch

Unter Straßenaufbruch sind zu verstehen: Straßenbaustoffe aus Aufbruch, Um-, Aus- oder Neubau befestigter Wege, Fahrbahnen und sonstiger Verkehrsflächen. Es handelt sich um mineralische Stoffe, die ungebunden, hydraulisch gebunden, bituminös gebunden als Oberflächen eingebaut werden. Zu den Materialien zählen auch Randsteine und Pflastersteine. Vergleichbar dem Bauschutt unterscheidet die Bauwirtschaft in belasteten und unbelasteten Straßenaufbruch:

(1) Unbelasteter Straßenaufbruch besteht entweder aus ungebundenem oder hydraulisch gebundenem mineralischem Material, das beim Ausbau oder bei der Instandsetzung von befestigten Wegen oder Straßen anfällt oder aus mineralischem oder bituminös gebundenem Straßenaufbruch aus Deck-, Binder- oder Tragschichten von Straßen oder sonstigen Verkehrsflächen.

(2) Belasteter Straßenaufbruch besteht dagenen aus mineralischen z.B. mit Teer gebundenen Straßenbaustoffen aus Deck-, Binder- oder Tragschichten von Straßen oder sonstigen Verkehrsflächen. Diese wurden unter Verwendung ökologisch bedenklicher Zuschlagstoffe hergestellt oder sind aus sonstigen Gründen umweltbelastend.

Verbreitung:

Straßenaufbruch wird zu einem geringen Anteil deponiert, bis über 80% gehen in die Verwertung mit ausschließlichem Einsatz im Straßen- und Wegebau.

Abb. 4.1 : Übersicht zum Aufkommen und Wiederverwertung von Baureststoffen (verändert nach KOHLER, 1993)

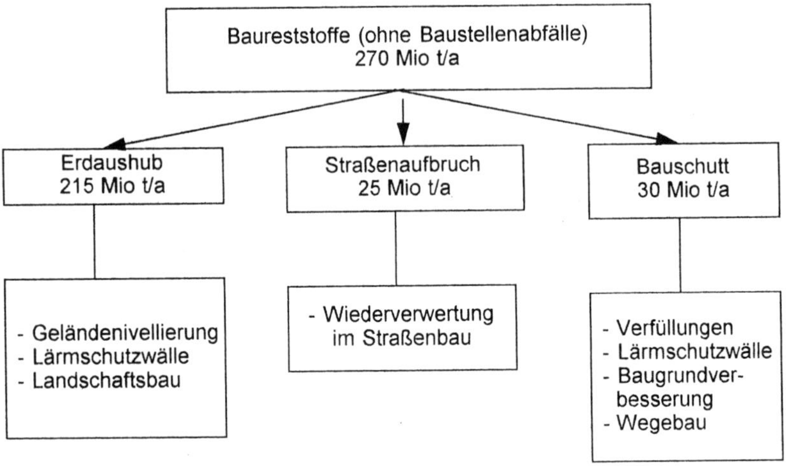

Risiken:

Bituminöse Deck-, Binder- und Tragschichten können Asbest oder Teer (Pech) enthalten. Verwendet wurden teilweise schadstoffhaltige Zuschlagstoffe, z.B. Schlacken aus Blei- und Kupferhütten sowie Strahlmittelrückstände.

Teerschotter enthält an problematischen anorganischen Verbindungen: Arsen, Chloride, Sulfate, Cyanidverbindungen; an organischen Verbindungen: BTX-Aromate, Polycyclische Aromatische Kohlenwasserstoffe, Halogenverbindungen, Phenole.

4.5 Trümmerschutt

Ein wesentlicher Substratstrom, der bis heute urbane Böden prägt, ist Trümmerschutt. Entstehungsursache sind Kriege, insbesondere der zweite Weltkrieg, aber auch Großbrände, die ganze Stadtviertel in Schutt! und Asche! gelegt haben.

Verbreitung:

In Essen fielen kriegsbedingt 15 Mio. m^3 Trümmerschutt an, die zum Teil in den Bergwerken als Versatz eingebaut, überwiegend aber an der Erdoberfläche "beseitigt" wurden. Trümmerschutt wurde zur Erschließung von Industrieflächen und Deichverstärkung eingesetzt, zum Auffüllen von Bergsenkungsgebieten, Tälchen und Vertiefungen genutzt um "diese wieder zugänglich und für die Aufschließung durch Ansiedlung von Industriewerken reif zu machen" (HEYN, 1955). Geradezu begeistert beschreibt HEYN die vielfältigen Verwendungsmöglichkeiten von Trümmerschutt zur Gestaltung einer neuen Stadtoberfläche: "Am verbreitetsten ist wohl die Verwendung der Trümmer zur Auffüllung der im Stadtgebiet so verbreiteten und für die Verkehrsgestaltung so hinderlichen Dellen. Selbst unmittelbar am Stadtkern, d.h. also im geschlossenen, bebauten Gebiet wurden in den Einschnitten der ehemaligen Tälchen .... Anschüttungen vorgenommen,.... die eine Mächtigkeit bis zu 5 m besitzen".

Hamburg hatte der zweite Weltkrieg mehr als 10.000 ausgebrannte Ruinen und über 40 Mio m^3 Trümmermassen hinterlassen. 10 Mio m^3 wurden am Ort ihrer Entstehung eingeebnet, 24 Mio m^3 wurden abgeräumt und zur "Stadtgestaltung" eingesetzt. Ein Teil diente der Verfüllung des Stadtgrabens am Holstenwall und der Verbreiterung des Ballindamms. Mit einem anderen höhte man den Stadtteil Hammerbrook auf, schüttete Gräben und Kanäle zu. Im Stadtteil Öjendorf verkippte man Trümmerschutt, der nicht mehr für Bauzwecke zu verwerten war, just in der Grube, die beim Entnehmen von Boden für die Aufschüttung der

Hammer Marsch entstanden war (FÜRST, 1947). Auf diesem Bodenaustausch wurde der Öjendorfer Volkspark gestaltet.

Nach einer Bilanz von FICHTNER (1977) mußte Berlin nach dem Krieg mit einem Berg von 55 Mio m^3 Trümmerschutt fertig werden. Ein Teil wurde konzentriert abgelagert (Trümmerberg), die Masse aber über das gesamte Stadtgebiet verteilt, z.T. mit anderen anthropogenen Substraten vermengt abgelagert. In seiner Bestandsaufnahme der Böden Berlins (West) berichtet GRENZIUS (1987) zur Verbreitung von Trümmerschutt:

"Anders als die Mülldeponien befinden sich die Ablagerungsplätze für die Trümmermassen auch in der Innenstadt. Die Ursachen dafür lagen in den Transportkosten des Schutts. Es wurden wenige zentral gelegene Kippen eingerichtet, die von den stark zerstörten Bezirken mit nicht allzu langen, kosten-günstigen Anfahrtswegen zu erreichen waren. Auf der Mehrzahl dieser Areale sind Parks angelegt worden, andere dienten der Errichtung von Sportanlagen und Radarstationen. In die Trümmerberge ist zum Teil auch Müll eingelagert oder die Mantelschüttung erfolgte unter Verwendung von Müllkompost. Somit ist eine Trennung zwischen Mülldeponie und Trümmerberg, was den Inhalt betrifft, nicht immer eindeutig". In andern Großstädten fielen an Trümmerschutt an:

Bremen	5	Mio m^3
Dortmund	10	"
Dresden	20	"
Düsseldorf	10	"
Hannover	6	"
Köln	15	"
Nürnberg	12	"
Stuttgart	5	"

Risiken:

Ähnlich denen im Bauschutt. Belastungen durch typische Baustoffe aus der Vorkriegszeit wie z.B. Bleirohre.

4.6 Substrate der Bodenreinigung

Mit der Sanierung von Altablagerungen und kontaminierten Betriebsgeländen sowie sonstigen kontaminierten Böden wird das Aufkommen von Sanierungssubstraten in Zukunft erheblich zunehmen.

Für ein großes Potential an Bodensanierungssubstraten sorgen die Wiedernutzungen von urban-industriellen Brachflächen. Bei ca. 6000 ha Industriebrachen nur im Ruhrgebiet - ohne die Industriewüstungen der neuen Bundesländer - ein nicht unerhebliches Reservoir. Gerade die altlastenhöffigen Altstandorte umfassen einen erheblichen Teil der städtebaulichen Brachflächen. Nicht alle Brachflächen werden sich als kontaminierte Standorte bzw. Altablagerung erweisen, doch die hohe Wahrscheinlichkeit einer Übereinstimmung von Brachflächen und Altlasten zeigt sich z.B. darin, daß derzeit im Bereich des Grundstücksfonds Ruhr zunächst grundsätzlich alle Brachflächen als Altlastenverdachtsflächen behandelt werden. Nach ersten Schätzungen ist in diesem Fond mit 2 Mio Tonnen Bodenmaterial zu rechnen, das nur durch ***organische*** Schadstoffe verunreinigt ist (WIEGANDT, 1991). Dieser Wert dürfte an der Untergrenze liegen, da einige Einzelstandorte allein diese Größenordnung erreichen können, insbesondere dann, wenn Vielfachbelastungen nicht nur mit organischen Stoffen vorliegen.

Eine realistische Obergrenze zeigt eine Rechnung für die Stadt Dortmund (DANNEMANN et al., 1992): Berücksichtigt man neben den Industriestandorten im Stadtgebiet Dortmund zusätzlich die zahlreichen Geländeauffüllungen, so sind ca. 14% des Stadtgebietes Altlastenflächen, entsprechend 35 Mio m^2. Bei einer Belastungstiefe von günstig angesetzten 2 m ist mit 70 Mio m^3, d.h. über 100 Mio t zu behandelnden Substraten zu rechnen.

Tab. 4.5: Abschätzung der Menge an kontaminierten Böden in Hannover, aufgeschlüsselt nach Schadstoffgruppen

Verunreinigung	Menge des belasteten Bodens
Mineralöl-Kohlenwasserstoffe:	
Tankstellen, Leckagen	ca. 20.000 - 40.000 t
Handhabungsverluste	ca. 108.000 - 216.000 t
Altöle (auch mit PCB und SM)	ca. 11.000 - 22.000 t
Mineralölverarbeitung	ca. 60.000 t
Schrottplätze (auch PCB, SM)	ca. 60.000 t
Chemie, Metall-, Eisenindustrie	ca. 14.000 - 28.000 t
Unfälle etc.	ca. 360 t
Schwermetalle	ca. 340.000 t
PAK	ca. 17.000 t
PCB	ca. 16.000 t
Cyanide	ca. 9.000 t

In Hamburg wurden seit 1985 Bodenreinigungsanlagen mit einer Kapazität von 200.000 t errichtet.

Im Rahmen von Vorplanungen für eine zentrale Bodenreinigungsanlage ließ die Stadt Hannover eine Studie mit dem Ziel erarbeiten, eine grobe Mengenschätzung des potentiell kontaminierten Bodenmaterials für das Stadtgebiet zu erstellen. Die Mengenschätzung ergab einen Gesamtumfang von 650.000 bis 810.000 Tonnen verunreinigten Bodens, der sich wie in Tab. 4.5 dargestellt, sehr heterogen zusammensetzt (MÖNNINGHOFF und PÖPPELBAUM, 1992).

Tab. 4.6 : Realisierte bzw. im Bau befindliche und geplante Bodenreinigungs - zentren (verändert nach KILGER & GRIMSKI, 1993)

Standort	Stand		Betreiber
	realisiert, im Bau	geplant	
1 Ahnsen/Bückeburg	x		Biodetox
2 Bremen	x		Umweltschutz Nord
3 Ganderkesee/Bremen	x		Umweltschutz Nord
4 Northeim/Göttingen	x		Umweltschutz Mitte
5 Berlin-Köpenik	x		Umweltschutz Ost
6 Langenhagen	x		Umweltschutz Nord
7 Lüneburg	x		GRT
8 Balje Hörne	x		GRT
9 Hamburg-Peute	x		Terracon
10 Lägerdorf/Itzehoe	x		AB-Umwelttechnik
11 Hamburg-Veddel	x		NORDAC
12 Münster	x		ARGE Bodensan.
13 Berlin-Neukölln	x		Harbauer
14 Berlin-Tiergarten	x		BORAN
15 Hamburg-Waltershof		x	Umweltschutz Nord
16 Bochum		x	BSR
17 Hattingen		x	Thyssen u.a.
18 Frankfurt-Osthafe		x	BRZ Hessen
19 Hamburg-Billbrook		x	BRZ Hamburg
20 Großkreuz		x	Hafemeister
21 Bischofswerda		x	Züblin u.a.
22 Hildesheim		x	Züblin u.a.
23 Brake/Unterweser		x	Züblin u.a.
24 Hille/Minden		x	Züblin u.a.
25 Ludwigsburg		x	Klöckner/Züblin
26 Neunkirchen		x	Saarberg
27 Schwarze Pumpe		x	RUT u.a.
28 Morbach		x	Umweltschutz Nord
29 Gladbeck		x	Umweltschutz Nord
30 Velten		x	
31 Dresden		x	
32 Gröbern/Meißen		x	
33 Zeesen		x	
34 Duisburg		x	

Für das Gebiet der Bundesrepublik Deutschland nach dem 3.10.1990 sind bisher ca. 130.000 Verdachtsflächen, davon ca. 60.000 in den neuen Bundesländern, erfaßt. Berücksichtigt man, daß von 10 % der Flächen kontaminierte Böden in Reinigungszentren behandelt werden, ist mit folgenden Mengen zu rechnen:

Bei etwa 10.000 t/Fläche (Erfahrungswert aus 359 abgeschlossenen Sanierungsfällen) sind bundesweit ca. 1000 Mio Tonnen Bodenreinigungs-substrate zu erwarten (vgl. FRANZIUS, 1991; FISCHER & KÖCHLING, 1991, ANONYM, 1993).

Die Bodenreinigung bedient sich mehrerer, z.T. kombinierter Verfahren. Im Einsatz sind mikrobiologische Verfahren, naßchemische und thermische Verfahren. Je nach Verfahren wird das Ausgangsmaterial unterschiedlich verändert. Unter sanierungstechnischen Gesichtspunkten haben die Firmen die Verfahren weitgehend optimiert. Demgegenüber liegen nur wenige Informationen über das Verhalten der Endprodukte bei ihrer Ausbringung ins Freiland vor. In Konzepten und Anforderungsprofilen zur Errichtung von Reinigungsanlagen finden sich fast immer nur stichwortartige Hinweise zur möglichen Wiederverwertung von Substraten.

Die Anlagen- und Stoffstrombeschreibung bestehender zentraler Bodenreinigungsanlagen endet in der Regel mit vagen Beschreibungen zu Verbleib "gereinigter" Böden, z.B. (TÖRK, 1993): "...abzureinigen, um sie am Standort wieder einzubauen zu können oder im Einzelfall anderweitig wiederzuverwenden. Die Standorte können anschließend einer Wiedernutzung zugeführt werden". Konkrete Vorstellungen zum "wie" und "wo" finden sich nicht, sie gelten nicht als Aufgaben zentraler Anlagen.

Nach der Sanierung kontaminierter Standorte liegen je nach Sanierungstechnik unterschiedliche "Technosole" oder auch nur anthropogene Substrate vor. Endprodukte einer thermischen oder chemischen Behandlung von Böden mittels einer technischen Anlage haben durch Ausglühen, Auslaugen usw. Merkmale und Eigenschaften gewachsener Böden verloren. Sie bilden mehr oder weniger sterile Korngrößenmischungen, die entweder am Sanierungsstandort wieder eingebaut oder "off-site" verteilt, eventuell als "Marktböden" gehandelt werden.

Verbreitung:

Zum Wiedereinsatz von Sanierungssubstraten ist wenig bekannt. In erster Linie dienen die Substrate der Verfüllung am Entnahmestandort. Ein großer Teil wird über Bodensanierungsanlagen zu neuen Ablagerungsstandorten "vermittelt":

Tab. 4.7 : Materialwege am Beispiel einer Behandlungsanlage in der Freien und Hansestadt Hamburg (aus: FUNKE et al., 1991)

Herkunft	Einbauort
Sanierungsgrundstück in FHH	Sanierungsgrundstück in FHH
Sanierungsgrundstück in FHH	sonstige Fläche in FHH
Sanierungsgrundstück in FHH	sonstige Fläche außerhalb FHH
Sanierungsgrundstück in FHH	Deponie
San.-Grundstück außerhalb FHH	Sanierungs-Grundstück außerhalb FHH
San.-Grundstück außerhalb FHH	sonstige Fläche in FHH
San.-Grundstück außerhalb FHH	sonstige Fläche außerhalb FHH
San.-Grundstück außerhalb FHH	Deponie
Baugrube in FHH	Fläche in FHH
Baugrube in FHH	Fläche außerhalb FHH
Baugrube in/außerhalb FHH	Deponie
Baugrube außerhalb FHH	Fläche in FHH
Baugrube außerhalb FHH	Fläche außerhalb FHH
Industr./kommun. Reststoff	Fläche in FHH
Industr./kommun. Reststoff	Fläche außerhalb FHH
Industr./kommun. Reststoff	Deponie

Ein bisher wenig beachtetes Problem sind leicht kontaminierte Böden als Endprodukt der Bodenreinigung. Zu dieser Klasse sind ebenso Böden zu zählen, deren Reinigung aufgrund geringer Belastungen unwirtschaftlich ist. Sie unterschreiten u.U. Mindestschadstoffgehalte zur Annahme auf Deponien. Die Stadt Hannover entwickelt z.Z. ein Verwertungskonzept, da seit kurzer Zeit auf der Zentraldeponie nur noch verunreinigte Böden mit einem MKW-Gehalt von min. 1 bis max. 5g/kg angenommen werden und eine Reinigung aller, auch gering belasteter Substrate die ökonomischen Ressourcen übersteigt.

Gering belastete Substrate finden Verbreitung wie Bodenaushub und Bauschutt. Z.z. konzentriert sich die Verwertung auf den Einbau in Lärmschutzwälle.

Risiken

Jedes Sanierungsverfahren ist nur für bestimmte Schadstoffe oder Schadstoffgruppen geeignet. Unvollständige Reinigung bzw. das Entstehen neuer

Problemstoffe sind generelle Risiken aller Verfahren. Thermische Methoden bergen aufgrund des hohen Energieeinsatzes zusätzliche Risiken:

Eine Behandlung im Temperaturbereich von 800 - 1000° C führt z.B. bei lehmigen Substraten zu einer starken Veränderung der chemisch-physikalischen Eigenschaften des Ausgangs-materials:

- pH-Wert-Erhöhung der Bodenlösung bis auf 12 möglich,
- erhöhte Basenkapazität erhält das alkalische Milieu unter natürlicher Säurezufuhr lange,
- daraus resultierend relative Immobilität von Schwermetallen mit Ausnahme von Chrom,
- Veränderung des Korngrößenspektrums,
- dadurch höhere Wasserdurchlässigkeit,
- Bildung stabiler Pellets,
- Mineralumbildungen,
- daraus resultierend geringere Austauschkapazitäten (GOETZ et al., 1989).

Durch den geringeren Gehalt an Makronährstoffen und schlechteren Verfügbarkeit an Mikronährelementen ist das Substrat auch nach einer Vermischung mit organischer Substanz nur bedingt als Pflanzenstandort geeignet (GOETZ und HOLZ, 1989).

Günstiger ist die thermische Bodenreinigung im Niedertemperaturbereich (ca. 350 - 600° C) einzuschätzen, dabei bleiben die chemischen und physikalischen Bodeneigenschaften weitgehend erhalten (BURGHARDT et al., 1991).

Eine Verwertung leicht kontaminierter Böden bzw. unvollständig gereinigter Böden birgt das Risiko künftiger Altlasten. Wesentliche Voraussetzung der Wiederverwertung beider Substratgruppen ist ein Informations- und Kontrollsystem im Rahmen eines Bodenmanagements (vgl. Kap. 6.4).

4.7 Regionale Besonderheiten

4.7.1 Schlacken und Aschen

Schlacken und Aschen sind Rückstände aus Feuerungsanlagen und Verhüttungsprozessen und regional als bodenbildender Substratstrom von Bedeutung:

Schlacken: Bei der Gewinnung von Metallen aus den Einsatzstoffen gebildete nichtmetallische Rückstände.

Aschen: Bei der Verbrennung aus den Einsatzstoffen gebildete nichtmetallische Rückstände.

Eine Mischform stellen die Rückstände aus der Müllverbrennung dar, es handelt sich um Aschen mit schlackenähnlichen, metallischen Beimengungen. Unterscheiden lassen sich bei Schlacken und Aschen mindestens folgende Hauptgruppen:

* Hausbrandaschen
* Kraftwerksaschen Steinkohle
* Kraftwerksaschen Braunkohle
* Müllverbrennungsaschen
* Hochofenschlacken
* Stahlwerkschlacke
* Metallhüttenschlacke

Verbreitung:

Aschen und Schlacken aus diversen Verbrennungs- und Verhüttungsprozessen sind als Baustoffe und Dünger! (Phosphat-, Kalk-, Magnesiumdünger) in sehr langer Tradition über die Siedlungsfächen und teilweise auch in der Landwirtschaft verteilt worden.

Besonders "erfolgreich" ist der Einsatz von Schlacken und Aschen im Wege- und Sportstättenbau. Dieser Verwertungs-Stoffstrom sorgte über Jahrzehnte für eine weite Verbreitung und damit auch für überregionale, teils bundesweite Schadstoffprobleme. Der bisher bekannteste und folgenreichste Einzelfall ist "Kieselrot". Eine sauerländische Firma lieferte bundesweit zum Sportstättenbau dioxinhaltige Kupferschlacke mit Belastungswerten von 20.000 - 70.000 Nanogramm Dioxin pro Kilogramm Substrat. Seit Mai 1991 ist klar, daß aus der ehemaligen Kupferhütte Marsberg bis 1968 mindestens 800.000 Tonnen giftiger Kupferschlacke bundesweit an 220 Kommunen verkauft worden sind. Insgesamt sind rund 1500 Verdachtsflächen bekannt.

a) HOCHOFENSCHLACKE:

Mit der Roheisenerzeugung von ca. 32 Mio. t im Jahr 1988 wurden 8 - 10 Mio. t Hochofenschlacke produziert. Darüber hinaus wurden 0,2 Mio. t Schlacke von den während der letzten 30 Jahre in starkem Maße abgebauten Halden entnommen, so daß insgesamt 8,5 Mio. Tonnen verwertet wurden.

Verbreitung:

Der weitaus überwiegende Teil der Hochofenschlacke ging mit ca. 70% in unterschiedlichen Ausführungsarten und Korngemischen in den Straßenbau und zum Teil in die Betonherstellung. 27% wurden als Hüttensand für die Zementherstellung verwendet. Geringe Mengen wurden als Hüttenkalk abgesetzt. Hüttenbims war insgesamt mit 2% an der Verwertung beteiligt (GEISELER, 1990).

Schlacken der Hamburger Kupferverhüttung werden beim Bau von Straßen, Sportanlagen und Wasserstraßenbau eingesetzt.

Risiken:

Hochofenschlacken enthalten an mobilisierbaren Schadstoffen: Aluminium, Sulfate, Kaliumverbindungen. Besondere Problematiken zeigen Schlacken der NE-Verhüttung, insbesondere Kupferschlacken ("Kieselrot" s.o.), die nicht selten als Wertstoffe weite Verbreitung finden.

b) STAHLWERKSSCHLACKE:

Bei einer Rohstahlerzeugung von 40,5 Mio t (1988) wurden ca. 5 Mio t Stahlwerksschlacke erzeugt.

Verbreitung:

Diese Schlacken wurden zu etwa 51% im Straßen-, Wege-, Wasser- und Gleisbau eingesetzt, wobei der Schwerpunkt dieses Einsatzes auf dem Gebiet des Wege- und Wasserbaus liegt. 20% der Stahlwerksschlacken wurden noch in die metallurgischen Prozesse, insbesondere in den Hochöfen zurückgeführt. Rund 8% wurden als Düngemittel abgesetzt. Nur etwa 10% aller Stahlwerksschlacken konnten nicht verwertet werden und mußten auf einer Deponie abgelagert werden (GEISELER, 1990).

Schlacken der Hamburger Stahlwerke fanden in der Landwirtschaft als Dünger und zum Wegebau Verwendung.

Risiken:

Problematische Inhaltsstoffe sind
- Arsen und die
- Schwermetalle: Blei, Cadmium, Chrom, Nickel, Zink sowie
- Fluoride,
- Cyanidverbindungen.

c) STEINKOHLENASCHEN/BRAUNKOHLENASCHEN:

Für 1995 wird ein Steinkohleneinsatz in Kraftwerksfeuerungen von 47 Mio Tonnen erwartet. Hieraus errechnet sich eine Gesamtmenge Asche von ca. 7 Mio Tonnen, die sich etwa zur Hälfte auf Flugasche und Grobasche aufteilen dürfte.

Zusammen mit der Braunkohlenverfeuerung entsteht ein Stoffstrom von ca. 20 Mio t.

Verbreitung:

Flugaschen finden Verwertung

- bei der Zementherstellung als Rohmaterialkomponente,
- als Zuschlagstoff für die Normalbetonherstellung, Ortbeton und Betonsteine,
- Baumaterial im Wege- und Erdbau ohne Zusätze,
- als mineralischer Füller zur Herstellung von bituminösen Trag- und Deckschichten im Straßenbau,
- als Mischbinder aus Flugasche-Kalkgemischen und
- als Baustoff zur Herstellung von Gasbetonsteinen und -platten.

Grobaschen, auch als Kesselsand bezeichnet, werden verwertet

- als Trag- und Dränschicht im Wege- und Straßenbau,
- für Aufschüttungen und Hinterfüllungen an Gebäuden,
- als Zuschlag für Mörtel und
- als "Bodenverbesserungsmittel".

Risiken:

Steinkohlenaschen enthalten Barium, Blei, Cadmium, Chrom, Nickel, Thallium, Vanadium, Zink außerdem Arsen und Sulfate. Problematische organische Verbindungen sind: Polycyclische Aromatische Kohlenwasserstoffe.

d) MÜLLVERBRENNUNGSASCHE/SCHLACKEN:

Zusätzlich zu den heute installierten Müllverbrennungsanlagen sind weitere 20 Anlagen geplant. Infolge der knapper werdenden Deponieflächen wird die Müllverbrennung trotz genehmigungsrechtlicher Schwierigkeiten in den Ballungsräumen weiter zunehmen (TA Siedlungsabfall). Pro t Müll fallen 250 bis 350 kg Asche und Schlacke sowie 20 bis 40 kg Filterstaub an. Aus einer Tonne

Rohschlacke lassen sich 800 bis 850 kg verwertbare Schlacke, 120 bis 150 kg Schrott und 30 bis 50 kg Überkorn (> 45 mm) gewinnen (HEITING et al. 1989).

Verbreitung:

Nach Angaben von REIMAN (1992) erfolgt eine Verwertung in der Regel in folgenden Einsatzgebieten:

- als untergeordnetes Baumaterial für Lärmschutzwälle, Landschaftsbau, Unterbau, Dammbau, "zur Bodenverbesserung" !, Leitungsbau, ungebundenem Verkehrsflächenbau;

- als hochwertiges Baumaterial für Frostschutz- und hydraulisch gebundene Tragschichten im Straßen- und Wegebau, Zuschlagstoff für Bausteine u.ä.

In Hamburg kommen etwa 275.000 Tonnen MV-Schlacken im Straßenbau zum Einsatz (vgl. Tab. 4.17). Die Einsatzmöglichkeiten, auch in Verbindung mit Zusätzen von Steinkohlenflugasche, zur Erhöhung der Frostfestigkeit, werden von der Baustofforschung positiv eingeschätzt. Eine Verwendung als Beton erreicht die Güteklasse für Fundamente.

Die Einbaustärke von MV-Schlacken im Straßenbau liegt bei etwa 16 cm. In der Regel ist ein Einbau nur 2 m oberhalb des Grundwasserspiegels erlaubt, um ein Aufsaugen (Frostsprengung) zu vermeiden. Außerhalb Hamburgs finden MV-Schlacken auch im offenen Wegebau Verwendung. In Hamburg ist MV-Schlacke nur im versiegelten Bereich zugelassen, in den einzelnen Bezirken gibt es durchaus unterschiedliche Einschätzungen der Verwertbarkeit.

Eine Verbesserung der Baustoffqualität von MV-Schlacken ist möglich durch (GOETZ, 1990)

- optimierte Verbrennung,
- Vorsortierung des Mülls,
- Waschanlagen für Schlacken zur Entfernung der Salze,
- Zementzumischung hält stark die Salze zurück.

Der Übergang vom Abfall zum Baustoff steht bei der MV-Schlacke bevor. Kurios ist dabei, daß die Konkurrenz anderer Recyclingprodukte steigt!

Risiken:

Soweit es sich um Grobaschen handelt, geht von diesen Substraten ein Schadstoffpotential hauptsächlich in Form von löslichen Salzen (Chloride, Sulfate, Calcium, Aluminate) aus. Die gebundenen Schwermetalle (Barium, Blei,

Cadmium, Chrom, Kobalt, Kupfer, Nickel, Zink) stellen wegen ihrer oxidischen Bindungsformen nur eine geringe Gefahr dar, da sie nur schwer mobilisierbar sind. Es bestehen allerdings Unterschiede bezüglich ihrer Auslaugbarkeit, die zusätzlich vom pH-Wert abhängig ist. Die pH-Werte von Müllverbrennungsaschen/-schlacken liegen in der Regel über 10.

Den Müllverbrennungsschlacken sind teilweise Filterstäube zugesetzt. Enthalten sind z.T. auch polychlorierte Dibenzodioxine und Dibenzofurane in Konzentrationen über 1500 ng/kg.

Alterungsprozesse haben für das Umweltverhalten der Schlacken eine sehr große Bedeutung. Mit zunehmender Alterung (Monate) verändert sich das Eluatverhalten von z.B. Schwermetallen positiv. Dennoch verbleibt nach abgeschlossener Alterung ein Material, das nicht alle Qualitätsziele aus der Sicht des Grundwasserschutzes einhält (Salze, CSB, Aluminium).

Die begleitenden Schadstoff-Ströme bei der Schlackenverwertung erreichen erhebliche Ausmaße: Nach KRAUSE (1990) ist über die Verwertung von MV-Schlacken im Wegebau mit folgenden Schadstoffpotentialen zu kalkulieren: umgerechnet auf 1000 m^2 ergeben sich bei üblicher Einbaustärke bis zu

1500	kg Zn
1800	kg Sn
3400	kg Pb

in Lösung gehen davon bei pH 4 bis zu

250	kg Zn
40	kg Pb
0,8	kg Cd

Qualitätsanfoderungen sind deshalb nicht nur an Konzentrationen von Schadstoffen, sondern auch an den Schadstoff-Strömen zu messen (vgl. Kapitel 6.2.3).

4.7.2 Baggergut

Wasserstraßen, Häfen, Flüsse, Bäche und Seen sind zur Aufrechterhaltung der Schiffbarkeit und der Vorflut mehr oder weniger regelmäßigen Ausbaggerungen unterworfen. Gebaggert wird Sand und Schlick.

Zur Unterhaltung der Schiffahrtswege hat die Wasser- und Schiffartsverwaltung des Bundes 1982 ca. 48 Mio m^3 gebaggert (Elbe 11 Mio t, Weser 10 Mio t, Ems 15 Mio t, Rhein 12 Mio t), davon sind ca. 12-15 Mio t sehr stark belastet (KNÖPP, 1986). Weitere, stärker belastete Sedimente in einer Gesamtmenge von ca. 10 Mio m^3 fallen in Stauseen, durchgehend gestauten Flüssen und

Hafenbecken (ca. 100 kommunale Binnenhäfen, private Werkshäfen und Schutzhäfen; z.B. Duisburg, Mannheim, Stuttgart) an. Schließlich kommen noch die bei der Unterhaltung von Stadtkanälen und sonstigen kleineren Gewässern ebenfalls nicht zu vernachlässigenden Mengen an kontaminierten Sedimenten dazu.

In Hamburg müssen zur Aufrechterhaltung der Schiffahrt im Durchschnitt pro Jahr 2 Mio. m^3 Sand und Schlick gebaggert werden. Weitere 0,5 Mio. m^3 fallen bei Hafenausbaumaßnahmen an. Zusätzliche Sedimente fallen aus den zahlreichen Hamburger Binnengewässern an (vgl. Tabelle 4.18).

Verbreitung:

Ein erheblicher Teil dieses Baggerguts wird an anderer Stelle wieder in das fließende Wasser gebracht. Ein großer Anteil wurde und wird jedoch an Land, bei kleineren Gewässern in der Regel im Uferbereich untergebracht. Hamburger Elb- und Hafensedimente wurden in Spülfeldern deponiert, dienten zur Anlage hochwassersicherer Industrie- und Wohnansiedlungen und wegen ihres hohen Gehalts an organischer Substanz und Nährstoffen auch als Dünger auf landwirtschaftlichen Flächen und in Hausgärten; schon immer wurden Sedimente zur Ertragssteigerung sehr geschätzt. Insgesamt wurden mehrere tausend Hektar in der Elbmarsch lange Zeit regelmäßig mit ihnen gedüngt.

Die Aufhöhungen zur Flutsicherung, einschließlich sonstiger Spülfelder, beliefen sich für den Zeitraum von 1945 bis 1959 auf etwa 500 ha und nach 1960 auf 1.300 ha, so daß heute insgesamt etwa 2000 ha in der Elbmarsch mit Sedimenten aufgeschüttet sind, teilweise angereichert mit Müll und Bauschutt.

Risiken:

Gewässersedimente stellen für viele anorganische und organische Schadstoffe ein Anreicherungsraum und Langzeitdepot dar. Folgende Gruppen von Umweltchemikalien zeigen ein besonders hohes Geoakkumulationsverhalten in Gewässersedimenten:

- Schwermetallverbindungen, insbesondere die Metalle, die sich gleichzeitig durch hohe Bioakkumulierbarkeit auszeichnen, wie Pb, Cd, Hg;
- Kohlenwasserstoffe (leicht- und schwerflüchtige);
- Spaltprodukte und Transurane.

Schwermetalle und Kohlenwasserstoffe lagern sich bevorzugt an feinste Schweb- und Sinkstoffe an, so daß ihre Konzentrationen in den Sedimenten in Abhängigkeit von den Korngrößenanteilen stark schwanken können. Bewertungen von Schadstoffgehalten müssen neben der zugehörigen Korngrößenfraktion die

Bindungsverhältnisse berücksichtigen (FÖRSTNER, CALMANO, 1982; FÖRSTNER, 1984, 1986).

Verschiedene Aufbereitungsverfahren für Baggergut sind in der Lage, verschiedene Korngrößenfraktion abzutrennen und die Schadstoffe anzureichern. Der größere, grobkörnigere Anteil ist in der Regel nach der Behandlung aber noch zu den leichtkontaminierten Substraten zu zählen.

Tab. 4.8: Schwermetalle und Arsen im Hafenschlick (in mg/kg TS)

	Harburger Binnenhafen*	Hamburger Häfen**	Bremen ***	Rotterdam ***
Blei	400 - 2740	150 - 250	100 - 300	250 - 450
Cadmium	4 - 22	7 - 25	5 - 20	15 - 35
Zink	900 - 3900	1500 - 2500	1000 - 2000	1500 - 2000
Chrom	25 - 350	150 - 300	50 - 250	350 - 750
Nickel	40 - 380	50 - 100	50 - 100	50 - 80
Kupfer	170 - 1200	250 - 600	100 - 250	200 - 350
Quecksilber		10 - 20		
Arsen	1 - 5,5	50 - 150		

* HECKMAN, KAMIETH & SCHADE (1987)
** TENT (1982)
*** GÖHREN (1982)

4.7.3 Montansubstrate

Montansubstrate als Abfallprodukte des Steinkohlenbergbaus und Erzbergbaus begründen in einigen urban-industriellen Regionen der Bundesrepublik die in Fläche und Volumen verbreitetsten Bodenkontaminationen. Sie umfassen alle Aufschüttungen und Ablagerungen mit Bergematerial und sonstigen Rückständen, Abfällen und Produkten aus weiterverarbeitenden Produktionsprozessen:

- Bergematerial,
- Kohle, Koks,
- Kohleschlamm,
- Schlacken, Aschen.

Außer Betracht sind Bodenbewegungen des Braunkohletagebergbaus. Insbesondere in den neuen Bundesländern handelt es sich um den quantitativ bedeutendsten Verursacher von Bodenbewegungen. Im Gegensatz zum Erz- und Steinkohlenbergbau, sind aus historischen Gründen aber überwiegend ***nicht*** urban-industrielle Bereiche betroffen.

Verbreitung:

Die wegen ihrer flächenhaften Verteilung problematischsten Montan-Ablagerungen stammen aus dem Steinkohlenbergbau. An Bergematerial werden heute noch in den alten Bundesländern ca. 70 Mio t jählich gefördert. Welche Mengen seit Beginn des Bergbaus in den Revieren gefördert und an der Oberfläche abgelagert und verteilt wurden ist nicht mehr nachvollziehbar. Pauschal kann von 40 - 50 % Bergematerial je geförderter Tonne im Tiefschachtbau ausgegangen werden. Das bedeutet z.B. für das saarländische Revier auf dem Höhepunkt der Förderung in den 50er Jahren ca. 8 Mio t Abraum pro Jahr.

Regional läßt sich die betroffene Fläche grob abschätzen:

- Im Ruhrgebiet waren 1981 ca. 1300 ha mit Bergehalden bedeckt, dazu zählen aber noch nicht die unzähligen kleinräumigen Verfüllungen mit Montansubstraten aller Art. Eine Substratkartierung im Norden der Stadt Essen weist auf ca. 210 ha (von 2000 ha Freifläche) Montansubstrate aus (vgl. Abb. 2.3).

- Im Saarland bedecken 105 Halden und 29 Schlammweiher mit einer Größe zwischen 0,4 ha und 37 ha eine Fläche von ca. 600 ha (FETZER et al., 1992).

Die betroffenen Flächen liegen häufig innerhalb ausgedehnter Siedlungen. Um Haldenkapazitäten zu sparen, wurde das Bergematerial überall dort zur Gelände-ausformung und als Schüttgut eingesetzt, wo es zu Bauzwecken und zur Land-schaftsgestaltung nutzbar war: etwa beim Straßenbau, bei der Anlage von Bahndämmen und zur Aufhöhung von ausgedehnten Bergsenkungsgebieten.

Die häufig erfolgte mehrfache Umlagerung der Montansubstrate führte zu weiterer Verbreitung. So wurden Aufhaldungen der 1. und 2. Generation, die nach Jahrzehnten endlich begrünt waren, ganz oder teilweise wieder abgetragen, weil sich das Material für Verkehrsunterbauten eignete und weiträumig veräußert wurde. Begehrt war und ist vor allem das durch Schwelbrände entstandene ziegelgrußartige Material von Schiefertonbergen (vgl. WOHLRAB et al., 1982).

Risiken:

Die geogenen, biologisch betrachtet sterilen Bergematerialien, erhalten ihre Problematik aufgrund ihrer Zusammensetzung aus anfangs lebensfeindlichen Untergrundgesteinen:

Tab. 4.9: Zusammensetzung von Bergematerial (Ruhrgebiet)

Mineralogische Zusammensetzung		Chemische Zusammensetzung	
Mineral	(%)	Hauptbestandteile	(%)
Illit	41 - 66	SiO_2	54 - 63
Kaolinit	1 - 25	TiO_2	0,8 - 1,3
Chlorit	1 - 5	Al_2O_3	20 - 29
Tonminerale	59 - 73	Fe_2O_3	4 - 12
Feldspat	1 - 4	MgO	1,3 - 2
Quarz	11 - 27	CaO	0,4 - 4
Siderit	1 - 4	Na_2O	0,2 - 1,2
Dolomit	0 - 5	K_2O	3 - 5
Calcit	0 - 1		
Pyrit	<1 - 9		

nach: DÜNGELHOFF und PLANKERT (1983)

Durch physikalische Verwitterung zerfallen die Schiefertone an der Bodenoberfläche sehr rasch in 1-3 Jahren. Auf den chemischen Verwitterungsverlauf wirkt sich vor allem das starke Absinken der pH-Werte aus (WIGGERING, 1984). Von ursprünglich 6-8, können die Werte bis auf 2-3 absinken. Die starke Versauerung ist in erster Linie auf die Pyritverwitterung zurückzuführen, wobei freie Schwefelsäure entsteht.

Durch Niederschläge werden Chloride und Sulfate ausgewaschen, die im Sickerwasser Konzentrationen von 5.000 mg/l erreichen können. Langjährige Untersuchungen an Halden im Rheinisch-Westfälischen Steinkohlenbezirk zeigten, daß im Mittel ca. 0,08 Gew. % Sulfat und 0,05 Gew. % Chlorid ausgewaschen werden können (WBK, 1981). Bei großen Schüttungen von 100 Mio Tonnen entspricht das 50.000 t Chlorid und 80.000 t Sulfat.

4.8 Organische Substrate

Unter potentiell bodenbildenden organischen Substraten im urban-industriellen Bereich sind zu verstehen

- Komposte aus der Hausmüllverwertung,
- Komposte aus Abfällen der Grünflächen- und Gartenpflege,
- Rindensubstrate.
- Torfe,
- Klärschlämme sowie

- Mischkomposte.

In der Abfallwirtschaft hat in den letzten Jahren die Kompostierung von organischen Materialien aus Gärten und Grünanlagen sowie von getrennt gesammelten vegetabilen Abfällen aus Haushalten (Bioabfallkompostierung) eine stark zunehmende Bedeutung erlangt. Die Bioabfallkompostierung entwickelt sich zum Notnagel der Abfallwirtschaft - deutlich sichtbar in der allgemeinen Aufwertung dieses Verfahrens in den Abfallwirtschaftskonzepten der Länder (flächendeckende Bioabfallkompostierung in Hessen seit November 1990 per Erlaß zwingend vorgeschrieben; Niedersachsen folgte 1992).

Die unsortierte Hausmüllkompostierung ist im gleichen Zeitraum aufgrund der hohen Schad- und Störstoffanteile zunehmend in den Hintergrund getreten zugunsten der Kompostierung der häuslichen Organikbestandteile aus der getrennten Sammlung. Bundesweit existieren zur Produktion von Kompost aus Grünabfällen und Hausmüll

- ca. 800 Pflanzenabfallkompostieranlagen (kleinere Anlagen),
- ca. 100 Kompostwerke für Biomüllkompostierung,

die zusammen ca. 1,5 Mio t Kompost abzusetzen haben, bei schnell steigenden Mengen. Anlagen mit einer Kapazität von 1,2 Mio Tonnen Kompost befinden sich 1993/94 in der Genehmigung. Für die anfallenden Mengen existieren weder bodenbezogene Verwertungs- noch Marketingkonzepte.

Die Gesamtmenge an Organik, die für die Kompostierung in Hamburg bis 1995 nutzbar ist, beläuft sich auf ca. 90.000 t/a ohne die Berücksichtigung von Klärschlamm (vgl. Tab. 4.17).

Insgesamt fallen in der alten Bundesrepublik etwa 13 Mio t Bioabfall aus Haushalten, Gärten, öffentlichen Anlagen, Betrieben und Kantinen an, wovon nur ein kleiner Teil, maximal ein Achtel (12,5 %) durch die Hausgartenkompostierung, d.h. am Anfallort verwertet werden können (BUND, 1992). Zunehmende Tendenz zeigen Rindensubstrate (ca. 1 Mio. m^3/a), während der Absatz von Torf stagniert (ca. 12 Mio m^3/a).

4.8.1 Bioabfallkomposte

Die getrennt gesammelten Küchen- und Gartenabfälle werden als Bioabfälle bezeichnet. Dazu zählen
- Abfälle aus Essensaufbereitung,
- Abfälle aus dem Garten,
- sonstige organische Haushaltsabfälle;

- Hinzunahme von Schmutzpapieren oder der gesamten Papierfraktion ist möglich.

Das abschöpfbare Potential ist erheblich, in Niedersachsen wird mit 100 kg/E/a gerechnet (LHH, 1991).

Organische Substrate aus Kommunalen Kompostierungsanlagen zeigen stark steigende Tendenz. Arbeiteten 1990 bundesweit erst 8 Anlagen zur Kompostierung der Biofraktion im Hausmüll, so sind Ende 1993 bundesweit bereits 188 Bioabfall-Kompostanlagen erfaßt worden; davon 99 in Betrieb, 28 im Bau und 61 im Genehmigungsverfahren (BÜKER, GÜNTHER, KOMO-DROMOS, 1994). Der Durchsatz dieser Anlagen beträgt ca. 2,7 Mio t Biomüll (ca. 1,4 Mio t Kompost). Stand und Entwicklung in den alten Bundes-ländern zeigt Tab.4.12.

Verbreitung

Kompost ist ein Rotteprodukt aus organischen Abfallstoffen nach weitgehend abgeschlossener Rotte. Er ist ein Bodenverbesserungsmittel mit Düngewert und eine geeignete Mischkomponente zur Substratherstellung. Kompost wird nach Düngemittelrecht als Bodenhilfsstoff oder als Wirtschaftsdünger deklariert.

Der Einsatz von Bioabfallkomposten als Bodenverbesserungsmittel ist weit verbreitet. In seinem positiven Einfluß auf die Böden unterscheidet er sich kaum von Garten-, Grünflächenabfall- oder in der Landwirtschaft hergestellten Komposten. Hauptabnehmer sind Gemüse-, Wein-, Obstbau (ca. 100.000 t), Baumschulen, Zierpflanzenbau, Garten- und Landschaftsbau (ca. 100.000 t), Handel, Gartencenter, Forst, Bundesbahn, Straßenbau, Filterbau, Gartenämter, Erdenwerke, Rekultivierungen (ca. 85.000 t).

In Hessen wurden 1992 aus 276.000 t Bioabfall 130.000 t Kompost hergestellt. Für das hessische Potential von etwa 500.000 t/a Kompost gelten gute Absatzchancen. Nach Schätzungen des hessischen Umweltministeriums sind die ca. 500.000 t ohne Probleme als Torfersatz unterzubringen (HMU, 1990). In Niedersachsen wird mit gleichen Größenordnungen kalkuliert. Der Verwertungsoptimismus ist angesichts der zu erwartenden Kompostmengen, Qualitätsfragen und konkurrierender Substrate zu relativieren (Tab. 4.10).

Ein Unterbringen dieser Menge auf der landwirtschaftlichen Nutzfläche von 11 Mio ha wäre ohne Probleme, dafür würden nur ca. 4% der Fläche benötigt. Umgekehrt wäre bei der Nutzung der gesamten landwirtschaftlichen Nutzfläche je ha und Jahr nur 0,35 t Kompost auszubringen. Zum Vergleich: auf derselben Fläche sind derzeit über 19 t/ha/a an Fest- und Flüssigmisten zu verwerten.

Tab. 4.10: Jährliche Mengen an Kompost, die bei Einführung der Bioabfallkompostierung in den alten Bundesländern theoretisch produziert werden könnten (verändert nach VOGTMANN et al., 1991)

Haushaltsabfall und hausmüllähnliche Gewerbeabfälle		25 Mio t
Kompostrohstoff (32%)		8 Mio t
CO_2* und H_2O-Verluste	ca.	4 Mio t
Jährliche Kompostmenge	ca.	4 Mio t (5,7 Mio m^3)

* CO_2-Freisetzung ist klimaneutral (kurzer Kreislauf)

Diese Konkurrenzsituation einschließlich der "Klärschlamm-Konkurrenz" wird dazu führen, daß erhebliche Mengen im urban-industriellen Bereich bei Maßnahmen des Landschaftsbaus z.B. als Mischsubstrate) eingesetzt werden.

Auf der Grundlage eines Gutachtens von 1987 rechnet die Verwaltung in Hamburg mit einer Absetzbarkeit von Kompost im privaten Bereich von 9.500 t/a, einschließlich näheres Umland mit 21.500 t/a. Insgesamt wird von folgenden Einsatzmöglichkeiten in Hamburg und dem näheren Umland ausgegangen (FHH, 1988):

Tab. 4.11 : Potentiale für Kompostanwendungen in Hamburg und näheres Umland (verändert nach FHH, 1988)

Anwendungsbereich	Mengen in t/a
Baumschulen	92.000
Zierpflanzenbau	18.500
Öffentlicher Bereich	10.000 - 15.000
Rekultivierung von Deponien	10.000
Aufforstungen	25.000 - 38.000

An einer Vertriebsstruktur für Kompost interessiert ist der Bundesverband der Torf- und Humuswirtschaft. Abgesehen von einem Einsatz in Gärtnereien, Baumschulen und Obstbau wird Kompost im kommunalen Bereich durch den Landschaftsbau und Grünflächenämter eingesetzt.

Die praxisüblichen Aufwandmengen an Kompost betragen für die kontinuierliche Bodenverbesserung und die Freiflächenpflege ca. 10 - 20 t/ha (Volumengewicht = 0,65 t/m^3), für kombinierte Bodenverbesserungs- und Düngezwecke im gartenbaulichen und landwirtschaftlichen Bereich ca. 25 - 50 t/ha, für Rekultivierungszwecke bzw. zur einmaligen Melioration bis zu 150 t/ha und bei Erosionsschutzmaßnahmen bis zu 300 t/ha.

Tab. 4.12: Stand und Entwicklung der Anzahl der angeschlossenen Einwohner an die Bioabfallkompostierung in der Bundesrepublik (alte Bundesländer), verändert nach FRICKE et al. (1992)

Bundesland	Angeschl. Einwohner	Stand * Quote (%)	Planung ** Quote (%)
Hessen	460.200	8,3	100
Niedersachsen	205.500	2,8	34
Schleswig-Holstein	81.600	3,1	36
Nordrhein-Westfalen	921.400	5,5	40
Rheinland-Pfalz	233.600	6,2	48
Baden-Württemberg	322.400	3,3	45
Bayern	444.300	4,0	40
Berlin	32.000	1,5	2
Hamburg	11.500	0,7	70
Bremen	35.000	5,3	20
Alte Länder	2.747.500	4,5	46
Entsprechende Kompostproduktion ca.		0,15 Mio. t/a	1,5 Mio. t/a

* Mai 1991
** Bei Umsetzung der politischen Beschlüsse

Risiken

- Nicht oder schlecht sortierte Müll-Komposte sind von unerwünschten Begleitsubstraten wie Metallen, Glasbruch und Kunststoffen verunreinigt; sie weisen außerdem bedenkliche Schwermetallgehalte auf. In Biomüll-Kompost ist deren Gehalt meist relativ gering, noch etwas niedriger liegen die Gehalte in Pflanzenabfallkomposten:

- Über Gehalte an organischen Schadstoffen sind wenig Daten verfügbar. Untersuchungen zu Biozidgehalten ergaben Werte weit unter der für Lebensmittel zugelassenen. Besonders gründlich untersucht wurden in letzter Zeit Dioxin-Werte. Die Mehrzahl der Proben weist mit weniger als 20 ng TE Dioxin/kg ähnliche Werte auf wie Böden in Ballungsgebieten (JAGER et al., 1989, BUND, 1992).

Tab. 4.13: Gehalte an Schwermetallen in unterschiedlichen Kompostarten in mg/kg TS (verändert nach FRICKE & TURK, 1991)

Element	Bioabfall-kompost	Pflanzen-abfall-kompost	Hausmüll-kompost	Güte-sicherung RAL-GZ 251 v. 15.1.92
Zink	290	214	1510	400
Blei	87	87	513	150
Cadmium	1,0	0,75	5,5	1,5
Chrom	49	20	71	100
Kupfer	47	37	274	100
Nickel	22	16	45	50
Quecksilber	0,4	0,4	2,4	1,0

- Bei hohen Anwendungsmengen von Komposten entstehen Risiken aus Stickstoff-Schüben und hohen Salzfrachten.

- Schadstoffe werden bereits bei der Rotte von Kompost freigesetzt. Die Sickerwasserbelastungen aus der Vorrotte sind erheblich. CSB-Werte zwischen 50.000 und 100.000 mg/l treten sehr häufig auf.

4.8.2 Abfallkomposte aus Grünflächen- und Gartenpflege

Zur Bioabfallkompostierung kommt die Pflanzenabfallkompostierung. Ausgangsmaterial sind Pflanzenabfälle, die von Privatpersonen, kommunalen Betrieben, Garten- und Landschaftsbaubetrieben auf privat oder kommunal betriebenen Kompostanlagen angeliefert werden. Eine Abgrenzung gegenüber der Bioabfallkompostierung ist über die Art des Rotteausgangsmaterials möglich:

- Abfälle aus öffentlichen Anlagen, Straßenbegleitgrün, sortierte Friedhofsabfälle,
- forstwirtschaftliche Abfälle,
- landwirtschaftliche Abfälle, z.B. verdorbenes Heu oder Stroh,
- organische Gewerbeabfälle, z.B. Sägespäne, Trester,
- privat angelieferte Pflanzenabfälle.

Wesentlich schneller als die Müllkompostierung wird die Kompostierung von Grünabfällen ausgebaut. In Hessen werden zukünftig etwa 100 Pflanzenabfallkompostierungsanlagen nach neueren Standards betrieben werden.

In den alten Ländern stehen in fast allen Großstädten zentrale Anlagen zur Kompostierung von Grün- und Gartenabfällen zur Verfügung. Anwendungsbereiche der Komposte sind überwiegend kommunale Grünflächenpflege/ Landschaftsbau. Vereinzelt wird zusätzlich an Hobbygärtner vermarktet. Ausbaupläne sorgen für stark steigende Mengen.

Das Aufkommen von Pflanzenabfällen aus Gärten und Grünanlagen ist eine Funktion der vorhandenen Pflanzenarten, deren Grünmasseproduktion und Fläche. Über den Garten- und Grünflächenanteil und entsprechende Kenntnis der spezifischen Abfallmenge pro Flächeneinheit können die Mengen anfallender Gartenabfälle berechnet werden (Tab. 4.13). Das Gesamtaufkommen an Gartenabfällen beträgt ca. 3,8 Mio t/a (vgl. Tab.4.4).

Tab. 4.14: Spezifische Grünmassebildungen (verändert nach WIEGEL, 1989)

Gehölz	100 - 700 $g/m^2/a$
Rasen	1500 - 3000 $g/m^2/a$
Weidegräser	3000 - 5000 $g/m^2/a$
Pflanzenabfälle Grünanlagen	1000 - 3000 $g/m^2/a$
Grünmasseaufkommen	
- in vielgeschossigen Mischgebieten	25 kg/E/a
- in offenen Wohngebieten	bis 200 kg/E/a

Verbreitung

Die 800 meist kommunalen Kompostwerke verwenden ihre Produkte meist in Grünanlagen und kommunalen Betrieben. Nur zu einem Teil finden die Komposte dort Anwendung, wo das Ausgangsmaterial herstammt. Die Ausbringungsmengen je Flächeneinheit schwanken erheblich: In der Grünflächenpflege sind Ausbringungsmengen von 25 t/ha/Jahr Kompost durchaus üblich, andere Flächen werden seltener und/oder mit sehr viel geringeren Gaben versorgt.

Neuester Trend ist die Verwertung von Grünabfallkompost in der Landwirtschaft. In einem Landkreis bei München wurde ein System von 17 Komposthöfen errichtet um Grünabfälle dezentral kompostieren zu können.

Risiken:

Die Kompostierung von Pflanzenabfällen ist unproblematischer als die Müllkompostierung, Schadstoffbelastungen je nach Herkunft der Ausgangsmaterialien aber nicht selten.

Organische Substrate spielen eine wesentliche Rolle bei der Akkumulation von Schwermetallen in Siedlungsböden KLOKE (1987a). In diesem Zusammenhang weist MEYER (1993) auf das grundsätzlich Problem hin, daß kommunale Pflanzenabfälle von Nutzungen stammen, die seit Jahrhunderten einer intensiven Konzentration von Nährstoffen und Schwermetallen ausgesetzt waren; um Schadstoffströme zu kontrollieren, sollte standortfixes Recycling stattfinden.

Versuche zur Kompostverwertung in Stadtwäldern deuten auf Risiken hinsichtlich

- Überschußnitrifikation,
- Salzgehalte,
- Schwermetallgehalte (BAUHUS und MELWES, 1991).

Risiken bei der Rotte des Komposts sind:

- Sickerwasseranfall von 10 - 30 l je t Frischmaterial,
- CSB-Werte von 20.000 - 50.000 mg/l,
- mit dem Sickerwasser werden Stickstoff, Phosphat, Kalium und weitere Salze ausgewaschen.

Tab. 4.15: Kompostmengen aus Kommunaler Kompostierung von Grünflächen- und Gartenabfällen (Beispiele)

Stadt	Kompostmengen	Einsatz	Ausbauplanung
Dortmund	5.000 t		18.000 t
Hannover	8.350 t (1990) 12.150 t (1992)	Rekultivierung Vermarktung	20.000 t 2.772 t
Essen	11.000 t	Grünflächen	
Osnabrück	13.000 t	Gartenbau	
Karlsruhe	12.000 t		
München	12.000 t		50.000 t

4.8.3 Klärschlamm

Derzeit fallen jährlich 2,5 Mio t Klärschlamm-Trockenmasse in den alten Bundesländern und 0,23 Mio t in den neuen Ländern an. 59% des Schlammes werden deponiert, 32% landwirtschaftlich genutzt und 9% werden verbrannt. Bei Klärschlamm handelt es sich um einen urban-industriellen Substratstrom (einschließlich gekoppelter Schadstoffströme), der fast ausschließlich aus der

Stadt exportiert wird. Die Tendenz der landwirtschaftlichen Verwertung und damit die Rückführung in Boden-Kreisläufe ist trotz gegenteiliger Bemühungen und Beispiele (z.B. Bremen, Abwasserverband Saar) insgesamt rückläufig. Neueste Untersuchungen gehen davon aus, daß in den alten Bundesländern nur noch 25% landwirtschaftlich verwertet werden. In den neuen Bundesländern sind es noch 70% (NEIDHART, 1992).

Für das Jahr 2000 ist mit einem jährlichen Anfall von ca. 3 Mio Tonnen (TS) in den alten Bundesländern zu rechnen. Die in den neuen Ländern zu entsorgenden Mengen steigen von 0,23 auf ca. 0,85 Mio t TS (BERGS und HEBESTREIT, 1993), so daß bundesweit für ca. 3,85 Mio t TS Klärschlamm eine Verwertung gewährleistet sein muß.

Hindernisse bodenbezogener Verwertung sind:

- Die Novellierung der Klärschlammverordnung (ANONYM, 1992a) schließt Grünlandflächen, Wasserschutzgebiete und Uferrandstreifen künftig für Klärschlammanwendung aus. Verschärft wurden nicht nur die Grenzwerte für einzelne Schadstoffe, sondern auch die Kontrollen.

- Externe Standards: Einige Großproduzenten und Handelsketten schließen Klärschlammanwendung in der Nahrungsmittelproduktion aus. Neueste Standards für die Kompostanwendung (vgl. 6.3.1) liegen weit über den "Qualitätsanforderungen" nach der Novelle der AbfKVO.

- Steigende Kosten der Ausbringung: Klärschlamm-Verwertungsgesellschaften bieten Landwirten bis zu 500 DM pro ha nur dafür, daß sie ihre Äcker für eine Beschlammung zur Verfügung stellen (ANONYM, 1992b).

- Aufgrund der Schadstoffproblematik und des kritischen Belastungspfades Boden - Nahrungsmittel zeichnet sich seit einiger Zeit harte Konkurrenz zwischen Gülle/Mist, Klärschlamm und Komposten ab. Erkennbar ist sogar eine Tendenz der Rückverlagerung von Substratverwertungen aus der Landwirtschaft in andere Nutzungen.

Der Verwertungsdruck steigt:

- Die TA Siedlungsabfall wird organische Abfälle auf Hausmülldeponien auf ein Minimum begrenzen, Monodeponien sind rar, womit zusätzlicher Verwertungsdruck entsteht.

Diese Zusammenhänge machen deutlich, warum die Klärschlammproblematik nicht nur aus historischen Gründen im Zusammenhang mit urban-industriellen Böden zu sehen ist:

- Die scheinbar unbegrenzten Anwendungsmöglichkeiten auf landwirtschaftlichen Flächen reduzieren sich erheblich, bei steigenden Mengen.

- Klärschlamm eignet sich gut als Komponente in Mischsubstraten, z.B. mit Komposten. Dadurch erweitern sich die Einsatzmöglichkeiten in den Bereichen Landschaftsbau/Rekultivierung. Hier wird eine große Chance gesehen (vgl. POLETSCHNY, 1992), über Qualitätsstandards außerhalb der AbfKVO Anwendungsmöglichkeiten und Akzeptanz zu erweitern.

- Während bei einer landwirtschaftlichen Verwertung nur bis zu maximal 5 t TS pro ha und Jahr ausgebracht werden dürfen, sind nach einem Richtlinienentwurf des Landes Nordrhein-Westfalen ("Fachtechnische Anforderungen an die Herstellung von kulturfähigem Boden unter Verwendung kommunaler Klärschlämme") bis zu 4500 t Substrat im Landschaftsbau einsetzbar. Dieses Bodensubstrat darf bis zu 25% (TS) Klärschlamm enthalten (ANONYM, 1992).

Verbreitung

Historisch: Jahrzehntelang wurden Schlämme der Abwasserbehandlung als Dünger verbracht. Schlämme aus dezentralen Kleinkläranlagen fanden lokale Verwendung im unmittelbaren Umkreis entweder durch Ablagerung oder bodenbezogene Verwertung in Gärten und Grünanlagen. Der weitaus größte Teil wurde in der Landwirtschaft am Rande der Städte und Ballungszentren ausgebracht. Belastungsschwerpunkte stellen Rieselfelder z.B. in Berlin (8.500 ha), Dortmund (650 ha), Darmstadt (430 ha) und Braunschweig (413 ha) dar.

Im Jahre 1914 hatten 37 Städte Rieselfelder mit einem Gesamtumfang von ca. 32.000 ha (SOWA, 1992).

Aktuell: Mit dem Erkennen der begleitenden Schadstoffströme ist dieser Anteil kontinuierlich zurückgegangen, regional allerdings sehr unterschiedlich. Neue Anwendungen erschließen sich durch den Einsatz in Mischsubstraten als Bodenverbesserer z.B. im Rahmen von kommunalen Klärschlammverwertungsprogrammen. Derart veredelte Klärschlammprodukte werden lokal (z.B. Darmstadt) in Größenordnungen von 30.000 t/a zur Bodenentwicklung in Parks und Lärmschutzanlagen eingesetzt (vgl. WACKER, 1991).

Hamburgs jährliche 80.000 t Klärschlamm (50% TS), bis 1983 in der Nordsee und im Atlantik verklappt, landete zwischenzeitlich zu 100% auf der Deponie Schönberg, wird inzwischen aber zu erheblichen Teilen nach England "exportiert" bzw. wieder in der Landwirtschaft ausgebracht. Bis 1998 soll in Hamburg die bundesweit größte Klärschlamm-Verbrennungsanlage entstehen, die das gesamte Jahresaufkommen Hamburgs verbrennt.

Kommunale Klärschlammprogramme z.B. in Saarbrücken und Hannover sorgen seit einigen Jahren für wieder ansteigenden Absatz in der Landwirtschaft. Diese Erfolge gründen in Hannover zu nicht unerheblichen Anteilen auf den Export in die Region bzw. neue Bundesländer.

Risiken

Angesichts der stofflichen Zusammensetzung von Klärschlämmen, die toxikologisch bedenkliche Schwermetalle sowie eine Vielzahl biologisch schwer abbaubarer organischer Schadstoffe enthalten in Verbindung mit den erheblichen Kenntnislücken über deren ökotoxikologischen Wirkungen, bedeutet eine Anwendung auf landwirtschaftlich oder gärtnerisch genutzten Böden ein Risiko für die Bodenqualität und die menschliche Gesundtheit. Dies gilt insbesondere bei ***regelmäßigen*** Klärschlammanwendungen und damit einer Akkumulation von Schadstoffen. Diesem Risiko entgegenzuwirken ist Ziel der Abfallklärschlammverordnung (AbfKVO) und insbesondere deren Novellierung 1992.

Die verbleibenden Restrisiken sind umstritten, bei den gegenwärtigen durchschnittlichen Schadstoffgehalten wird eine landwirtschaftliche Verwertung teils völlig abgelehnt (SCHÖNBERGER, 1990; WHO, 1990). Außer Schwermetallen enthalten Klärschlämme Dioxine in Konzentrationen von 10 bis ca. 40 ng TE/kg (NEIDHART, 1992), die in Ballungsräumen bis auf 300 ng steigen sowie bis zu 600 mg chlorierte Kohlenwasserstoffe und bis zu 10 Gramm Waschmittelinhaltsstoffe.

4.9 Marktböden

Als Marktböden werden im Landschaftsbau, Gartenbau und Privatgärten eingesetzte, überwiegend organische Substrate bezeichnet, die teilweise bis in den Einzelhandel z.B. Gartenhobbyhäuser vertrieben (vgl. PIETSCH und KAMIETH, 1991) und im Gartenbau auch als "Erden" und "Substrate" bezeichnet werden. Zu den Marktböden zu rechnen sind Torfe, Rindenprodukte, Torf-Ton-Mischungen, aber auch Mischungen organischer Substrate aus kommunalen Recycling-Aktivitäten, z.B. kompostierter Bioabfall und Kompost aus Garten- und Grünabfällen. Zunehmende Bedeutung erhalten Bodenverbesserer für Extremstandorte, z.B. zur Rekultivierung von Abbauflächen und Altlasten.

Über Gärtnereibetriebe, Landschaftsbauunternehmen und Kleingärtner werden pro Jahr rund 10 Mio m^3 Torf abgesetzt; als relativ neues Produkt mit stark steigenden Mengen kommen 1 Mio m^3 Baumrinde und deren Veredelungsprodukte wie Rindenmulch, Rindenhumus, Rindenkultursubstrate zum Einsatz. Dazu kommen eine Vielzahl von Bodenhilfsstoffen aus den Gartencentern. Einzelsubstrate von Marktböden sind

- Torfe,
- Komposte,
- Häckselgut (z.B. aus Grünflächenpflege sowie Stroh),
- Rindenreste,
- Mineralien (z.B. Tone, Schlacken) sowie
- deren Mischungen einschließlich mineralischer und synthetischer Komponenten.

Ging es vor einigen Jahrzehnten noch darum das "Abfallprodukt Weißtorf" als Bodenverbesserungsmittel und als Grundlage für "Erden" und "Substrate" neu einzuführen, so stehen wir jetzt vor einer Entwicklung, daß "Komposte" für diese Funktion vermarktet werden. Nach einem Zwischenspiel mit Torf-Ton-Mischungen sowie dem Einsatz fermentierter Rinden als Bodenverbesserungsmittel, steht eine neue "Ära Kompost" bevor (vgl. GOTTSCHALL, 1991).

Verbreitung

Im Hobbygartenbau werden pro Jahr mehr als 2,5 Mio m^3 "Erden und Substrate" und 2,8 Mio m^3 Torf abgesetzt (SIEBELS, 1991). Die Tab. 4.12 stellt die Produktion und Anwendung von Torf in den alten Bundesländern in ihrer Entwicklung dar. Angaben zu Importen aus Ost- und Nordeuropa fehlen.

Tab. 4.16: Produktion und Anwendungsbereiche von Hochmoortorf in den alten Bundesländern in Mio m^3 (verändert nach SIEBELS, 1991)

	1982	1990
Weißtorfproduktion	6,8	6,5
Schwarztorfproduktion	4,2	5,5
	11,0	12,0
Verwendung ·		
- Erwerbs- u. GaLabau	2,2	7,2
- Filter, Industrie usw.	2,0	2,0
- Hobbygartenbau	6,8	2,8

Risiken

Probleme entstehen in erster Linie aus der Stickstoff-Quellenfunktion. Schadstoffgehalte sind i.R. gering, da die Produktion gut überwachten Qualitätskriterien genügen muß; Schadstoffarmut wird als Marketingargument benutzt. Restrisiken sind:

- Fremd- und Schadstoffgehalte aus Komposten;
- Mineralische Beimischungen, z.B. Schlacken (s.o.).

4.10 Regionale Bilanzen

Über regionale Massen-Stoffströme liegt kaum Datenmaterial vor. Ausnahmen bilden wirtschaftlich und politisch isolierte Stadtgebilde wie Hongkong oder das ehemalige Westberlin. Hongkong importiert pro Tag etwa 40.000 t Waren, Produkte, Baustoffe, Nahrungsmittel usw. (Stand Ende 70er). Von dieser Menge verbleiben 20.000 t im Stadtbereich (vgl. Abb. 4.2). Jährlich fielen im ehemals isolierten Berlin-West 1.226.000 t Siedlungsabfälle 28.750 t Klärschlamm und 2.866.000 m^3 Bauabfälle an.

Abb. 4.2: Stoffströme in Hongkong. Angaben in Tonnen pro Tag, nach: UNESCO (1981)

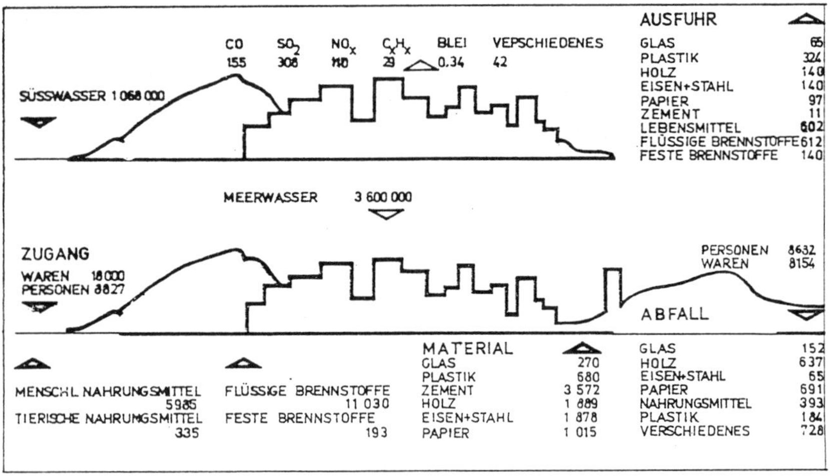

Sehr viel besseres Datenmaterial wird mit dem gesetzlich vorgeschriebenen Aufstellen der Abfallwirtschaftspläne vorliegen. Die TA Siedlungsabfall (ANONYM, 1991) fordert eine umfangreiche Bestandsaufnahme:

"Zur Erstellung eines integrierten Abfallwirtschaftskonzeptes soll die entsorgungspflichtige Körperschaft alle Siedlungsabfälle hinsichtlich Art, Menge,

Zusammensetzung, Quelle und Verbleib ermitteln." Das bedeutet eine Bilanzierung der Stoffströme

- Hausmüll
- Sperrmüll
- hausmüllähnliche Gewerbeabfälle
- Straßenkehricht
- Bodenaushub
- Bauschutt
- Baustellenabfälle
- Straßenaufbruch
- Garten- und Parkabfälle
- Marktabfälle
- Klärschlamm
- Rückstände aus der Kanalisation und Wasserreinigungsschlämme aus kommunalen Anlagen

soweit sie als Abfälle im Sinne des § 1 AbfG anzusehen sind.

Als Informationsquelle für das Aufkommen potentiell bodenbildender Substratströme bietet sich auf regionaler bzw. kommunaler Ebene die Möglichkeit der Auswertung von Abfallwirtschaftsprogrammen bzw. Abfallwirtschaftsplänen an. Statistische Unzulänglichkeiten lassen sich begrenzen bei paralleler Auswertung von Gutachten und Veröffentlichungen der Bauindustrie. Die Tabellen 4.17 und 4.18 geben eine Übersicht zu organischen und minera-lischen Substratströmen Hamburgs.

Tab. 4.17: Für Kompostierung abschöpfbare organische Substrate in Hamburg (Zusammenstellung nach FHH, 1989)

Substrat	t/a	Bemerkungen
Altholz	15.000	Nur geringe Anteile kompostierbar
Hausmüll	53.000	
Parke und Friedhöfe	5.300	Pflanzenabfälle
Ernährungsgewerbe und Fruchtumschlag	5.700	
Straßenlaub (ohne Parke)	14.000	entsprechen 120.000 m^3
Klärschlamm	80.000	(50% TS), Verbrennungsanlage in Planung
	173.000	einschließlich Klärschl. 50% TS)

Die Auswertungen für Hannover weisen auf einen neuen Trend hin: umweltpolitisch erwünschte Restriktionen der "Entsorgungsmöglichkeiten" lassen Substratströme aus den öffentlichen Statistiken "verschwinden".

Tab. 4.18: Mineralische Abfallsubstrate Hamburg. Zusammenstellung nach FHH 1988, 1989; Ergänzungen

Substrat	in t/a	Bemerkungen
Bodenaushub	ca. 3.000.000 davon 800.000	Berechnung: 2 t/E/a auf Deponien erfaßt
Baureststoffe:		
- Bauschutt	600.000	
- nicht bituminöser Straßenaufbruch	33.000	
- bituminöser Straßenaufbruch	83.000	
- Baustellenabfälle	500.000	Anteile Mineral. 50% Holz 10% Reste 28% Papier 8%
Sandfanggut	6.000	
Sielreinigung und Trummengut	13.000	Nur Sand
Baggergut	2.000.000	1.100.000 Sand
Hafenausbau	500.000	überwiegend Sand
Schlick Alster, Bille und sonstige Gewässer	30.000	hoher organischer Anteil
Müllverbrennungsschlacken	275.000	In Hamburg alles zum Straßenbau
	7.040.000	

Summiert man alle potentiell bodenbildende Abfallsubstrate in Hamburg aus den Tabellen 4.17 und 4.18 auf und setzt sie in einen Flächenbezug, ergibt sich rein rechnerisch der Substratanfall in Hektar pro Jahr:

Tab. 4.19: Potentiell bodenbildende Abfallsubstrate pro Flächeneinheit in Hamburg

Mineralische Substrate:			7.040.000 t/a
Fläche HH	74.768	=	94 t/ha/a
Davon "offene" Böden ca. 50%		=	188 t/ha/a
Organische Substrate:			173.000 t/a (mit Klärschlamm 50% TS)
Fläche HH:	74.768	=	2,3 t/ha/a
Davon "offene" Böden ca. 50%		=	4,6 t/ha/a

Das sind nur "bewegte" Substrate, nicht erfaßt sind in den Tabellen organische Substrate, die vor Ort entstehen und Verwendung finden (Vegetationspflege in öffentlichen Anlagen und in Gärten) oder z.B. 41.000 t (FHH, 1984) Staubniederschlag (mineralisch und organisch). Nicht berücksichtigt sind ferner spezielle Substratströme zur Abdeckung der Deponie Georgswerder (ca. 1.000.000 t).

Für Hannover ist eine regionale Bilanz anhand der Daten der Zentraldeponie, des Stadtentwässerungsamtes und einiger Gutachten möglich:

Tab. 4.20: Abfallsubstrate Hannover 1992

Substrat	Mengen in t	Verwertung/Trends
Organisch		
Grünabfälle *	31.319	
davon kompostiert	12.150	z.T. Rekultivierung, z.T. Vermarktung
Bioabfall *	664	
(Planung 1994)	18.000	140.000 Einwohner
Marktabfälle *	141	starker Rückgang wegen Bioabfall
Zoo (Tiermist)	1.100	Kompostierung, Biogasanlage in Planung
Klärschlamm TS	75.000	60% Landwirtschaft, steigend

Noch Tab. 4.20: Abfallsubstrate Hannover 1992

Mineralisch		
Kehricht *	12.921	seit 15 Jahren konstant
Bauschutt ***	300.000-400.000	
davon deponiert in LHH *	93.658	Deponierung stark rückläufig
Bodenaushub ***	1.000.000	
davon deponiert in LHH *	20.149	Deponierung extrem rückläufig
Rechengut und Sand **	5.000	

* Zentraldeponie der Stadt, LHH (1992)
** Statistik Stadtentwässerungsamt Hannover 1992
*** Region Hannover, WERSCHE (1993)

Hannover ist belegbares Beispiel dafür, wie mit steigenden Restriktionen der Deponierung über Gebühren und Schadstoffgrenzwerten erhebliche Substratströme aus der Statistik "verschwinden" und in eine "Verwertung" umgeleitet werden. Eine Verwertung wird selten (nur bei Lärmschutzwällen üblich) erfaßt. Über den Verbleib von bis zu 80 % der ursprünglich auf der Zentraldeponie abgelagerten Mengen bei Bodenaushub und Bauschutt konnte selbst ein Gutachten (WERSCHE, 1993) zur Untersuchung von Bauabfallströmen in der Region Hannover nur theoretische Antworten finden. Danach sollten in Lärmschutzwälle eingebaut werden:
- 160.000 - 170.000 t/a Bodenaushub,
- 40.000 - 80.000 t/a Bauschutt.

Nach einer Prüfung der vorgesehenen Standorte durch die untere Naturschutzbehörde wurden ca. 15 der geplanten Lärmschutzwälle aus Naturschutzgründen abgelehnt.

Hannover ist hinsichtlich Umleiten von Substratströmen kein Einzelfall: in 43 Gemeinden des Umlandverbandes Frankfurt schrumpfte die Menge an deponiertem Bauschutt und Erdaushub in der Abfallbilanz seit 1988 in vier Jahren auf weniger als ein Zehntel (vgl. Kap. 6.4.3).

Die in ihrer Quantität und Verteilung dargestellten urban-industriellen Substratströme, einschließlich der an sie gekoppelten Schadstoffströme, verdeutlichen die vorsorgeorientierte Bedeutung der Einbeziehung von Substratströmen in Bodenschutz- bzw. Bodenmanagementkonzepte.

Kapitel 5

Wertung und Ziele urbaner Bodenqualitäten

Vorsorgender Umweltschutz, Umweltplanung und die Beurteilung von Umwelteingriffen sind angewiesen auf "Wertsetzungen" von Umwelt bzw. Umweltkompartimenten, die in ihrem gegenwärtigen und zukünftigen Zustand zu beurteilen sind. Nach welchen Kriterien wird aber der Wert einer Landschaft, einer Fläche, eines Grundstücks, eines Bodens beurteilt ? Jahrtausende war es die "Fruchtbarkeit" eines Bodens, die Fähigkeit Nahrung in ausreichender Menge zu produzieren, die seinen Wert bestimmte.

"Seit der Mensch anfing Ackerbau zu betreiben und seßhaft zu werden, hat er sich über die Fruchtbarkeit seiner Böden Gedanken gemacht. Die Fruchtbarkeit blieb danach über Jahrtausende hinweg das zentrale Kriterium der Klassifizierung. Bis ins 18. Jahrhundert hinein blieb diese Einteilung maßgebend. Ebenso blieb die Bodenfruchtbarkeit die unabdingbare Voraussetzung für jeden Fortschritt" (STICHER, 1988). Der Boden galt immer als der Hauptproduktionsfaktor der Landwirtschaft, und seine Pflege stand im Mittelpunkt des bäuerlichen Denkens.

Die Fruchtbarkeit eines Bodens wurde seit den 20er Jahren mit den im Bodenschätzungsgesetz genannten Kriterien ermittelt. Auch heute noch dienen die Karten der Reichsbodenschätzung zur ökonomischen Bewertung von Böden. Erst mit dem Aufblühen der Industrie und des internationalen Handels fand die schicksalhafte Abhängigkeit von der naturgegebenen lokalen Fruchtbarkeit allmählich ein Ende.

Zum Kriterium "Fruchtbarkeit" kam mit dem Aufkommen des Handels das Kriterium "Lage", das den Wert eines Bodens oder Grundstücks anhob. Mit den Umweltschutzbemühungen der beginnenden nachindustriellen Phase entstand als weiteres Kriterium der "Schadstoffgehalt" als ein Faktor, der den Wert mindert; dabei steht die nutzungs- und schutzgutbezogene Betrachtung der Schadstoffe im Hinblick auf eine Beeinträchtigung der Gesundheit des Menschen im Vordergrund (vgl. KLOKE, 1991).

Eine "ökologisch orientierte" Bodenbewertung kann sich aber nicht auf Schadstoffbewertungen beschränken. Erforderlich ist eine erweiterte Wahrnehmung von Bodenwerten, die sich an den Prinzipien "Vorsorge", "Nachhaltigkeit" und "Funktionalität" orientiert. Einzubeziehen sind gesellschaftlich - geschichtliche Entwicklungen.

Boden ist nur bewertbar vor dem Hintergrund gesellschaftlicher Ansprüche, die sich in Abhängigkeit von der Bodennutzung beträchtlich unterscheiden können, z.B. zwischen landwirtschaftlich genutzten Böden und urban-industriell geprägten Böden. Eine Abwägung der Ansprüche ist nur leistbar, wenn Bewertungsmaßstäbe vorliegen.

Das Anwendungsbeispiel Umweltplanung/Umweltverträglichkeitsprüfung macht deutlich, daß jede Umweltbewertung einen Beurteilungsmaßstab voraussetzt, ein System gesellschaftlich anerkannter Ziele und Normen. Ohne einen solchen Maßstab fehlt der Umweltplanung und ihren Instrumenten die normative Bezugsbasis (SUMMERER, 1988, 1989)

Werte sind eine hohe Abstraktionsstufe dessen, was menschliches Handeln beeinflußt, sind Wünsche, Zielvorstellungen, Orientierungshilfen. Trotz der Bedeutung der Werte können sie nicht als unabhängige und letzte Determinanten des menschlichen Verhaltens und gesellschaftlichen Zusammenlebens interpretiert werden. Werte sind dynamisch, sie sind Elemente des gesellschaftlich/geschichtlichen Prozesses. Ihre Wahrnehmbarkeit in der Gesellschaft kann begrenzt sein.

Für den Boden bedeutet das: Die Wahrnehmung von Bodenproblemen durch die Glieder der Gesellschaft ist nur insoweit möglich, als diese mit den Werten der konservativen Leistungsethik vereinbar sind. Bodenprobleme, die zu einem großen Teil durch gerade diese Werte mitverschuldet wurden (Überbauung, Nutzungsdynamik, Schadstoffanreicherungen), werden nicht oder nur sehr abgeschwächt wahrgenommen (RUH, BRUGGER und SCHENK, 1990).

STICHER (1988) unterteilt Bodenqualität in mehrere Bedeutungsebenen:

- Ebene, die sich auf die physikalische Beschaffenheit, auf meßbare Größen bezieht. Bezugsgrößen sind kg, Mol usw. Meßgrößen wären etwa pH-Wert, Durchlässigkeit usw.

- die zweite Bedeutung von Qualität bezieht sich auf die Güte, auf Wertinhalte. Auch diese sind zunächst naturwissenschaftlich erfaßbar und meßbar. Die Meßgrößen werden jedoch an einer wandelbaren Skala bewertet. Veränderung bedeutet damit Wertzuwachs oder Werteverlust. Beispiele sind Nährstoffgehalt, Schadstoff-gehalt, und als Ganzes die Bodenfruchtbarkeit.

- die dritte Bedeutung von Qualität spricht das subjektive Empfinden an, ist also eine Frage von Emotion und Ästethik. Hier versagen physikalische Meß-größen, obwohl das Objekt der Empfindung durchaus gegenständlich erfaßbar ist (vgl. 5.2 weitere Wertsetzungen).

Eine primär funktionale Sichtweise von Bodenqualität entspricht der zweiten und in ihrer Konkretisierung der ersten Bedeutungsebene. Die dritte Bedeutungsebene wird sicher in der nachindustriellen Gesellschaft zunehmend an Bedeutung gewinnen, z.B. für großflächige Landschaftsgestaltungen ehemaliger Industriebereiche.

Im besiedelten Bereich sind aufgrund der Vielfalt der Nutzungsansprüche und der Nutzungsgeschichte andere Qualitätsanforderungen an die Böden zu stellen, als im Außenbereich. Urban-industriell überformte Böden erfordern einen in seiner ökologischen Dimension erweiterten Bodenqualitätsbegriff. Dabei kann es gerade im besiedelten Bereich nicht um "potentiell natürliche Nutzungseignung" von Böden gehen, sondern um wechselseitige Anforderungen an Sicherung und Entwicklung von Bodenqualitäten:

- Anforderungen von Nutzungen an Bodenqualitäten;
- Anforderungen von Bodenqualitäten an Nutzungen;
- Anforderungen an Qualitätsstrategien.

Dimensionen urban-industrieller Bodenqualitäten

Bodenqualitätsanforderungen bedeuten Zielvorgaben,in welchem Zustand sich der Boden in Bezug auf ein oder mehrere in der Anforderung zu bezeichnende Merkmale mindestens befinden soll.

Anforderungen an die Nutzungen bedeuten Handlungsvorgaben für die Grundstücksnutzer bzw. die Bodennutzungsplanung im Sinne einer vorsorgenden Umweltplanung.

Qualitätsstrategien bedingen die Risiko-/Belastungsniveaus wenn eine funktionsorientierte Normierung umgesetzt wird: z.B. "Funktionsoptimierung" statt "Multifunktionalität".

Eine Wertsetzung von Böden im besiedelten Bereich ist nur "stadtgemäß" leistbar; d.h. externe Wertsetzungen (etwa ethische oder ökonomische Bedingungen) und die Nutzungs- und Substratdynamik müssen Berücksichtigung finden. Das bedeutet für die Umsetzung in der vorsorgeorientierten Umweltplanung:

Kein statischer Bodenschutz, sondern gezielte Lenkung von Nutzungsansprüchen auf bestimmte Bodenzustände und Steuerung von Bodenzuständen unter Nutzung der urbanen Bodendynamik.

5.1 Funktionale Betrachtung

Eine funktionale Bodenbewertung orientiert sich an Eigenschaften der Böden, bestimmte Funktionen im Naturhaushalt bzw. für menschliche Nutzungen auszuüben. Es sind Eigenschaften, die den Stoffhaushalt und mechanische Merkmale betreffen wie (vgl. Kap. 2):

- filtern,
- speichern,
- transportieren,
- transformieren (Abbau und Umbau),
- mechanische Substrateigenschaften (bedingt durch Ablagerung, Umlagerung).

Ein funktionaler Ansatz bedeutet, die Frage zu stellen, in welcher Qualität und Quantität werden für den Menschen und den Naturhaushalt Funktionen aufgrund bestimmter Eigenschaften geleistet. "Funktional" kann sich beziehen auf Stoffe, Nutzung, Raumeinheiten (siehe Kap. 5.4).

Allgemeine Zielvorstellungen zu ökologischen Eigenschaften ergeben sich aus der positiven Formulierung der o.g. Funktionen und deren kommunaler bzw. regionaler Ausprägung und liegen in Form des Niederländischen Prinzips der Multifunktionalität bereits vor. Es besagt, daß alle Böden für alle möglichen Nutzungen tauglich bleiben müssen. Dieses Prinzip der Multifunktionalität kann auch unter "Bodenfruchtbarkeit" verstanden werden:

In der Schweizer Verordnung über Schadstoffe im Boden (Art.2 Abs.1 VSBo, ANONYM, 1987a) wird Fruchtbarkeit definiert. Danach ist Boden fruchtbar, wenn er

- eine artenreiche und biologisch aktive Tier- und Pflanzenwelt, eine für seinen Standort typische Struktur und eine ungestörte Abbaufähigkeit besitzt;

- das ungestörte Wachstum und die Entwicklung natürlicher und vom Menschen beeinflußter Pflanzen und Pflanzengesellschaften ermöglicht und ihre charakteristischen Eigenschaften nicht beeinträchtigt;

- gewährleistet, daß pflanzliche Erzeugnisse eine gute Qualität aufweisen und für Menschen und Tiere gesundheitlich verträglich sind.

Diese gesetzliche Regelung steckt damit einen weiteren Rahmen ab, welcher die Erhaltung der standortüblichen Bodenstrukturen (***statische Multifunktionalität***) und der Bodenfunktionen, das ungestörte Pflanzenwachstum und gute Qualität der pflanzlichen Erzeugnisse in die Definition mit einbezieht. Stadtgemäß interpretiert muß das zusätzlich bedeuten:

- Einbeziehung überformter (anthropogener) Böden;

- wenig Fruchtbarkeit schließt hohe Qualität ungestörten Pflanzenwachstums nicht aus. Extremstandorte, entstanden aus der Nutzungsdynamik, mit extremen/ einseitigen Funktionen sind in der Stadt standortüblich.

Im urban-industriellen Bereich kann "Multifunktionale Fruchtbarkeit" nur im Sinne "stadttypischer Bandbreite" an Eigenschaften bzw. Nutzungsmöglichkeiten gelten, da hier mannigfaltige Nutzungen und Nutzungswandel vorliegen, die bestimmte Bodenfunktionen langfristig ausschließen. Realisierbar bleibt eine Funktionsoptimierung (***Stadtgemäße Multifunktionalität***).

Das "statische" Multifunktionalitätsprinzip läßt sich aber durchaus bei geplanten Nutzungsänderungen auf bisher intakten bzw. unbelasteten Böden anwenden. Für diese Restflächen gilt der Erhalt sämtlicher Bodenpotentiale als Qualitätsziel.

Eine umfassende Sanierung schadstoffbelasteter Böden mit der Folge einer multifunktionalen Nutzung ist ökologisch durchaus sinnvoll und anzustreben. Diese Umsetzung des Multifunktionalitätsprinzips würde in den Industrieregionen aufgrund der hohen allgemeinen Vorbelastung allerdings die Frage aufwerfen, ob eine Sanierung auf einen natürlichen, geogenen oder einen in der näheren Umgebung vorliegenden Standard zu erfolgen hat. Bei dieser Frage ist das ökologische Ziel ökonomischen Wertsetzungen weitgehend unterzuordnen; schon eine Sanierung auf Umgebungsstandards ist kaum finanzierbar.

Eine Kalkulation für Dortmund kommt zu dem Ergebnis, daß eine Sanierung aller Altstandorte und Altablagerungen sowie kontaminierter Aufschüttungen, die ca. 14% des Stadtgebietes (vgl. Kap. 4.6) einnehmen, Kosten in Höhe von mindestens 28 Milliarden DM verursachen würden (DANNEMANN et al., 1992). Diese Problematik hat in strategischen Überlegungen zu Bodenschutz/ Bodensanierung auf Länder- und Kommunalebene bereits Berücksichtigung gefunden.

Zur Eingrenzung von Kosten hat sich der Landtag von Nordrhein-Westfalen dafür ausgesprochen, den späteren Verwendungszweck von Altlasten zu berücksichtigen und die Sanierung auf nutzungsbezogene Vorgaben abzustellen (LANDTAG NW, 1989).

Auf kommunaler Ebene verschäft sich zunehmend die Kritik, auch aus Sicht der Umweltplanung, daß für einzelne Flächensanierungen Millionenbeträge eingesetzt werden, um Belastungslevels weit unterhalb der Gefahrenabwehr zu erreichen. Andererseits fehlen Abwägungen zu Kosten-Nutzen-Relationen im Rahmen eines gesamtheitlichen kommunalen Bodenschutzes.

Indikatoren einer funktionalen Betrachtung

Die Qualität der o.g. Eigenschaften einer Multifunktionalität bzw. Fruchtbarkeit ist ausgehend von natürlichen, ungestörten Böden abhängig von Art und Ausmaß anthropogener Eingriffe. Abweichend von BLUME und SUKOPP (1976) und STASCH et al. (1991) sollen keine naturschutzorientierten "Hemerobiestufen" bzw. "Natürlichkeitsgrade" zur Wertsetzung dienen, sondern "stadtgemäße" Indikatoren. Zur Bewertung der Qualität urban-industrieller Böden läßt sich die Ausprägung von drei wesentlichen (anthropogenen) Einflußfaktoren heranziehen:

- **Überformung,**
- **Substratzusammensetzung und**
- **stoffliche Belastungen.**

Die Einflußfaktoren lassen sich wiederum in konkrete Indikatoren aufschlüsseln.

5.1.1 Überformung und Substrate

Anthropogene Überformungen von Böden kumulieren im urban-industriellen Bereich. Darunter sind morphologische Veränderungen zu verstehen, die nutzungs(wandel)abhängig sind:

- Abgraben, Abschieben und Modellieren,
- Auffüllen und Ablagern,
- Überbauung von Böden (Versiegelungen),
- Verdichtungen,
- Eintrag von (Schad-)Stoffen,
- Eingriff in den Wasserhaushalt durch Ent-/Bewässerung und Einstau,
- Vermischung von Horizonten und Einbau von standortfremden (anthropogenen) Substraten.

Für **Bauflächen** kann als Indikator anthropogener Überformungen

- die Oberflächenverbauung (Versiegelung) und

für **Freiflächen**

- der Grad der Überformung/morphologischen Veränderung der Böden herangezogen werden.

Oberflächenverbauung

Bei den durch Gebäude, Verkehrsflächen usw. überbauten Flächen kann als Maß für Bodenfunktionen der Versiegelungsgrad und die Versiegelungsart herangezogen werden. Im Forschungsvorhaben (AG BOFO, 1993) wurde ein nutzungstypbezogenes Eichverfahren weiterentwickelt und zur flächendeckenden Bestandsaufnahme eingesetzt. Neben den Verteilungsmustern der Gebäudeversiegelung und der versiegelten Freiflächen erwiesen sich Darstellungen der unversiegelten Flächen als besonders ausagekräftig, um innerstädtische Bodenpotentiale/-funktionen abzuleiten.

Freiflächen

Im Untersuchungsraum Hamburg wurden 5 Überformungstypen unterschieden. Nach der in Kapitel 3 dargestellten Systematik urban-industrieller Nutzungen können entsprechende Nutzungstypen beispielhaft zugeordnet werden (Tab. 5.1). Mit der Nutzung verbunden sind Eingriffe in die Böden, die gezielt oder zufällig Funktionen bzw. Genesen steuern. Die Methode ist vergleichbar den Ansätzen im Rahmen der naturschutzrechtlichen Eingriffsregelung in Hamburg (FHH, 1991).

Tab. 5.1 : Überformungstypen urban-industrieller Böden

	Überformungstyp	Steuerung von Bodengenesen	Nutzung *
I	Natürlich gewachsener Boden ohne bzw. nur mit gering eingreifender Nutzung	Selten (z.B. Entwässerung)	Kein Nutzungswandel geringe Änderung der Nutzungsintensität; Typ: 65
II	Natürlich gewachsener Boden mit regelmäßiger Bearbeitung des Oberbodens	Mechanisch, Stoffeinträge	Nutzungswandel, Steigerung der Nutzungsintensität; Typ: 42, 51-53
III	Natürliche Bodenstruktur tiefgehend gestört. Auffüllung/Austausch mit natürlichen Substraten	Durch Modellierung gezielt verändert, Stoffeinträge	Mehrfacher Nutzungswandel Wechsel der Nutzungsintensität; Typ: 1133,32,92
IV	Böden mit techn. Aufbau und/oder Einarbeitung anthropogener Substrate	Durch Modellierung gezielt verändert, Stoffeinträge	Mehrfacher Nutzungswandel, extreme Nutzungsintensität; Typ: 4111
V	Böden anthropogener Substrate	Teilversiegelt/ versiegelt, z.T. technischer Aufbau, Steuerung wie IV, aber auch "Zufällige Genesen"	Wie IV

* Beispiele nach Mustertypen (vgl. Tab. 3.1 und 3.4)

Alle Überformungstypen können bodenkundliche Sonderstandorte extremer Eigenschaften bilden; sie sind dann zusätzlich unter Naturschutzgesichtspunkten zu werten.

Die nutzungsbezogene Zuordnung von Versiegelungsgraden/-arten und Überformungstypen ist Voraussetzung zur Bilanzierung von Bodenqualitäten im Rahmen des flächenbezogenen Bodenmanagements (vgl. Kapitel 6).

5.1.2 Stoffliche Belastungen

Die Bodenbewertung nach Schadstoffgehalten hat in den letzten Jahren eine schnelle Entwicklung durchlaufen. Stand zunächst bei der Bewertung von Schadstoffen im Boden der Stoffgehalt im Sinne eines maximalen Auffüllungsgrades (Beispiel "Kloke-Werte") als Bewertungsmaßstab im Vordergrund, zeichnet sich in jüngster Zeit eine Orientierung an nutzungs- und schutzgutbezogenen Maßstäben ab. "Machbarkeitskriterien", seien sie ökonomischer, städtebaulicher oder organisatorischer Art, stellen zunehmend wichtigere Rahmenbedingungen dar. Grundprinzipien der Bodenbewertung nach Schadstoffgehalten sind in Kapitel 5.4.2 dargestellt.

Trotz der komplexen Problematik der Herleitung und Begründung von konkreten Eckwerten besteht in der Sanierungs- und Planungspraxis ein immer dringender werdender Bedarf an einer Normierung für die Bodenbewertung und an Bodenqualitätszielen. Insbesondere für Bodenbewertungen in Umweltverträglichkeitsuntersuchungen fehlt ein Set von Maßstäben, die verschiedene Bewertungsanliegen abdecken.

Nutzungs**un**abhängige, auf Standardböden bezogene Orientierungswerte wie etwa im "Entwurf UVP-Verwaltungsvorschrift" (BMU, 1992) sind für den urban-industriellen Bereich nur sehr eingeschränkt verwendbar, da sie ausdrücklich nicht auf anthropogen vorbelastete/veränderte Böden zugeschnitten sind. Nutzungs**un**abhängige Werte werden von der Bundesvereinigung der kommunalen Spitzenverbände grundsätzlich abgelehnt (BKS, 1992).

Durch den steigenden umweltpolitischen Druck einerseits und den zunehmenden Erkenntnisgewinn um ökosystemare Zusammenhänge andererseits, zeigt der Stand der Forschung zu Schadstoffstandards, bis hin zur Ablehnung, eine hohe Dynamik. Bestehende Eckwerte oder Orientierungswerte, als handlungsorientierte Richtlinien entstanden, dürfen nicht als statisches Element angesehen werden, sie bilden vielmehr eine Diskussionsbasis, die sich hinsichtlich ihrer Wertstufung laufend neuen Erkenntnissen anpassen muß.

Die von verschiedenen Seiten bereits vorgeschlagenen, handlungsorientierten Eckwerte sind noch ohne Bestätigung durch die Wirkungsforschung. Auch Probleme hinsichtlich einer Regionalisierung von ökologischen Eckwerten sind weitgehend ungelöst.

Funktionale Wertsetzungen

Erforderlich sind weniger generelle (stoffbezogene) Richt- oder Grenzwerte, als vielmehr eine Anleitung zur Ermittlung von Zielen und Standards, die den besonderen urbanen Umweltbedingungen bzw. Entwicklungszielen Rechnung trägt und den Entscheidungsprozeß nachvollziehbar und transparent macht.

5.2 Weitere Wertsetzungen

Etische Kriterien

Die Bedeutung eines ethischen Bewertungsansatzes wird deutlich, wenn Umweltqualität im Rahmen von Umweltverträglichkeitsprüfungen zu bewerten ist. Nach SUMMERER (1988, 1989) hat die UVP nur auf der Basis einer neuen Umweltethik eine Chance sich in der Gesellschaft durchzusetzen.

Versucht man das Bodenproblem aus ethischer Sicht zu umreißen, können eine quantitativ-ökonomische und eine qualitativ-ökologische Dimension unterschieden werden. RUH, BRUGGER und SCHENK (1990) ordnen beiden Aspekten u.a. folgende ethischen Leitlinien zu:

- Boden hat man nicht einfach, Boden ist eine Gabe. Das zeigt sich u.a. dadurch, daß wir ihn nicht schaffen oder regenerieren können.

- Jede Überbauung des Bodens führt zu einer Verknappung des endlichen Gutes Boden und zu einer Verminderung von Leben und Lebenschancen.

- Unsere Art der Nutzung des Bodens muß auch in Zukunft Leben ermöglichen.

- Für die Bodennutzungsansprüche sind klare Vorzugsregeln zu definieren, die die Ansprüche der jetzt lebenden globalen Menschheit, der zukünftig lebenden Menschen sowie der übrigen Ökosysteme berücksichtigen.

- Der Mensch ist ohne Boden nicht denkbar, der Boden hingegen existiert auch unabhängig vom Menschen.

- Boden ist konstitutiv für die menschliche Gemeinschaft.

- Die Interessen der Gemeinschaft sind denen des Individuums übergeordnet, ohne jedoch Privateigentum abzulehnen. Die Sozialpflichtigkeit des Bodens ist von fundamentaler Bedeutung.

- Daraus ergibt sich ein in die Zukunft gerichtetes Interesse des Bodens, ein Anspruch auf Unversehrtheit.

- Der Boden hat einen Wert aus sich heraus. Schon die Tatsache daß Boden Leben ist, weist ihn als eigenständig aus.

- Über Leben kann nicht verfügt werden. "Verfügen" bedeutet eine unzulässige Indienstnahme des Bodens.

- Boden nutzen kann auf dem Hintergrund der Tatsache, daß der Boden Leben ist, nur heißen: Teilhaben am Ökosystem Boden.

- Dieses Teilhaben schließt aus, das Ökosystem über seine Tragfähigkeit hinaus zu belasten, das Letzte herauszuholen.

Hierbei handelt es sich um globale Leitlinien, die sich an der Produktionsfunktion von Böden orientieren. Sie sind in ihrer Allgemeingültigkeit abzulehnen:

1. Ethische Kriterien für den urban-industriellen Bereich müssen sich auf Kulturphänomene konzentrieren (vgl. 5.4).

2. Umweltökonomische Wertsetzungen erhalten aufgrund der Nutzungshistorie einen höheren Stellenwert.

Umwelt-ökonomische Kriterien

In Anlehnung an PALSMA (1993) sind an wirtschaftlich orientierten Prinzipien bei der Wertsetzung von Böden zu berücksichtigen:

- Die Qualität eines Bodens stellt einen wirtschaftlichen Wert dar.

- Sauberer Boden ist Rohstoff, der sorgfältig genutzt und verwaltet werden muß.

- Qualitätsstrategien für Sicherungs-/ Sanierungs-/ Entwicklungsmaßnahmen auf der Grundlage des Nutzeffektes für die Umwelt: Prinzip der Kosteneffektivität.

- Qualitätsgewinn muß berücksichtigen:

    * lokale Aspekte: Ausrichtung von Bodengestaltung/ Bodenverbesserung auf Wirkungszusammenhänge (Ökosystem) vor Ort;

    * Prozeß-Aspekt: Einfluß des anzunehmenden Prozesses (z.B. Wiederverwertung von Substraten) selbst auf die Umwelt;

    * Ergebnis-Aspekt: Folgen von Maßnahmen für das "Produkt Stadtboden".

5.3 Zielsystem

Für die Bodenschutzplanung sowohl im besiedelten, als auch im nicht besiedelten Bereich und zur Operationalisierung von Vorgaben aus der Bodenschutzkonzeption (BMI, 1985) und dem Maßnahmenkonzept zum Bodenschutz der Bundesregierung (BMU, 1988) sind für den kommunalen Anwendungsbereich Leitlinien und Orientierungsgrößen nötig, die "Sollzustände" urbaner Bodenverhältnisse definieren und Perspektiven umreißen, die verstärkt auf den Bereich der Prävention abzielen.

In Folge des - selbstverschuldeten - Niedergangs der institutionellen "Bodenkultur" entstehen Forderungen nach einer "Kultur der Bodeninanspruchnahme". Ihr Leitlinien, Qualitätsziele und einen auch wissenschaftlich begründeten Rahmen zu geben ist Aufgabe des Bodenschutzes im urbanen Bereich (Vgl. SENATOR FÜR STADTENTWICKLUNG UND UMWELTSCHUTZ, 1987).

Informationsdefizite der Stadtplanung zum Umweltbereich Boden werden offenkundig bei qualifizierten Abwägungs- und Entscheidungsfragen im Einzelfall. Im Konfliktfall fehlen häufig "Werthaltungen", die urbane Phänomene einbeziehen, z.B. im Vorfeld der Bauleitplanung und Landschaftsplanung.

Die klassischen Bodenschutzziele: die natürliche Lebensgrundlage Boden zu erhalten und zu pflegen, Schaden und Gefahren abzuwehren, indem Schädigungen der Bodenfunktionen vermieden oder vermindert werden, sind stadtgemäß zu interpretieren, zu gewichten und abzuwandeln, teilweise auch neu zu definieren.

Konkret bedeutet dies die Entwicklung und Definition von Mindeststandards für Bodenqualitäten mit einem qualitativen und einem quantitativen Aspekt. Zusätzlich ist eine zeitliche Komponente zu berücksichtigen. Mindeststandards sollen die Funktionen der Böden im Ökosystem gewährleisten, zur Sicherung und Verbesserung von Nutzungsmöglichkeiten sowie zur Vorsorge vor Nutzungsbeschränkungen dienen. Außerdem müssen sie operationalisierbar sein und außerökologischen Wertsetzungen Rechnung tragen.

Weiter sind Bodenqualitätsziele regional zu differenzieren, um eine Nivellierung von Qualitäten auf dem Niveau von Sanierungszielwerten zu vermeiden. Mißbrauchsgefahr bestünde sonst, wenn z.B. in Gebieten mit derzeit besseren Bodenqualitäten alle Gefährdungen und Belastungen bis zum Auffüllen von Qualitätszielen zugelassen würden. Realistische, stadtgemäße Qualitätsziele müssen an ökologischen Notwendigkeiten, aber auch an der vorgefundenen Umweltsituation (Berücksichtigung von "ererbten Qualitäten") im Geltungsbereich orientiert werden. Qualitätsziele sollten so gewählt werden, daß sie nur in Teilen des Geltungsbereichs erreicht oder überschritten werden können, so daß überwiegend Entwicklungs- und Sanierungsmaßnahmen angebracht sind.

Für Böden insgesamt existieren bisher, abgesehen von Schadstoff-Minimierungsstrategien und Orientierungswerten für Schadstoffgehalte in Böden ("Listen"), kaum Umweltqualitätsziele. Erst recht fehlen sie für Stadtböden.

Ausnahmen sind z.B. **technische** Gütekriterien der Bauwirtschaft und des Garten- und Landschaftsbaus oder Schadstoffminimierungs-Strategien. Einheitliche Qualitätsziele können für die heterogene Bodenlandschaft urbaner Räume kaum greifen, d.h. außer einer regionalen ist auch eine nutzungstypbezogene Differenzierung der Qualitätsziele notwendig.

Forschungarbeiten zum Thema Umweltqualitätsziele wie z.B. von FÜRST et al. (1989) dienten der Sammlung und Systematisierung von vorliegenden Zielen und Standards zu den Medien Wasser, Boden und Naturschutz. Im Vordergrund bisheriger Ansätze und Sichtweisen stehen Grenz-/Richtwerte für Schadstoffe, nicht nur im Boden (vgl. KÜHLING, 1986; LFU, 1989) im Sinne von Gefahrenabwehr und Schutzstandards.

Noch in Entwicklung sind Niederländische Boden-Standards, die eine "saubere" Umwelt kennzeichnen sollen, die sog. Ziel-Werte. Sie quantifizieren das "zu vernachlässigende Risiko-Niveau" (DENNEMANN u. ROBBERSE, 1993). Geht man von der Theorie in die Praxis, treten Probleme auf:

- Qualitätsziel-Systeme, aufgebaut nach Zielhierarchien (Leitbild/Leitlinien/ Umweltqualitätsziele/Umweltqualitätsstandards), z.B. für die kommunale Planungsebene sind noch mit erheblichen methodischen Problemen behaftet (PIETSCH, 1989).

- Vorschläge von KNAUER (1989) und SCHOLLES (1990) sind wenig maßnahmenorientierte Systeme; sie sind nutzungs**un**abhängig definiert. Das mag eine Ursache für zahlreiche innerökologische Zielkonflikte sein, die mit zunehmender Konkretisierungsstufe auftreten.

- Umweltqualitätszielsysteme der Städte Wiesbaden (1988), Neuss (1990), Lübeck (1990), Hagen (1991), Hannover (1993), sind eher allgemeine Leitlinien bzw. verbleiben bei den maßnahmenbezogenen Umweltqualitätszielen bei der Aufzählung von Rechtsnormen/Planungsinstrumenten. Nutzungsbezogene Herleitungen konkreter Maßstäbe, insbesondere für den Umweltbereich Boden fehlen. Erforderlich sind:

1. **Allgemeinene Zielvorgaben für urban-industrielle Bodenqualitäten in Form von Leitlinien bzw. Strategien,**

2. **Maßstäbe bzw. meßbare Orientierungsdaten (qualitativ und quantitativ), die eine Konkretisierung der Zielvorgaben ermöglichen,**

3. **Eine an städtischer Bodendynamik orientierte Werthaltung sowie bestimmte Rahmenbedingungen.**

5.3.1 Leitlinien

In der Bodenschutzkonzeption der Bundesregierung (BMI, 1985) und den Maßnahmen zum Bodenschutz sind Leitlinien für den Bodenschutz (als Bodenfunktionenschutz) formuliert. Diese allgemeinen Tendenz- bzw. Aktionsziele beziehen sich auf einen gegenüber der Bodenkunde stark erweiterten Begriff "Boden", beinhalten z.B. Ressourcenschutz für Rohstoffe (BMU, 1988):

"Die Funktionen des Bodens müssen unter Berücksichtigung der an ihn gestellten Nutzungsansprüche geschützt werden, Boden dient dem Menschen als

- Anbaufläche für Nahrungsmittel, Futtermittel und Pflanzliche Rohstoffe,
- Fläche für Siedlung, Produktion, Verkehr, Kommunikation,
- Entsorgungsfläche für Abfälle sowie als Puffer und Filter für stoffliche Einwirkungen,
- Grundwasserspeicher,

- Lagerstätte für Bodenschätze und Energiequellen,
- Erholungsraum,
- Archiv der Natur- und Kulturgeschichte."

Aus diesen Funktionen sind in der Bodenschutzkonzeption an allgemeinen Leitlinien abgeleitet

1. *Die Minimierung von qualitativ und quantitativ problematischen Stoffeinträgen aus Industrie, Gewerbe, Verkehr, Landwirtschaft und Haushalten;*

2. *Eine Trendwende im Landverbrauch. Ergänzt werden diese allgemeinen Leitlinien durch die Rahmenbedingungen*
   - *Vorsorgeprinzip,*
   - *Verursacherprinzip,*
   - *Kooperationsprinzip,*
   - *haushälterischer Umgang mit dem Boden,*
   - *Schutz des Bodens als Regelungsmaßstab,*
   - *Sozialpflichtigkeit des Bodens,*
   - *internationale und zwischenstaatliche Zusammenarbeit.*

Ziel des Entwurfs des Bundes-Bodenschutzgesetzes (BMU, 1993) ist es, die o.g. Bodenfunktionen vor schädlichen Veränderungen zu schützen und Vorsorge gegen das Entstehen schädlicher Bodenveränderungen zu treffen. Hierzu sind schädliche Bodenveränderungen abzuwehren, bestehende schädliche Bodenveränderungen und Altlasten zu beseitigen sowie nachteilige Einwirkungen auf den Boden nach Maßgabe dieses Gesetzes so weit wie möglich zu vermeiden.

Spezifische Probleme des besiedelten Bereichs sind weder in der "Bodenschutzkonzeption" noch in den "Maßnahmen zum Bodenschutz" behandelt. Das Bundes-Gesetz betrifft insofern Zielvorstellungen für Stadtböden, als die Möglichkeit eröffnet wird, Rechtsverordnungen zu erlassen, die gebietsbezogen den Umgang mit belasteten (Altlasten) Standorten und mit Bodensubstraten vorschreiben (§ 9, Abs. 2). Außerdem besteht die Möglichkeit, Bodenschutzpläne zur **Vorsorge** aufzustellen (§ 28, Abs. 1, 2).

Prinzipiell sind alle o.g. Leitlinien durchaus auch für "Stadtböden" anwendbar, ergänzt um stadtgemäße Dimensionen von Bodenqualität.

Die Umsetzung von Qualitätsanforderungen, Nutzungsanforderungen und Qualitätsstrategien erfordert die gezielte Gestaltung von Bodengenesen unter Nutzung städtischer Bodenphänomene.

Mit dieser Sichtweise lassen sich für die beiden obersten Ebenen eines Bodenqualitätsziel-Konzepts folgende Leitlinien und Einzelziele herausarbeiten:

Tab. 5.2: Leitlinien für Bodenqualitätsziele im urbanen Bereich

Leitlinie	***Ziel/Grundsatz***
Sparsamkeitsgebot	- Trendwende im Landverbrauch - haushälterische Bodennutzung (Flächenhaushalt)
Verschlechterungsverbot	- Beeinträchtigungen des Naturhaushaltes und der menschlichen Gesundheit sind zu vermeiden und zu minimieren
Minimierungsgebot	- Minimierung von qualitativ und quantitativ problematischen Stoffeinträgen
Schutz und Wiederherstellung	- Erhaltung von Böden/Bodenqualitäten - Gestaltung von Böden/Bodenqualitäten - Reinigung kontaminierter Böden
(Stadt-)systemare Sicht	- anthropogene Steuerung von Genesen - Einbeziehung der Nutzungsdynamik - Einbeziehung der Substratdynamik - Boden ist regulierender Faktor des urbanen Ökosystems
Berücksichtigung ethischer Kriterien	- Schutz und Nutzung der Leistungen des Naturhaushaltes haben sich an der Belastbarkeit des schwächsten Systemgliedes zu orientieren - Sozialpflichtigkeit des Bodens - Boden hat kulturhistorischen Wert - Boden entsteht durch Stadtkultur
Stadtgemäße Werthaltungen	- Funktionsoptimierung statt "Multifunktionalität" - Berücksichtigung externer Wertsetzungen (Ökonomie/ Städtebau) - substratbezogene Qualitätsziele - funktionsorientierte Qualitätsziele kontrollierter Genesen - nutzungsbezogene Qualitätsziele kontrollierter Genesen

5.3.2 Rahmenbedingungen

Die Formulierung von Qualitätszielen hat bestimmte Rahmenbedingungen zu erfüllen:

a) Innerökologischer Abgleich von Qualitätszielen:

Als Einzelaspekt sinnvoll, können sich Qualitätsziele aus verschiedenen Umweltbereichen widersprechen bzw. gegenseitig ausschließen. Flächenrecycling im

Sinne eines haushälterischen Umgangs mit Boden und Fläche darf nicht dazu führen z.B. Belange des Arten- und Biotopschutzes auf Brachflächen außer Kraft zu setzen. Eintragsgrenzwerte für Schadstoffe in Böden dürfen nicht über den entsprechenden Sanierungszielwerten liegen.

b) Indikatoren:

Quantifiziert werden Umweltqualitätsziele durch normative Standards, die sich auf geeignete Indikatoren oder Indikatorgruppen beziehen, an deren Werten sich Zustände bzw. Entwicklungen messen lassen. Ein Indikator kann z.B. Bleigehalt in ppm im Boden sein, oder das Vorkommen einer Pflanzenart.

c) Verbesserungsgebot:

Das Nicht-Erreichen von Qualitätszielen darf keinesfalls zur Aufgabe von Schutzgütern (Nutzungen) führen. Erreichte bzw. unterschrittene Qualitätsziele orientieren sich, sofern vorhanden, an der nächst besseren Qualitätszielklasse.

d) Kein Grenzwertcharakter:

Umweltqualitätsziele dürfen nicht den Charakter von Grenzwerten annehmen d.h. sie müssen immer oberhalb von "Vorschriften" angesiedelt sein (Verbesserungsgebot!), Grenzwerte tendieren dazu aufgefüllt zu werden. Qualitätsziele bleiben dynamisch, passen sich an Erkenntnisgewinn und gesellschaftliche Normen an.

e) Qualitätszielklassen:

Wenn zur Vermeidung der Beeinträchtigung von Schutzgütern durch stoffliche Einwirkungen keine exakten Orientierungswerte abgeleitet werden können, besteht die Möglichkeit Qualitätszielklassen zu bilden (z.B. Qualitätszielklasse I: 10 - 50 ppm Blei im Boden), oder QZ-Klassen mit bestimmten Bodenfunktionen.

Qualitätszielklassen lassen sich auch oberhalb der Ebene von Bodenstandards bilden z. B. als "Qualitätsbeschreibung" ohne einen konkreten Parameter mit Maß und Zahl. In einer Klasseneinteilung finden die sehr unterschiedlichen Ausgangsniveaus urban-industrieller Bodenqualitäten Berücksichtigung. Ermöglicht wird eine Anpassung an Nutzungsansprüche und Schutzgüter.

f) Zeitlicher Geltungsbereich:

Qualitätsziele können knapp und pragmatisch formuliert sein, ohne exakte "Werte" vorgeben zu müssen, aber einen exakten zeitlichen Rahmen festlegen: z.B.

* "Mit dem Abschluß des Bodensanierungsprogramms ist Gemüseanbau auf allen Böden der Stadt möglich"

* "Für eine Übergangsfrist von 10 Jahren gilt Qualitätszielklasse II, danach wird durch Bodenmanagement (Gestaltung) QZ-Klasse I erreicht".

Der zeitliche Aspekt spielt für die Festlegung/Beschließung von allen Umweltqualitätszielen eine wesentliche Rolle.

g) Räumlicher Geltungsbereich:

Erhaltende/bewahrende Zielvorstellungen für Bereiche natürlich gewachsener Böden (Typ I nach Tab. 5.1). Am Nutzungswandel orientierte Zielvorstellungen zur Bodenentwicklung in Bereichen stark überformter Böden (Typen III und IV nach Tab. 5.1).

h) Verbindlichkeit:

Umweltqualitätsziele ergeben nur dann Sinn, wenn sie als politische Willensäußerung beschlossen, festgesetzt werden. Sie besitzen damit eine gesellschaftspolitische Dimension. GETHMANN (1991) sieht das Setzen von Umweltstandards als Ausdruck gesellschaftlicher Risikogestaltung:

"Umweltstandards sind Rechtsvorschriften, Verwaltungsvorschriften und private Regelungen, durch die umweltbezogene unbestimmte Rechtsbegriffe wie 'schädliche Umwelteinwirkung', 'erforderliche Sorgfalt', 'Vorsorge', 'anerkannte Regeln der Technik', 'Stand der Wissenschaft' durch Operationalisierung und Standardisierung von meßbaren Größen in konkrete Verbote und Gebote umgesetzt werden. Umweltstandards sind keine beschreibbaren bzw. entdeckungsbedürftigen Naturphänomene (wie Schwellenwerte, Grenzwerte), sondern Kulturphänomene, durch die eine Gesellschaft zum Ausdruck bringt, welche Risiken ihre Mitglieder hinzunehmen bereit sind bzw. welche Risiken sich die Mitglieder der Gesellschaft untereinander zumuten."

5.4 Stadtgemäße Bodenqualitätsziele

Bei dem weiten Nutzungsspektrum, vom unbebauten Außenbereich bis in den Stadtkern, von gering überformten Böden bis zu vielfach durch den urbanen Nutzungswandel veränderten Standorten sind keine einheitlichen, sondern nutzungsbezogene, stadtgemäße Qualitätsziele angemessen.

Stadtgemäß bedeutet auch, daß entsprechend den urbanen Nutzungsansprüchen und externen Wertsetzungen, andere Maßstäbe als im Außenbereich anzulegen sind. Im Vodergrund stehen nicht "naturnahe", sondern funktionsoptimierte Qualitäten der Böden entsprechend dem Leitlinien-Ansatz der ***gezielten Gestaltung von Bodengenesen.***

Genesen urban-industrieller Böden sind Folgen der Flächen-, Nutzungs- und Substratdynamik. Als wesentliche Ziele stadtgemäßer Genesen sind zu fordern:

- schutzwürdige Böden in ihrem Aufbau und ihren Funktionen zu erhalten; das betrifft auch anthropogene Genesen.

- Konstruktiver Umgang mit stadtbürtigen Substraten aus Bautätigkeit, Kompostierung, Bodenaufbereitung, d.h. notwendige Recyclingquoten in Geo- und Pedogenesen umsetzen.

- Flächenhafte, fakultative Bodenentwicklungs-, Bodennutzungsstrategien.

- Flächenbezogene Leitlinien sind zu ergänzen durch Zielvorstellungen für den Bereich Bodenbewegungen/Substrate und den Bereich Genesen. Gefragt sind nutzungs- und trägerspezifische Lösungen zur nachhaltigen Bodenbewirtschaftung.

- Aus Nutzungswandel, Umlagerungen, Rückbau und Altlastensanierungen hervorgehende "Neuböden" einer stadtökologisch stimmigen Entwicklung zuführen; das bedeutet,

- zufällige, belastende oder funktionszerstörende Stadtbodenentwicklungen auf der Basis der gewonnenen und systematisierten Informationen durch gesteuerte, qualitätszielorientierte ersetzen.

Ziele stadtgemäßer Bodengenesen umfaßt auch ethische Aspekte, die sich auf Kulturphänomene beziehen:

- Schutz/Entwicklung historischer Nutzungen/Genesen

  * Alte Gärten, Friedhöfe,
  * Rieselfelder;

- Schutz archäologisch wertvoller Genesen

  * Kulturlagen (Abfälle, Brandreste),
  * Kloaken, Brunnen,
  * Fundamente (Gebäude, Straßen),

- * Aufschüttungen (Kulturschutt, Gräber, anthropogene Substrate);

- Bewahrung sonstiger Kulturphänomene

  * Extremstandorte (Gebäude, Brachen, Trümmerschutt),
  * anthropogene Böden im Pionierstadium,
  * extrem belastete Böden,
  * Bodensanierungs-Standorte.

Sowohl eine Orientierung an Nutzungstypen als auch die Qualitätsziele sind ortsspezifischen Gegebenheiten anzupassen:

- Landschaft,
- Stadt- und Regionalentwicklung,
- natürliche und anthropogene Background-Belastungen,
- Nutzungsdruck und Nutzungsansprüche.

Diskussionswürdig sind Ziele vor dem Hintergrund globaler Probleme, z.B. Böden als Kohlenstoff-Senken zu nutzen. Die Funktionen der Moore als Senken und Quellen für Kohlenstoff und Stickstoff sind bekannt (z.B. KUNTZE, 1993). Mit zunehmenden organischen Einträgen (Kompost, Häckselgut etc.) sind diese Funktionen auch in Bezug auf Stadtböden zu diskutieren, insbesondere vor dem Hintergrund, daß

- die C-Senkenfunktion der Moore weiter deutlich abnehmen wird,
- unter Zunahme der Quellenfunktion für CO_2, CH_4, N_2O und NO_3-Mineralisierung durch Moorabbau.

Als Beitrag zur Lösung des CO_2-Problems spricht sich WALDSTEIN (1992) für eine systematische Förderung der Humifizierung in intensiv bewirtschafteten Böden aus, um eine dauerhafte Kohlenstoffbindung zu erreichen. Die stark steigenden Mengen der Komposte eröffnet gerade für den besiedelten Bereich Handlungsspielräume.

5.4.1 Oberziele

Allgemeine Leitlinien sind in 5.3.1 dargestellt. Unter Berücksichtigung der Bodenschutzkonzeption der Bundesregierung und des Bundesnaturschutzgesetzes (§2 Abs.1 BNatSchG, siehe auch Neufassung) oder des Baugesetzbuchs lassen sich vier weitergehende Oberziele in der nächst konkreteren Zielebene formulieren:

1. Oberziel: **Verringerung der flächenhaften Bodeninanspruchnahme durch Überbauung;**

2. Oberziel: **Einhalten nutzungsbezogener, "stadtgemäßer Schadstofflevels";**

3. Oberziel: **Entwicklung nachhaltig funktionsoptimierter Böden, Substrate und Oberflächen;**

4. Oberziel: **Schutz gewachsener und anthropogener Böden mit typischen Standorteigenschaften.**

Diese allgemeinen Oberziele bedürfen einer Differenzierung bzw. Konkretisierung, um sie planungsverfügbar zu gestalten. In einer weiteren Ebene lassen sich Ziele problem-, nutzungs- und verursacherbezogen weiter aufschlüsseln.

Oberziel: Verringerung der flächenhaften Bodeninanspruchnahme

Die Inanspruchnahme natürlich gewachsener Böden für Siedlung, Verkehr, Gewerbe und Industrie sowie Infrastruktur und die Verbauung von Böden durch begleitende Maßnahmen (z.B. Freiflächengestaltung) ist zu minimieren. Die Wiedernutzung von Brachen stellt einen wesentlicher Beitrag zum Bodenschutz dar. Dabei ist aber ein innerökologischer Abgleich mit dem Arten- und Biotopschutz zu leisten.

Zerschneidungseffekte und die daraus resultierende Verinselung von Restflächen stellen den Erfolg von puren Flächeneinsparungen im Sinne des Oberziels in Frage. Flächenrichtwerte zur Bodenversiegelung, festgesetzt für Bebauungspläne, dienen nur dann der Schonung weiterer Bodeninanspruchnahme, wenn ihre Anwendung standortbezogen der Schonung von tatsächlich vorhandenen Bodenfunktionen dient.

Oberziel: Einhalten nutzungsbezogener, stadtgemäßer Schadstofflevels

Als offenes System unterliegen Böden der Zufuhr und Abfuhr von Stoffen. Infolge ihrer Senkeneigenschaften bilden sich Schadstoffanreicherungen, welche die Böden und ihre Funktionen nachhaltig beeinträchtigen können. Für jede städtische Bodennutzung ist daher zu erreichen, daß auch langfristig Mindeststandards zu halten sind. Einträge in

- die Böden bzw. Bodenlösung durch Immissionen, Bewirtschaftungsmaßnahmen und schon belastete Substrate (kontaminierte Böden, Abfälle),

- den Grundwasserkörper, auch in die nicht zur Trinkwassergewinnung genutzten Grundwasserstockwerke,

sind zu minimieren, und auf einen Level zu beschränken, der unterhalb zusätzlicher Risiken für die jeweilige Bodennutzung liegt. Eine zukünftige Nutzbarkeit der Böden darf durch die gegenwärtige Nutzung möglichst wenig eingeschränkt werden. Die Vorgaben sind abgestuft nach Nutzungen zu differenzieren.

Oberziel: Entwicklung nachhaltig funktionsoptimierter Böden, Substrate und Oberflächen

Da die Mehrzahl der Flächen im urban-industriellen Bereich jetzt und in Zukunft Böden anthropogenen Ursprungs umfaßt, ergeben sich gezielte Genesen und Bodenbewirtschaftungen als wesentliche Aufgabe. Neuböden sind in ihrer Funktion und ihrem Aufbau angemessen zu optimieren. Kriterien wie Multifunktionalität, Reversibilität und Nachhaltigkeit von Bodenfunktionen betreffen das städtische Systemkompartiment Boden in seiner Gesamtheit, nicht einzelne Nutzungen. Die Rolle des Bodens als regelndes Element für den Wasserhaushalt, das Stadtklima und als Vegetationsstandort steht hier im Vordergrund.

Oberziel: Schutz gewachsener und anthropogener Böden typischer bzw. einzigartiger Standorteigenschaften

Die wenigen Böden in der Stadt, die nicht oder nur gering durch Nutzungen überformt sind, erweisen sich oft als Standorte von Flora und Fauna, wie sie für eine Region/Landschaft typisch waren. Sie sind für den Arten- und Biotopschutz bedeutsam oder stellen Bodendenkmäler dar. Historische Ein- und Ausschnitte anthropogenen Ursprungs, z.B. alte Hohlwege und historische Gartenböden zählen dazu.

Je nach Sichtweise lassen sich ethische Aspekte (Was die Natur in 10.000 Jahren entstehen ließ, darf nicht leichtfertig zerstört werden), wissenschaftliche (Monitoring) und Ausbildungs-argumente ergänzen. Aus diesen Gründen können auch typische Böden sekundärer Genesen, bis hin zu gebauten Technosolen - im Sinne bodenkundlicher Sonderstandorte - schützenswert sein. Stadttypische Bodendenkmäler, etwa archäologisch wertvolle Siedlungsböden, bedürfen trotz möglicher physischer Belastungen eines adäquaten Schutzes.

5.4.2 Stoffbezogene Qualitätsziele

Stoffbezogene Qualitätsziele können sich z.B. auf Nährstoffgehalte oder sonstige Inhaltsstoffe von Böden beziehen, im Vordergrund stehen aber die Schadstoffe, die schon in geringen Konzentrationen Risiken bedeuten:

Zielkategorien Schadstoffe:

- ***Eintragsgrenzwerte*** mit immissionsbezogener Herleitung, die als "Stopp-Werte" zu verstehen sind. Sie orientieren sich vor allem an der Nahrungsmittelproduktion. Klassische Beispiele sind die Orientierungswerte von KLOKE (1980, 1981), die für einige Schwermetalle als rechtsverbindliche Grenzwerte in die Klärschlammverordnung übernommen wurden.

- ***Sanierungszielwerte*** als Vorgaben für die Absenkung von Schadstoffgehalten in Altlasten und stark kontaminierten Böden. KLOKE (1988a) schlägt für Schwermetalle "Höchste akzeptierbare Levels" (HAL) vor. Die Hamburger Sanierungsleitwerte (BREMER, ROHWEDER, 1994) stellen Mindestanforderungen an das Sanierungsziel dar.

- ***Vorsorge bzw. funktionsorientierte Zielwerte***, vorgeschlagen als "Soil Quality Standards" bzw. "Good Soil Quality". "Zielwerte" entsprechen dem Prinzip der Offenhaltung aller Nutzungsoptionen zum Schutz der empfindlichsten Potentiale (MOEN, 1988 und VEGTER et al. 1988) bzw. kennzeichnen "saubere" Umwelt (DENNEMANN und ROBERSE, 1993). Die rein schadstoffbezogenen Werte gelten bisher nur für den Außenbereich, nicht für den besiedelten Bereich.

- ***Nutzungs- und schutzgutorientierte Zielwerte***, Beispiele sind das Drei-Bereiche-System nach KLOKE (1988b), die IWS-Bodenwert-Listen (EIKMANN et al.,1990, 1991; EIKMANN/KLOKE, 1993) und Zielwerte für Kinderspielplätze, z.B. der nordrhein-westfälische Erlaß "Metalle auf Kinderspielplätzen" (MAGS/NW, 1990).

- ***Handlungsorientierte Ziele***, die als Auslösewerte den Umgang mit belasteten Böden regeln. In diese Kategorie fallen die Werte der "Holland-Liste" oder die von der Hamburger Umweltbehörde formulierten Schwellen- bzw. Prüfwerte für Bodenbelastungen durch Arsen und Schwermetalle (SCHULDT, 1988 und FHH, 1990). Ebenso "Mindestuntersuchungsprogramm Kulturboden", das für den Wirkungspfad Boden - Kulturpflanze konkrete Vorgaben zur Schadstoffbewertung enthält (LÖLF, 1983).

Schadstofflisten

Eine Aufzählung der bekanntesten "Listen" zeigt Tabelle 5.3. Sie erhebt keinen Anspruch auf Vollständigkeit, macht aber deutlich, daß unterschiedliche Zielbereiche der Anwendung zugrunde zu legen sind. Auch Begriffe werden nicht einheitlich gebraucht (s.o. im "Kasten"); ausführlich dazu VIERECK-GÖTTE, EWERS (1994). In der Regel dienen die aufgeführten Werte der Beurteilung von altlastenverdächtigen Flächen, nicht der Gestaltung von Bodengenesen. Ausnahmen bilden z. B. die Berliner und Bremer Listen, die Einbauwerte für Substrate festlegen.

Tab. 5.3 : Zielbereiche von "Schadstofflisten" (Auswahl) für Böden/Bodensubstrate (verändert und ergänzt nach KLOKE und LÜHR, 1991)

Liste	Urbane Nutzungen allgemein	Spielplätze	Landwirtschaft	Grundwasser	Einbau von Substraten
Kloke Liste (KLOKE, 1980, 1981)			xxxxxxxxxxx		
Klärschlammverordnung (ANONYM, 1992a)			xxxxxxxxxxx		
HAL - Werte (KLOKE, 1988a)	xxxxxxxxxxx	xxxxxxxxxxx	xxxxxxxxxxx		
Hamburger Prüfwerte (FHH, 1990)	xxxxxxxxxxx	xxxxxxxxxxx			
Hamburger Sanierungsleitwerte (BREMER und ROHWEDDER, 1994)	xxxxxxxxxxx			xxxxxxxxxxx	
Berliner Liste (ANONYM, 1990)	xxxxxxxxxxx			xxxxxxxxxxx	xxxxxxxxxxx
Bremer Liste, Einbringungs- und Sanierungswerte (FHB, 1991)	xxxxxxxxxxx	xxxxxxxxxxx			
Drei - Bereiche - System (KLOKE, 1988b)	xxxxxxxxxxx	xxxxxxxxxxx	xxxxxxxxxxx		
IWS - Bodenwert - Listen (EIKMANN, KLOKE, LÜHR,1991)	xxxxxxxxxxx	xxxxxxxxxxx	xxxxxxxxxxx		
Eikmann - Kloke - Werte (EIKMANN, KLOKE, 1993)	xxxxxxxxxxx	xxxxxxxxxxx	xxxxxxxxxxx		
Orientierungswerte UVP VwV - Entwurf (BMU, 1992)				xxxxxxxxxxx Einheitsboden	
Leitfaden Bodensanierung Holland (ANONYM, 1988)				xxxxxxxxxxx	xxxxxxxxxxx
Britische Bodenleitwerte (ICRCL, 1987)	xxxxxxxxxxx				
Schweizer Verordnung Schadstoffe im Boden (ANONYM, 1987a)			xxxxxxxxxxx		
Erlaß NRW: Metalle auf Kinderspielplätzen (MAGS/NW, 1990)		xxxxxxxxxxx			
Hygienische Bewertung von Schadstoffen im Boden (AGU, 1992)		xxxxxxxxxxx			
Baden-Württemberg: 3. VwV zum Bodenschutzgesetz (MU-BW, 1993)	xxxxxxxxxxx		xxxxxxxxxxx	xxxxxxxxxxx	

Die Listen sind entwickelt worden, damit anhand von vorgegebenen Richt-/ Prüfwerten festgestellt werden kann, wie ein Boden belastet ist und welche weiteren Schritte zur Gefahrenabwehr zu veranlassen sind; oder so starke Belastungen vorliegen, daß Sanierungsbedarf besteht. Die Beurteilung erfolgt überwiegend nutzungsabhängig, allerdings selten mit Differenzierungen für den urban-industriellen Bereich.

Die "Prüfwerte Hamburg" und die "Berliner Liste" sind speziell auf die Situation in diesen Städten zugeschnitten. Maßstäbe, die zur Bewertung von kontaminationsverdächtigen Flächen gedacht sind, können nicht ohne weiteres zur Entscheidung über die Verwertung von Bodensubstraten auf bestimmten Nutzungen herangezogen werden (vgl. Kap. 6).

In der Bodenschutz-Diskussion wurden schon Mitte der 80er Jahre allgemeingültige Standards kritisiert, da sie nur bedingt auf die jeweiligen Bodenverhältnisse Rücksicht nehmen können (z.B. FÖRSTNER, 1986). Ein weiterer Kritikpunkt gegen allgemeine Standards ist der weitgehend fehlende Nutzungsbezug. Von der Bodenkunde angezweifelt (BLUME, 1993), erfahren gerade die nutzungsbezogenen Werte eine hohe Akzeptanz, insbesondere auf den verschiedenen Verwaltungsebenen.

> Erst ***ortsbezogene*** und ***nutzungsbezogene*** Qualitätsziele sind praktikabel, daher kann es keine generellen Standards geben. Bodeneigenschaften können nicht nur regional, sondern auch nutzungsabhängig außerordentlich stark variieren. Besonders urban und industriell überformte Flächen sind selten homogene Standorte hinsichtlich ihrer Bodeneigenschaften.

Ein praxisnaher Ansatz ist das nutzungs- und schutzgutorientierte "Drei-Bereiche-System" von KLOKE (1988b) bzw. EIKMANN/KLOKE (1993). Es dient der Einschätzung und Bewertung von kontaminierten Böden, kann aber, gerade für den urban-industriellen Bereich, als Orientierungsrahmen zur Entwicklung von Stadt-Bodenqualitätszielen dienen. Nicht berücksichtigt sind in diesem Ansatz standorttypische Bodeneigenschaften.

5.4.3 Raumbezogene Qualitätsziele

Entsprechend den unterschiedlichen Ausgangsbedingungen (Gestein, Lage in der Landschaft), der unterschiedlichen Umweltbedingungen (Klima, Nutzungsgeschichte) sowie der verschiedenen Entwicklungsstadien, sind Böden von Ort zu

Ort verschieden. Die Tatsache, daß es nicht den Einheitsboden, sondern viele verschiedene Böden gibt, zwingt dazu, sich sowohl bei der Nutzung, als auch bei der Entwicklung von Qualitätszielen an Zustand und Eigenarten der örtlich vorhandenen Böden anzupassen.

Zu berücksichtigen sind damit die "physischen", die bodenkundlichen Standorteigenschaften und die "Ausstattung" eines Natur/Stadtraumes mit bestimmten Boden/Standorteigenschaften. Einzubeziehen sind ebenso stadttypische Phänomene der Nutzungs- und Substratdynamik.

Größere, zusammenhängende Flächen naturnaher Böden im besiedelten Bereich mit geringen Veränderungen/Belastungen (Überformungstypen I und II nach Tab. 5.1 eignen sich als Bereiche schutzwürdiger Böden mit Veränderungssperre. Im Zuge der Stadtentwicklung wenig veränderte Böden liegen z.B. häufig in Feuchtgebieten (Bach- und Flußtäler, Moore usw.) oder alten Parkanlagen. Eine stadtgeschichtliche Betrachtung der Bodeninanspruchnahme, eine Aufnahme der Nutzungsdynamik in Zeithorizonten (vgl. Kap. 3.2), liefert wertvolle Hinweise auf Restflächen bzw. Inseln naturnaher Böden im urbanen Bereich.

Raumbezogene Qualitätsziele können dazu genutzt werden, ein Zusammenwachsen von kontaminierten Böden bei laufender Neuausweisung kommunaler Industriestandorte zu vermeiden; diese Zielsetzung entspricht dem Prinzip der "Belastungskonzentration statt weiträumiger Verteilung".

Bezugsräume raumbezogener Qualitätsziele können sein:

a) Bodenschutzgebiete

Auf der Grundlage des Entwurfs zum Bundes-Bodenschutzgesetzes (§§ 28 - 30 BBodSchG) werden auf Landesebene Bodenschutzpläne für bestimmte Gebiete möglich; entsprechende gebietsbezogene Zielvorstellungen sind erforderlich.

In Nordrhein-Westfalen entstehen Konzepte für Bodenschutzvorranggebiete ergänzt durch Bodenschutzmaßnahmen-Kataloge. In der Form einer Bodenschutzmaßnahmen-Karte lassen sich Bodenqualitätsziele hinsichtlich

- Erhaltung von Bodenpotentialen,
- Verhinderung von Degradationen,
- Ausschluß von vom Boden ausgehenden Risiken räumlich darstellen (LALUBIE et al., 1993).

b) Sonderstandorte

Bodenkundliche Sonderstandorte und Standortvielfalt ist ein weiteres Kriterium für Bereiche schutzwürdiger Böden mit Veränderungssperre bzw. auch für Einzelflächen bestimmter Nutzungen. Standortvielfalt betrifft auch anthropogen veränderte, teils belastete Böden extremer Standortbedingungen, die ihren Wert durch ihre Bedeutung für den Arten- und Biotopschutz erhalten. Trümmerschuttstandorte, mit Schadstoffen belastete ehemalige Industrieflächen oder Rieselfelder, Abgrabungen usw. können zur " Boden-Ausstattung " eines Natur-/ Stadtraumes ebenso zählen wie naturnahe Restflächen.

Die Ableitung von standortbezogenen Qualitätszielen läßt sich nicht für beliebige urban-industrielle Bereiche verallgemeinern. Mehr als nutzungsbezogene und weit mehr als schadstoffbezogene Qualitätsziele sind sie als Kulturphänomene zu verstehen und festzusetzen. Raumbezogene Qualitätsziele sind nur regional leistbar und sinnvoll.

5.4.4 Funktional/nutzungsbezogene Qualitätsziele

Die Entwicklung von nutzungsbezogenen Qualitätszielen urban-industrieller Böden ist, wie in Kapitel 3 dargestellt, ohne die Berücksichtigung der Nutzungshistorie nicht leistbar. Ergebnisse des Forschungsvorhabens (AG BOFO, 1993) zeigen, daß urbane Bodenverhältnisse gleicher Nutzungen unter bestimmten Bedingungen vergleichbar sind:

- gleiche naturräumliche Ausgangsbedingungen;
- vergleichbare Nutzungsgeschichte, da jeder Nutzungswandel für zusätzliche Bodenüberformungen, Bodenbelastungen und neue Substrate sorgt.

Damit besteht grundsätzlich die Möglichkeit Bodenqualitätsziele auf der Basis von regional entwickelten Nutzungseinheiten zu formulieren. Dadurch ergibt sich ein entscheidender Vorteil für das "Handling" von Bodenqualitätszielen (BQZ) im urban-industriellen Bereich. Nicht nur die BQZ selbst, auch Maßnahmen zur Sicherung und Erreichung von BQZ lassen sich nutzungsbezogen übersichtlich darstellen, verwalten, durchsetzen und kontrollieren.

In Anlehnung an das "Drei-Bereiche-System" für Schadstoffgehalte in Böden (KLOKE, 1988b) und allgemeine Leitlinien lassen sich nutzungsbezogen, d.h. in Abhängigkeit von Nutzungstypen drei Bodenqualitätsziel-Klassen unterscheiden:

Klasse I : Uneingeschränkte, standortübliche Multifunktionalität und Nutzungsmöglichkeit des Bodens. Gebot der Erhaltung (Schutzwürdigkeit).

Klasse II : Eingeschränkte Funktionen, aber standort- und schutzgutbezogene Nutzungsmöglichkeit der Böden. Prinzip der Toleranz und Funktionsoptimierung.

Klasse III : Ausschluß von Funktionen und damit (Teil-) Nutzungen. Sicherungsmaßnahmen bzw. Gebot der Veränderung (Schutzbedürftigkeit).

Funktional orientierte Bodenqualitätsziele können dann in Abhängigkeit von raumbezogenen Qualitätszielen (vgl. 5.4.3),

- Leitlinien und Oberzielen (vgl. 5.3.1/5.4/5.4.1) und
- Rahmenbedingungen (vgl. 5.3.2),
- nicht funktionalen Wertsetzungen (vgl.5.2) urban-industriellen Nutzungstypen als stadtgemäß zugeordnet werden.

Abhängig von der Nutzung ist die Bildung von Qualitätszielklassen für einzelne Nutzungstypen möglich Die Funktionalität läßt sich näherungsweise über folgende Indikatoren bestimmen:

- **Schadstoffgehalte,**
- **Überformung,**
- **Substratzusammensetzung.**

Durch das Einbeziehen von Zielen hinsichtlich Überformung und Substratzusammensetzung lassen sich ***Verwertungspotentiale für Substrate*** ermitteln. Die Zuordnung urban-industrieller Nutzungen wird beispielhaft in Kapitel 6.3 ***"Flächen-Substrat-Konzept"*** vorgeschlagen.

Schadstoffgehalte

Nutzungsabhängige Orientierungswerte für Schadstoffgehalte in Böden liefert das "Drei-Bereiche-System" von KLOKE (1988b, aktuellste Fassung: EIKMANN/KLOKE, 1993). Dieses System ordnet für die Schadstoffgruppe "Metalle" und einige "organische Verbindungen" nutzungs- und schutzgutbezogene Orientierungswerte bestimmten Nutzungsarten zu (Abb. 5.1 und Tab. 5.4).

Entworfen zur Entwicklung von Sanierungszielen, ist das "Drei-Bereiche-System" grundsätzlich geeignet als Orientierungsrahmen für Qualitätsziele im belasteten urban-industriellen Bereich. Unterschieden werden dabei drei Schadstoffklassen (Bodenwertstufen = BW):

Der **BW I** gilt für alle Böden, Flächen und Standorte, wo er geogen oder anthropogen bedingt noch nicht überschritten ist. Er entspricht dem oberen Ist-Wert der "normalen", natürlichen Gehalte der Elemente und Stoffe. Diese sind abhängig von

* den in den bodenbildenden Ausgangsgesteinen ursprünglich vorkommenden Mengen,

* den chemischen Eigenschaften der einzelnen Elemente und Stoffe,

* der Entwicklungsgeschichte des Bodens.

Der **BW II** gilt nur für Böden, bei denen der BW I überschritten ist. Der BW II ist jedoch nicht wie BW I ein einziger, einheitlicher Wert. Er ist von Fall zu Fall festzulegen, wobei folgende Kriterien zu berücksichtigen sind:

* Seine Funktion ist, die Nutzungsmöglichkeiten eines Bodens/Standortes auszuloten,

* Fehlnutzungen (solche, bei denen bestimmte Schutzgüter geschädigt werden, oder Schadstoffe in die Nahrungs- und Futterkette gelangen können) zu verhindern,

* Überlegungen einzuleiten, wie Gefahren für betroffene Schutzgüter, die am Standort verbleiben müssen, ausgeschlossen werden können.

Abb. 5.1: Drei-Bereiche-System: Stufenmodell für die Nutzungsmöglichkeit urbaner Böden mit Schadstoffbelastung (aus: KLOKE, LÜHR, 1991)

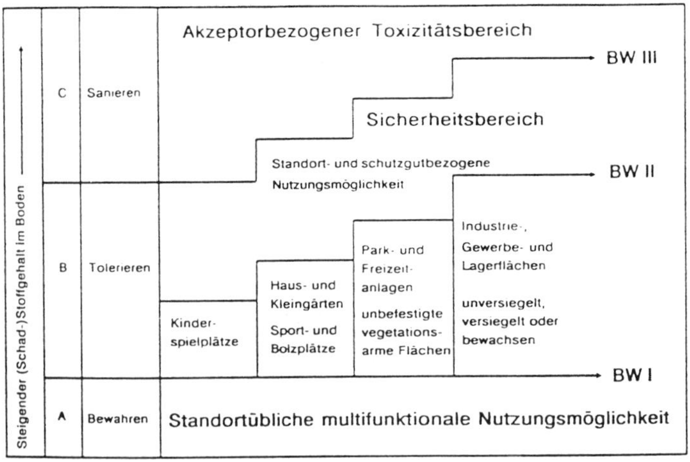

Tab. 5.4: Drei-Bereiche-System: Nutzungs- und schutzgutbezogene Orientierungswerte für (Schad-)Stoffe in Böden. Schutzgut Mensch ***Teil I: Metalle (mg/kg Boden)***. BW = Bodenwert (aus: KLOKE, LÜHR, 1991)

Nr.	Nutzungsarten	BW	As	Ba	Be	Cd	Co	Cr	Cu	Ga	Hg	Mo	Ni	Pb	Sb	Se	Sn	Tl	U	V	Zr	Zn
0	Multifunktionale Nutzungsmöglichkeit	BW I	20	100	1	1	30	50	50	10	0,5	5	40	100	1	1	50	0,5	2	50	300	150
1	Kinderspielplätze	BW II	20	100	1	2	30	50	50	10	0,5	5	40	200	2	5	50	0,5	2	50	300	300
		BW III	50	500	5	10	150	250	250	50	10	25	200	1000	10	20	250	10	10	200	1500	2000
2	Haus- und Kleingärten	BW II	40	200	2	2	100	100	50	20	2	10	80	300	4	5	100	2	5	100	500	300
		BW III	80	1000	5	5	400	350	200	100	20	50	200	1000	10	10	500	20	20	400	2000	600
3	Sport- und Bolzplätze	BW II	35	100	1	2	30	150	100	10	0,5	5	100	200	2	5	50	2	2	50	300	300
		BW III	90	500	2,5	5	150	350	300	50	10	25	250	1000	5	20	250	20	10	200	1500	2000
4	Park- und Freizeitanlagen	BW II	40	400	5	4	200	150	200	40	5	20	100	500	4	10	200	5	10	200	1000	1000
		BW III	80	2000	15	15	500	600	600	200	15	100	250	2000	20	50	1000	30	50	800	3000	3000
5	Industrie- und Gewerbeflächen	BW II	50	500	10	10	300	200	500	100	10	40	200	1000	10	15	200	10	20	200	1000	1000
		BW III	200	2500	20	20	600	800	2000	500	50	200	500	2000	50	70	1000	30	100	800	3000	3000
6	Landwirtschaftliche Nutzflächen Obst- und Gemüseanbau	BW II	40	300	2	2	200	200	50	40	10	20	100	500	5	5	100	2	10	100	500	300
		BW III	50	1500	5	5	1000	500	200	200	50	100	200	1000	25	10	500	10	50	400	2000	600
7	nicht-agrarische Ökosysteme	BW II	40	300	10	5	200	200	50	40	10	20	100	1000	5	5	100	2	10	100	500	300
		BW III	60	1500	20	10	1000	500	200	200	50	100	200	2000	25	10	500	20	50	400	2000	600

Noch Tab. 5.4: Nutzungs- und schutzgutbezogene Orientierungswerte für (Schad-)Stoffe in Böden. Andere Schutzgüter ***Teil II: Anorganische Parameter (mg/kg Boden)***. BW = Bodenwert (aus: KLOKE, LÜHR, 1991)

Nr.	Nutzungsarten		Benzo-a-pyren (mg/kg)	Polychlorierte Biphenyle (PCB)* (mg/kg)	PCDD/PCDF (ng TE/kg)**
0	Multifunktionale Nutzungsmöglichkeit	BW I	1	0,2	10
1	Kinderspielplätze	BW II	1	0,2	10
		BW III	5	1	100
2	Haus- und Kleingärten	BW II	2	0,5	30
		BW III	5	2,5	100
3	Sport- und Bolzplätze	BW II	1	1	30
		BW III	3	5	100
4	Park- und Freizeitanlagen	BW II	3	3	50
		BW III	6	10	150
5	Industrie- und Gewerbeflächen	BW II	5	5	75
		BW III	10	15	200

* Summe 6 Ballschmiter PCB-Kongenere ** TE nach BGA/UBA

Noch Tab. 5.4: Nutzungs- und schutzgutbezogene Orientierungswerte für (Schad)Stoffe in Böden. Schutzgut Mensch ***Teil III: Organische Verbindungen***.
BW = Bodenwert (aus: KLOKE, LÜHR, 1991)

Nr.	Nutzungsarten		Benzo-a-pyren (mg/kg)	Polychlorierte Biphenyle (PCB)* (mg/kg)	PCDD/PCDF (ng TE/kg)**
0	Multifunktionale Nutzungsmöglichkeit	BW I	1	0,2	10
1	Kinderspielplätze	BW II	1	0,2	10
		BW III	5	1	100
2	Haus- und Kleingärten	BW II	2	0,5	30
		BW III	5	2,5	100
3	Sport- und Bolzplätze	BW II	1	1	30
		BW III	3	5	100
4	Park- und Freizeitanlagen	BW II	3	3	50
		BW III	6	10	150
5	Industrie- und Gewerbeflächen	BW II	5	5	75
		BW III	10	15	200

* Summe 6 Ballschmiter PCB-Kongenere ** TE nach BGA/UBA

Der **BW III** gilt nur dort, wo alle möglichen nutzungs- und schutzgutbezogenen BW II eines Standortes überschritten sind. Es ist ein phyto-, zoo-, human- und ökotoxikologisch abgeleiteter Wert. Er ist kein einheitlicher Wert. Er ist die Grenze über der Schäden an Schutzgütern möglich sind.

Überformung und Substratzusammensetzung

In Erweiterung des "Drei-Bereiche-Systems", unter Berücksichtigung von Überformung und Substrat, lassen sich **fünf** Qualitätszielklassen unterscheiden. Den Qualitätszielklassen werden Verwertungspotentiale für Substrate zugeordnet. Außerdem sind sie charakterisiert durch Überformungstypen und die Bodenwerte nach EIKMANN/KLOKE (1993).

Tab. 5.5 : Qualitätszielklassen urban-industrieller Böden

Qualitätszielklasse	**Überformung** *	**BW** **
Klasse I		
Uneingeschränkte, standortübliche Multifunktionalität und Nutzungsmöglichkeit des Bodens. Gebot der Erhaltung = ***Schutzwürdigkeit.*** Stark eingeschränktes Verwertungspotential für Substrate (sehr hohe Qualitätsansprüche).	Typ I, II	BW I
Klasse II		
Eingeschränkte Funktionen, aber standort- und schutzgutbezogene Nutzungsmöglichkeit der Böden. Prinzip der ***Toleranz und Funktionsoptimierung.*** Eingeschränktes Verwertungspotential für Substrate (Hohe Qualitätsansprüche).	Typ II, III	BW I,II
Klasse III		
Eingeschränkte Funktionen, aber standort- und schutzgutbezogene Nutzungsmöglichkeit der Böden. Prinzip der ***Funktionsoptimierung.*** Großes Verwertungspotential für Substrate (standort- und schutzgutbezogene Qualitätsansprüche).	Typ III, IV	BW II
Klasse IV		
Ausschluß von Funktionen und damit (Teil-)Nutzungen. Gebot der Veränderung = ***Schutzbedürftigkeit.*** Großes Verwertungspotential für Substrate (standort- und schutzgutbezogene Qualitätsansprüche).	Typ III - V	BW II
Klasse V		
Ausschluß von Funktionen und damit (Teil-)Nutzungen. Sicherungsmaßnahmen bzw. Gebot der Veränderung = ***Schutzbedürftigkeit.*** Eingeschränktes Verwertungspotential für Substrate (zwar geringe Qualitätsansprüche, aber geringes Flächenpotential).	Typ IV, V	BW III

* Überformungstypen nach Tab. 5.1
** Bodenwerte nach EIKMANN/KLOKE (1993)

Die funktional/nutzungsbezogenen Bodenqualitätsziele dienen als Soll-Größe für Böden, die hinsichtlich Verwertung von Substraten bewertet werden (vgl. 6.3.1 : Verwertungsklassen nach Nutzungstypen).

5.5 Planungsinstrumente zur Umsetzung von Bodenqualitätszielen

Das bestehende Planungs- und Umweltrecht enthält differenzierte, aber nicht hinreichende Instrumentarien für den Schutz, die Planung und die Entwicklung von Böden. Im besiedelten Bereich wird es durch die Bauleitplanung dominiert, obwohl Umweltfachplanungen immer stärker zu einer Verräumlichung tendieren. Neben konkreten Rechtslücken leidet die Bodenpolitik unter der fehlenden Harmonisierung des Planungs- und Umweltrechts.

Das bloße Vorhandensein rechtlicher Regelungen auf Bundes- und Landesebene wie das Baugesetzbuch (BauGB), Bundes- und Landesnaturschutzgesetze (BNatSchG u.a.), das Immisionsschutzrecht (BImSchG u.a.), Abfallgesetze oder die Klärschlammverordnung etc. gewährleistet erfahrungsgemäß keineswegs tatsächlichen Bodenschutz (PIETSCH und KAMIETH, 1991). Handlungsspielräume sind aber vorhanden:

* Mit den Instrumenten ***Bauleitplanung*** und ***querschnittsorientierte Umweltplanungen*** lassen sich Leitlinien und konkrete Bodenqualitätsziele für den urban-industriellen Bereich umsetzen bzw. entsprechende Maßnahmen festsetzen.

* Die ***Eingriffsregelung*** nach Naturschutzgesetz eröffnet Möglichkeiten der Gestaltung nachhaltig funktionsoptimierter Böden und Oberflächen unter Nutzung von Substratströmen (z.B. Bodenaushub und Komposte).

Bauleitplanung

Die Bodennutzung in städtisch geprägten Räumen wird in erster Linie über das Instrumentarium der Bauleitplanung organisiert. Durch den § 1 BauGB hat die Stadt einen für die Nutzung des Bodens rahmensetzenden Ordnungsauftrag. Bereits ausgeschlossen kann das Kriterium "gesunde Wohn- und Arbeitsverhältnisse" durch belastete Böden sein. Der als Abs. 5 neu eingeführte städtebauliche Planungsleitsatz lautet:

"Mit Grund ***und*** *Boden soll sparsam und schonend umgegangen werden. Landwirtschaftlich, als Wald oder für Wohnzwecke genutzte Flächen sollen nur im notwendigen Umfang für andere Nutzungsarten vorgesehen und in Anspruch genommen werden."*

Der Umgang mit Oberboden ("Mutterboden") unterliegt den besonderen Regelungen des § 202 des Baugesetzbuches.

Umsetzungsmöglichkeiten bodenbezogener Ziele in der Bauleitplanung:

Konkrete Umsetzungsmöglichkeiten ergeben sich mit der neuen Baunutzungsverordnung (BauNVO), die Obergrenzen für die Oberflächenverbauung (Versiegelung) als rechtsverbindliche Festsetzungen zuläßt. Mit der Vorschrift eine Obergrenze für die Versiegelung von Baugrundstücken festzuschreiben, wird den Gemeinden ausdrücklich die Pflicht auferlegt, die für die Bebauung zulässige Grundfläche festzulegen. Künftig sollen dabei auch Nebenanlagen, Garagen und Stellplätze sowie deren Einfahrten berücksichtigt werden.

Nach § 9 BauGB sind an Festsetzungen und Zielen möglich:

- Begrenzung der Bodenversiegelung in Baugebieten nach § 9 Abs. 1, Nr. 2 BauGB und Regelungen der BauNVO zusammen mit Grünfestsetzungen nach § 9 Abs. 1, Nr. 25 BauGB. Ziel der Festsetzung ist:

  * der Rückbau und die Vermeidung von Versiegelung auf ein unabdingbares Maß,

  * die eindeutige Zweckbestimmung von nicht überbaubaren Grundstücksflächen als Grünflächen,

  * die Festsetzung des maximalen Grades der Flächenversiegelung.

- Bei Aufschüttungen, Abgrabungen etc. nach § 9 Abs.1, Nr.26 BauGB Reduzierung der durch Baumaßnahmen bedingten Störung natürlicher Böden, Vermeidung der Vermischung von Böden, ggf. Wiederaufbau des örtlichen Bodens.

- Altlastenflächen: Kennzeichnung von Altlastenflächen (§ 9 Abs.4, Nr.3); Forderung nach Bodenuntersuchungen auf allen Verdachtsflächen.

- Flächen für Maßnahmen zum Schutz, zur Pflege und zur Entwicklung von Natur und Landschaft:

  * Bodenschutzgebiet (§§ 28-30 Entwurf BBodSchG),
  * Festsetzungen von Zielen entsprechend Tab. 5.5 und Zuordnung von Flächen, die sich nach der Eingriffsregelung (Naturschutzgesetz) bestimmen.

Die Beispiele für Umsetzungsmöglichkeiten zeigen, daß auf der Ebene der Flächennutzungspläne und der Bebauungspläne nicht nur allgemeine flächenbezogene Zielsetzungen wie "Minimierung der Versiegelung", sondern auch qualitativ, d.h. funktional bezogene Zielvorstellungen umzusetzen sind. Die Auslegung des § 9 Abs.1, Nr. 26 BauGB erlaubt, Vorgaben für den Umgang mit Bodenaushub und die Gestaltung von Bodengenesen festzusetzen.

Querschnittsorientierte Umweltplanungen

Als querschnittsorientierte räumliche Planungsinstrumente sind (nach den Naturschutz- und Landespflegegesetzen) der Landschaftsrahmenplan, der Landschaftsplan und der Grünordnungsplan als räumliche Planungsebenen für die Kommunen von Bedeutung.

Die Landschaftsplanung ist eine gutachterliche Fachplanung. Die hierbei zu erarbeitenden eigenständigen Pläne sind (Beispiel Niedersachsen)

- das Landschaftsprogramm (für die Ebene des Landes, § 4 NNatG);
- der Landschaftsrahmenplan (für die Ebene eines Kreises oder einer kreisfreien Stadt, § 5 NNatG);
- der Landschaftsplan (für die Ebene der Gemeinde, § 6 NNatG);
- und der Grünordnungsplan (für die Ebene eines Gemeindeteils, § 6 NNatG).

Umsetzungsmöglichkeiten bodenbezogener Ziele in der querschnittsorientierten Umweltplanung:

- Die Landschaftsplanung (Ausnahme NRW) bietet großen Kommunen mit den Instrumenten Landschaftsrahmenplan, Landschaftsplan und Grünordnungsplan die Möglichkeit Bodenqualitätsziele in den Abwägungsprozeß der Bauleitplanung und der vorgeschalteten Stadtentwicklungsplanung einzubringen.
- Landschafts- und Grünordnungspläne ermöglichen bodenschonende Nutzungsfestsetzungen oder geben Mindestanforderungen für nachfolgende Planungen vor.
- Zu bodenverändernden Projekten erstellte Landschaftspflegerische Begleitpläne erlauben es in Zusammenhang mit der "Eingriffsregelung" nach § 8 BNatSchG ausgleichende und bodenentwickelnde Festsetzungen zu treffen.

Eingriffsregelung nach Naturschutzgesetz

Der § 8 des Bundesnaturschutzgesetzes (BNatSchG) beinhaltet die Eingriffsregelung, die für die Bauleitplanung eine besonders wichtige Rolle spielt, da jegliche bauliche Nutzung einen Eingriff in Natur und Landschaft bedeutet. Eingriffe sind nach BNatSchG Veränderungen, die die Leistungsfähigkeit des

Naturhaushaltes oder des Landschaftsbildes erheblich oder nachhaltig beeinträchtigen können.

An den Eingriffstatbestand ist ein komplexer Katalog von Rechtsfolgen geknüpft:

- an erster Stelle steht die Verpflichtung des Eingriffsverursachers, vermeidbare Beeinträchtigungen von Natur und Landschaft zu unterlassen (§ 8 BNatSchG);

- sind die durch den Eingriff verursachten Beeinträchtigungen unvermeidbar, so müssen diese vom Verursacher ausgeglichen werden (§ 10 BNatSchG). Ausgeglichen ist ein Eingriff, wenn nach seiner Beendigung keine erhebliche und nachteilige Beeinträchtigung des Naturhaushaltes und der Landschaft zurückbleibt, d.h. wenn die gestörten Funktionen in dem vom Eingriff betroffenen Raum gleichartig oder zumindest gleichwertig wiederhergestellt sind;

- sind unvermeidbare Beeinträchtigungen nicht in dem erforderlichen Maß auszugleichen, wird der Eingriff untersagt, falls bei einer Abwägung aller Anforderungen an Natur und Landschaft die Belange des Natur- und Landschaftsschutzes vorgehen (§ 11 BNatSchG). Eine Untersagung einer Maßnahme ist daher nur im Ausnahmefall möglich;

- hat ein Eingriff erhebliche Beeinträchtigungen der Leistungsfähigkeit des Naturhaushaltes und der Landschaft zur Folge, die nicht ausgeglichen werden können, so hat der Verursacher die durch den Eingriff gestörten Faktoren des ökologischen Beziehungsgefüges durch andersartige, aber verwandte Faktoren zu ersetzen, um die ökologische Gesamtbilanz auszugleichen.

Der Eingriffsregelung kommt zur vorsorgeorientierten Umsetzung von Bodenqualitätszielen und hinsichtlich Bewirtschaftung von Substratströmen eine wichtige Rolle zu, da einerseits Vermeidung von Substratströmen (z.B. kein Bodenaushub, wenn keine Keller oder Tiefgaragen zulässig sind) und andererseits gezielte Verwertung von Substraten (Ausgleichs- und Ersatzmaßnahmen) festgesetzt werden kann.

Rechtsverbindlich werden Bodenqualtätsziele bzw. Verwertungsmaßnahmen für Substrate über textliche Festsetzungen in den B-Plänen oder entsprechende Formulierungen in einem städtebaulichen Vertrag, der mit einem Investor über ein Bauvorhaben abgeschlossen wird.

In der Anlage zu § 2 Abs. 5 der Mustersatzung der Bundesvereinigung der kommunalen Spitzenverbände (BKS, 1993) zur Erhebung von Kostenerstattungsbeträgen nach § 8a BNatSchG wird ein Katalog aufgelistet mit den im Gemeindegebiet in der Regel in Betracht kommenden Ausgleichs- und Ersatzmaßnahmen für Eingriffe in Natur und Landschaft. Mehrere der aufgeführten Maßnahmen betreffen die Gestaltung von Böden/Bodenfunktionen:

- Schaffung günstiger Wachstumsbedingungen durch Bodenvorbereitung nach DIN 18915, 18916 (vgl. Tab. 6.2) zur Anpflanzung/Anlage von Straßenbäumen, Gehölzen, Hecken, Streuobst- und naturnahen Wiesen;

- Herstellung von Stillgewässern durch Aushub und Einbau von Böden;

- Renaturierung von Still- und Fließgewässern durch Gestaltung der Ufer und Einbau natürlicher Baustoffe;

- Umwandlung von Äckern in Ruderalfluren, extensives Grünland z.B. durch Austausch des Oberbodens.

Als textliche Festsetzungen in B-Plänen sind z.B. möglich:

§...- Der Planbereich Teil B wird als öffentliche Grünverbindung sowie als Fläche für Maßnahmen zum Schutz, zur Pflege und Entwicklung von Natur und Landschaft festgesetzt. Vor Durchführung der geplanten Maßnahmen sind zur Schaffung günstiger Wachstumsbedingungen zunächst entsprechende Bodenvorbereitungen erforderlich:

a) Einbau von 100 cm Boden der Substratklasse ... auf 1/3 der Fläche;

b) Einbau von 200 cm Boden der Substratklasse ... auf 2/3 der Fläche.

Zwei Drittel der Fläche sind in Form von naturnahen Wiesen und Krautsäumen anzulegen, wofür eine entsprechende Einsaat erforderlich ist.

§ .... Die im Plangebiet festgesetzten Flächen für Maßnahmen.... sind wie im B-Plan näher bezeichnet auszugestalten:

a) Anlage von Magerstandorten. Zu den erforderlichen Maßnahmen zählen:
- Einbau von...

b) Sicherung von Ruderalstandorten. Zu den erforderlichen Maßnahmen zählen:
- Einbau von...

Umsetzungsmöglichkeiten bodenbezogener Ziele über die Eingriffsregelung:

- Vermeidung von flächenhafter Bodeninanspruchnahme,
- Vermeidung von Funktionsverlusten,
- Vermeidung von Bodenaushub, Baustellenabfällen,
- Ausgleich von Bodenfunktions-Verlusten durch Gestaltung von Bodenqualitäten unter Nutzung von Bodenaushub, sonstigen anorganischen/ organischen Substraten bzw. deren Mischungen am Ort des Eingriffs,
- Ersatz von Bodenfunktions-Verlusten durch Gestaltung von Bodenqualitäten, denen aus Sicht des Naturschutzes eine besondere Bedeutung zukommt (z.B. "Extremstandorte").

Eine Gemeinde kann bei Bauvorhaben auch einem Dritten "Bodenmanagement-Leistungen" übertragen (Vorbereitung und Durchführung städtebaulicher Maßnahmen nach dem Baugesetzbuch oder dem Investitionserleichterungs- und Wohnbaulandgesetz). Gegenstand eines solchen Vertrages kann u.a. der Umgang mit Bodenaushub sein, z.B. Verwertung innerhalb des B-Plangebietes. Das kann als Maßnahme definiert werden, die notwendig ist, um eine Bebauung zu ermöglichen.

Die Instrumente Bauleitplanung, einschließlich städtebaulichem Vertrag, querschnittsorientierte Umweltplanung und insbesondere die Eingriffsregelung bieten in Verbindung mit noch abzuleitenden Planungsrichtwerten zahlreiche, bisher kaum genutzte Möglichkeiten, Bodenqualitätsziele und Bodenmanagement in der Planung verbindlich festzusetzen.

Planungsrichtwerte

Der Entwicklung und Festsetzung entsprechender Planungsrichtwerte für die Bauleitplanung kommt bei der Umsetzung der Bodenschutzmaßnahmen eine zentrale Bedeutung zu. In der Diskussion befinden sich folgende Ansätze:

- Freiflächenmindestanteile auf gesamtstädtischer Ebene,
- Freiflächenrichtwerte auf der Bebauungsplan-Ebene,
- Richtwerte zur Bodenversiegelung und ökonomische Steuerungsmaßnahmen auf der Grundstücksebene.

Die Entwicklung kommunaler (und regionaler) Planungsrichtwerte ist als ein Ansatz zur Operationalisierung von Bodenschutzzielen in allgemeines Verwaltungshandeln zu betrachten. Da es für die Festsetzungen von Boden- und Grünbestimmungen in der Bebauungsplanung keine klaren Durchführungsverordnungen gibt, entwickelten sich in zahlreichen Kommunen Initiativen zur Entwicklung formalisierter Maßzahlen, wie sie aus der Bauleitplanung als Geschoßflächenzahl (GFZ), Grundflächenzahl (GRZ) bekannt sind (vgl. Tab. 5.6).

Derartige Maßzahlen sind hinsichtlich ihrer ökologisch-funktionalen Aussagefähigkeit noch sehr kritisch zu sehen; sie befinden sich in praktischer Erprobung und es ist davon auszugehen, daß es Bestrebungen gibt, sie in absehbarer Zeit in die Baunutzungsverordnung zu übernehmen.

Im folgenden Kapitel werden im Rahmen eines Bodenmanagement-Modells Methoden entwickelt, Planungsrichtwerte für Bodenqualitäten nutzungsbezogen und unter Einbeziehung von Substratverwertungs-Zielen abzuleiten.

Tab. 5.6 : Zielbereiche formalisierter Planungsrichtwerte Boden/Grün (Beispiele)

Richtwert	**Zielbereich**				
	1 Nutzungsbezug	2 Versiegelung	3 Entsiegelung	4 Bodenstruktur	5 Grün
Bodenfunktionszahl **(BFZ)** (SCHULZE, POHL, GROSSMANN, 1984)		x	x		
Biotopflächenfaktor **(BFF)** (BOETTICHER, FISCH, 1988)					x
Freiflächenzahl **(FFZ)** (LYNAR, SCHNEIDER, BRAHMS, 1989)	x	x			
Bewertungsmaßstab Boden (Eingriffsregelung, FHH 1991)	x	x	x	x	

Kapitel 6

Qualitative Bewirtschaftung von Böden nach Substratströmen

6.1 Grundlagen und Ziele

Die Erreichung vorgegebener Bodenqualitätsziele in qualitativer und quantitativer Hinsicht erfordert die Entwicklung und Durchsetzung einer gestaltenden Bodenwirtschaft.

Grundsätzlich bedeutet gestaltende Bodenbewirtschaftung mehr als haushälterische Bodennutzung, wie sie von SCHOLICH und TUROWSKI (1987) als Flächenhaushalt verstanden und von HÄBERLI et al. (1991) als vierdimensionales Ziel mit zeitlicher, quantitativer, räumlicher und qualitativer Dimension beschrieben wird.

Die Ergebnisse der letzten beiden Kapitel zeigen: zusätzlich sind Nutzungs- und Substratdynamik als gestaltende Dimension einzubeziehen. Entsprechend den nutzungsspezifischen Einflüssen ergeben sich an urban-industrielle Nutzungseinheiten unterschiedliche Anforderungen an Bodenqualitäten hinsichtlich Erhaltungs- und Entwicklungskonzepten (vgl. Kap. 5).

Das in der Vergangenheit herangereifte Instrumentarium kommunaler Bodenpolitik mit den Elementen "Bodenwirtschaft" und "Bodenordnung" diente trotz der naheliegenden Begrifflichkeit nie dem Schutz der Ressource Boden, sondern steht eher als Beispiel für die Ignoranz gegenüber den Bodenfunktionen. Diese auch als Bodenmanagement bezeichnete bodenpolitische Umsetzung städtebaulicher Ziele mit öffentlichen und privatrechtlichen Verfahren der Baulandbereitstellung (vgl. BFLR, 1994) ist streng flächenbezogen, bodenökologische Aspekte finden keine Berücksichtigung.

Erforderlich ist eine Weiterentwicklung von den ***flächenordnenden Zielen*** und Instrumenten hin zu einem ***"qualitativen Flächenhaushalt"*** in Verbindung mit ***Zielen einer Stoffwirtschaft***. Die Synthese daraus bildet das in diesem Kapitel entwickelte ***Flächen - Substrat - Konzept*** als Kern qualitativer Bodenbewirtschaftung.

Entworfen wird ein ökologisch-funktional orientiertes Bodenmanagement-Modell auf der Grundlage der Ergebnisse aus den Kapiteln "Nutzungsbezogene Erfassung" (Kap. 3), "Bodenbildende Substratströme" (Kap. 4) und "Wertung und Ziele urbaner Bodenqualitäten" (Kap. 5).

6.1.1 Flächenwirtschaft

Flächenwirtschaft nach Baugesetzbuch (BauGB) wird mit der Bodenordnung umgesetzt. Zweck aller Maßnahmen zur Ordnung des Grund und Bodens nach BauGB ist es, die Grundstücks- und Eigentumsverhältnisse so zu gestalten, daß die im Bebauungsplan festgesetzte Nutzung der Grundstücke ermöglicht oder vorbereitet wird. Alle bodenordnenden Maßnahmen dienen zur Verwirklichung des Bebauungsplanes.

Ziel des BauGB ist eine Flächenregulierung, um ein einziges "Potential" des Bodens zu nutzen: das Bebauungspotential. Dem gleichen Ziel dienen Grundstücksfonds, sei es mit der Zielrichtung eine Vorratswirtschaft mit Standorten für potentielle industrielle Investoren anzulegen oder Brachflächen einer Wiedernutzung zuzuführen, wie es etwa der Grundstücksfond Ruhr anstrebt.

Seit langem gefordert ist eine ökologisch orientierte Flächenregulierung. Diskutiert werden Flächenbilanzen als ein Instrument bodenökologisch orientierter Flächenhaushaltspolitik. Der Arbeitskreis "Künftige Flächenbedarfe, Flächenpotentiale, Flächennutzungskonflikte" der Akademie für Raumforschung und Landesplanung empfiehlt für ein zukünftiges flächensparendes und bodenschonendes Planungsprinzip die Erstellung von Flächenbilanzen (ARL, 1987): "Die Veränderungen des Flächenhaushalts sind in regelmäßigen Abständen in Form von Flächenbilanzen darzustellen (Flächenkontrollbericht). Damit werden den politischen Entscheidungsträgern im kommunalen wie im regionalen Bereich Informationen über bisherige Flächenveränderungen und über die Konsequenzen weiterer Flächeninanspruchnahmen zur Verfügung gestellt, die sie zu verantwortlichem Umgang mit Grund und Boden veranlassen."

Flächenwirtschaft im Sinne eines haushälterischen Umgangs mit Flächen wird weitgehend gleichgesetzt mit "Sparen" im quantitativen Sinn (ANONYM, 1987b). Nach KISTENMACHER et al. (1991) besteht darüber hinaus ein dringender Bedarf an systematischen Entscheidungshilfen für einen planerisch abwägenden und vorausschauenden Umgang mit Flächen und Boden.

Dafür spricht auch das zunehmende Problem der Knappheit verfügbarer Ausgleichs- und Ersatzflächen (zur Abarbeitung der Eingriffsregelung nach Naturschutzgesetz); Forderungen nach einer darauf zielenden Flächenwirtschaft werden in vielen Kommunen diskutiert.

Bisherigen Vorschlägen einer Flächenwirtschaft fehlt
ein qualitativer und gestalterischer Ansatz.

Flächenbilanz

Die Flächenbilanzierung zielt in erster Linie auf die Darstellung von Veränderungen über bestimmte Zeiträume (Entwicklungstrends, Erfolgskontrolle eingesetzter Instrumente der Flächenwirtschaft). Außerdem lassen sich die geplanten Ansprüche der Stadt- bzw. Raumentwicklung den vorhandenen Flächenpotentialen gegenüberstellen. Die Flächenbilanz kann als Grundlage für die laufende Kontrolle der Flächenreserven und Flächenqualitäten genutzt werden, sie bedarf der laufenden Fortschreibung. Sie dient der Überprüfung planerischer Randbedingungen eines Flächenhaushaltskonzepts.

Regionale und kommunale Flächenbilanzen auf der Basis von Realnutzungserfassungen wurden bislang erst vereinzelt vorgenommen. Bilanziert wurde dabei lediglich die "Fläche", nicht betrachtet wurde der tatsächliche Zustand der Böden, ihre Funktionen und Belastungen. "Frei"-flächen können im urbanen Bereich nur selten mit intakten Böden gleichgesetzt werden.

Die vorangegangenen Kapitel haben gezeigt, daß eine ***qualitative Flächenbilanz***

- Realnutzung,
- Nutzungswandel und
- Bodenfunktionen mit einem Ist-Soll-Vergleich umfassen muß.

Flächenentwicklung - Qualitative Aspekte

Flächenbilanz und ***Flächenentwicklung*** nach Qualitätszielen sind wesentliche Elemente einer ökologisch orientierten Flächennutzungsplanung (= Flächenmanagement, s. Abb. 6.1). Erst beide Elemente zusammen erfüllen Anforderungen, wie sie an eine Flächenhaushaltspolitik mit dem Ziel Boden- und Freiraumschutz (vgl. KISTENMACHER et al., 1991) zu stellen sind.

Unter dem Begriff des "Land-Banking" wurde in den 60er und 70er Jahren in den USA versucht, Aufgaben der Bodennutzungssteuerung, sowohl unter Aspekten der Förderung wirtschaftlicher Entwicklungen, als auch damals schon der Umweltgestaltung zu bewältigen.

Nach DAVID (1990) geht der Begriff des "Land-Banking" über den in der Bundesrepublik geläufigen Begriff der Bodenvorratspolitik hinaus. Vielfach ist in der Bundesrepublik allerdings öffentliche Bodenhaushaltspolitik in der Vergangenheit reduziert worden auf kommunale Bodenvorratspolitik, die insbesondere im Zusammenhang mit der Bauleitplanung betrieben wurde.

"Öko-Land-Banking" wird zunehmend als Kurzformel verwandt, um deutlich zu machen, daß das herkömmliche, der Wirtschafts- und Siedlungsentwicklung verpflichtete "Land-Banking" auch den Zwecken einer ökologischen Flächenentwicklung dienstbar gemacht werden kann (DAVID, 1990).

Die Berücksichtigung ökologischer Aspekte einer qualitativen Flächenentwicklung beinhaltet Zielvorgaben von Bodenfunktionen in Form von

- Leitlinien,

- Funktional/nutzungsbezogenen Qualitätszielen z.B. nach den in Kapitel 5 vorgeschlagenen Indikatoren

    * Überformung,
    * Substraten,
    * stofflichen Belastungen.

Instrumente

Bisherige Ansätze greifen zu kurz, bzw. bedürfen der Weiterentwicklung. Es bestehen z.B. Instrumente, die speziell auf das Brachflächenrecycling zugeschnitten sind: seit 1980 der Grundstücksfonds Ruhr und seit 1984 auch der für ganz Nordrhein-Westfalen gültige Grundstücksfonds. Diese, gleichzeitig als Instrumente der klassischen Bodenordnung, der städtebaulichen Entwicklungspolitik, der Struktur- und Wirtschaftspolitik sowie des Freiraumschutzes begonnene Vorhaben, entwickelten sich über 10 Jahre auch zu einem Altlasten-orientierten Instrument des Bodenschutzes (WIEGANDT, 1991).

Als Instrumente qualitativer Flächenentwicklung eignen sich

1. gebietsbezogene Bodenschutzpläne: Das geplante Bundes-Bodenschutzgesetz (BMU, 1993) soll den zuständigen Landesbehörden die Möglichkeit eröffnen, Bodenschutzpläne aufzustellen, um Belastungen des Bodens mit einem umfassenden gebietsbezogenen Handlungskonzept begegnen zu können;

2. Bauleitplanung, querschnittsorientierte Umweltplanungen sowie die Eingriffsregelung (vgl. Kap. 5.5), sofern sie Vorgaben eines Bodenmanagement-Modells übernehmen;

3. Institutionen, die Informationsgrundlagen und Verfahrensregeln für die Nutzung von Substratströmen zur Verfügung stellen.

Abb. 6.1: Aufgaben und Ziele des Flächenmanagements

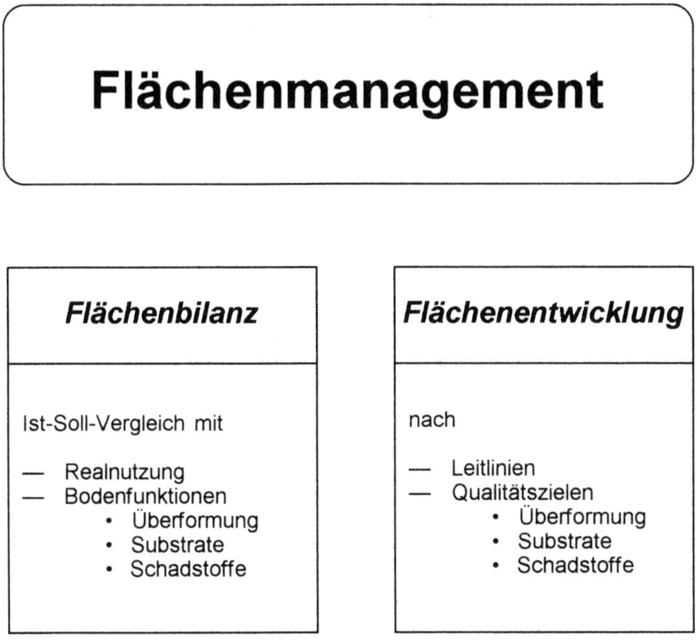

6.1.2 Qualitative Bewirtschaftung unter Nutzung von Substratströmen

Die Forderung nach einer Verknüpfung von qualitativem Flächenhaushalt mit den Zielen einer Stoffwirtschaft bedeutet die Einbeziehung urban-industrieller Substratströme in Zielvorstellungen des Flächenmanagements. D.h. konkret eine gezielte anthropogene Sedimentation in urban-industriellen Gebieten, die gemessen an geogenen Prozessen ein quantitativ bedeutender Prozeß ist. Aufgrund begleitender Schadstoffströme innerhalb dieser Sedimentation muß das Postulat der "Erdkrustenähnlichkeit" gelten, d.h. es müssen Qualitäten für zu verwertende Substrate erreicht werden, die ein erhöhtes Risiko für die Umwelt ausschließen (vgl. BACCINI et al., 1992; SCHLEINIGER und BACCINI, 1993).

Tab. 6.1 : Urban-industrielle Substratströme - bisherige Verwertungsziele (vgl. Kap. 4)

Substrat	Verwertung	Funktionen
1. Bodenaushub	Bauflächen und Freiflächen	Füllmaterial Nivellierung
2. Bauschutt	Bauflächen, Gräben Wege, Oberflächen	Verbesserung mechanischer Bodeneigenschaften
3. Straßenaufbruch	Straßenbau, Oberflächen	Verbesserung mechanischer Bodeneigenschaften
4. Trümmerschutt	Grünanlagen, Deiche, Gewässer, Bauflächen, Wege	Füllmaterial, Nivellierung Verbesserung mechanischer Bodeneigenschaften
5. "Gereinigte" Böden	Sanierungsstandorte, Lärmschutzwälle	Füllmaterial
6. Schlacken, Aschen	Sportanlagen, Wege, Straßen, Gleisanlagen, Lärmschutzwälle, Leitungsbau	Wassergebundene Oberflächen, Düngung, Verbesserung mechanischer Bodeneigenschaften
7. Baggergut	Landwirtschaft, Gärten, Deiche, Bauflächen, Gewässer	Düngung, Füllmaterial, Nivellierung
8. Montansubstrate	Bauflächen, Landschaftsbau, Deiche, Gleisanlagen	Füllmaterial, Nivellierung, Verbesserung mechanischer Bodeneigenschaften
9. Bioabfallkomposte	Landschaftsbau, Gärten, Landwirtschaft	Bodenverbesserung, Düngung
10. Kompost aus Grünflächenabfall	wie 9.	wie 9.
11. Klärschlamm	wie 9.	wie 9.
12. Marktböden	Landschaftsbau, Gärten	wie 9.

Die Bestandsaufnahme von 12 urban-industriellen Substratströmen in Kapitel 4 zeigt, daß mit der Siedlungsentwicklung beständig oder schubweise, zufällig oder gezielt Bodeneigenschaften/-qualitäten verändert wurden (vgl. Tab. 6.1). Die aus unterschiedlichsten Gründen eskalierende Mengen-/Qualitäts- und Verwertungsproblematik wird zwangsläufig in ein ***Substratmanagement*** münden müssen.

Mit den in Kapitel 5 formulierten allgemeinen Zielvorgaben der gezielten Gestaltung von Bodengenesen sowie den stadtgemäßen Bodenqualitätszielen ist Substratmanagement schon vorausgesetzt.

Sollen in Zukunft ***ausschließlich gezielt*** Bodenqualitäten unter Nutzung der Substratströme entwickelt werden, sind Aufgaben und Ziele eines ***Substratmanagements*** zu definieren. Auszunehmen sind die Substratströme

Nr. 3: Straßenaufbruch wird fast vollständig im Straßenbau wiederverwertet;
Nr. 4: Trümmerschutt kommt als Bestandteil von Bodenaushub in Betracht;
Nr. 12: Marktböden sind per se qualitätszielorientierte Substratströme.

Substratmanagement

Eine künftige bodenbezogene Verwertung versteht sich als Substratmanagement und setzt sich entsprechend Aufgaben und Zielen des Flächenmanagements zusammen aus:

1.	Substratbilanz:	*	Erfassung von umgesetzten Substraten nach Art/Menge
		*	Bewertung nach Eigenschaften
		*	Systematisierung nach beteiligten Akteuren
2.	Substratsteuerung:	*	Definition von Qualitäten hinsichtlich Verwertungsmöglichkeiten
		*	Definition von Qualitäten nach Anforderungen von Nutzungen/Flächen
		*	Qualitätssicherung
		*	Organisation

Substratmanagement bedeutet das Einbeziehen von Substratströmen in den flächenbezogenen Bodenschutz zur qualitätszielorientierten Steuerung von Bodengenesen. Ziel ist eine bodenbezogene, ökologische Verwertung von anorganischen und organischen (Abfall-) Substraten.

Abb. 6.2: Aufgaben und Ziele des Substratmanagements

Substratmanagement

Substratbilanz	***Substratsteuerung***
Quantitative und qualitative — Erfassung — Bewertung — Klassifizierung von Substratströmen	Verwertungsbezogene — Qualitätsanforderungen Substrate — Qualitätsanforderungen Nutzungen/Flächen — Qualitätssicherung — Organisation

6.2 Qualitätsanforderungen Substrate

Analog den Zielvorstellungen von zu erreichenden Bodenqualitäten sind möglichst konkrete Kriterien für Substratqualitäten zu entwickeln. Nur auf der Grundlage möglichst genau definierter und gesicherter Materialqualitäten ist Bodenmanagement unter Nutzung von Substratströmen möglich. Gleichbleibend hohe Materialqualität schafft erst die Voraussetzung für die Verwendung von (Abfall-) substraten möglichst in der Nähe des Entstehungsortes, d.h. im urban-industriellen Bereich.

Erfahrungen mit Bodenbörsen zeigen, daß von den Abnehmern ein "Unbedenklichkeitsnachweis" für die offerierten Substrate gefordert wird, der den Verdacht auf Bodenkontaminationen ausschließen soll (KEHRER, 1990).

Korrespondierend stadtgemäßer Bodenqualitätsziele sind stadtgemäße Substratqualitäten anzusetzen:

- die nutzungsbezogene Verwertung bestimmt vielfach differenzierbare Substratqualitäten. Ein allgemeines Multifunktionalitätsprinzip ist, wie ausführlich in Kapitel 5 dargestellt, nicht realisierbar; Funktionalität bezieht sich auf stadtgemäße Funktionen.

- Anforderungen urbaner Nutzungen an Bodenfunktionen sind z.T. eindimensional anspruchslos. Daraus ergeben sich tolerierbare Belastungsniveaus.

- Mindestqualitäten müssen den Charakter eines "Unbedenklichkeitsnachweises" haben.

- Der Begrenzung von Schadstofffrachten kommt eine zentrale Bedeutung zu; sie erfüllt die aus Bodenschutzsicht erhobene Forderung nach einer Kontrolle der Schadstoffströme.

Verbindliche Zahlenwerte z.B. für Schadstoffkonzentrationen liegen für die Bundesrepublik nicht vor. Technische Qualitätsanforderungen an Substrate existieren in

- VOB, Verdingungsordnung für Bauleistungen,
- DIN - Normen (Landschaftsbau),
- Technische Vorschriften, Richtlinien, Lieferbedingungen im Straßenbau,
- Richtlinien von Gütegemeinschaften,
- Regelwerken zum Umgang mit bestimmten Bodensubstraten.

Mit Ausnahme der DIN-Normen im Landschaftsbau sind ökologische Qualitätsanforderungen erst in jüngster Zeit entstanden. Bodenakteure aus der Recycling-Branche haben sich seit einigen Jahren in Gütegemeinschaften zusammengeschlossen und Richtlinien erlassen. Sie sollen der Verbesserung von Marktchancen der jeweiligen Recycling-Produkte dienen. Auf der Kommunal- und Länderebene entstanden in den letzten Jahren erste Handlungsanweisungen wie z.B. mit Bodenaushub und Bauschutt zu verfahren ist.

6.2.1 Richtlinien und Regelwerke

Bundeseinheitliche Richtlinien zur bodenbezogenen, nicht (bau-) technischen Verwertung von Substraten existieren in Form von DIN-Normen für den Landschaftsbau (vgl. Tab. 6.2). In einigen Bundesländern/Kommunen liegen Konzeptionen bzw. Verwaltungsvorschriften vor, die eine "Verwertung" von Bodenaushub und Bauschutt sowie kontaminierte Böden regeln. Außerdem hat die Bund-/Länder AG "Vereinheitlichung der Untersuchung und Bewertung von Reststoffen" Güteanforderungen an (einige) mineralische Substrate unter Berücksichtigung der vorgesehenen Verwertungsmöglichkeiten veröffentlicht (LAGA, 1994).

Die bestehenden Richtlinien und Regelwerke der verschiedenen Bodenakteure haben unterschiedliche Ziele und ein nicht einheitliches Qualitätsverständnis:

Tab. 6.2 : Substratbezogene Qualitätsanforderungen nach DIN-Normen im "Landschaftsbau" (Beispiele)

DIN-Norm		1. Substrate 2. Qualitätskriterien
DIN 18915 Bodenarbeiten	1.	Oberboden, Unterboden, Hilfsstoffe, Organische Hilfsstoffe, Komposte, Torfe, Kunststoffe, Mineralische Hilfsstoffe, Düngemittel
	2.	Korngrößen, Lagerungsdichte, Wasserdurchlässigkeit, -speicherung, Schadstoffkonzentrationen, biologische Aktivität, Anwendungsmengen, pH-Wert, Zusatzstoffe, Gehalt an organischer Substanz
DIN 18916 Pflanzarbeiten	1.	Mulchstoffe, "Baugrund"
	2.	C/N Verhältnis, Wasserdurchlässigkeit
DIN 18918 Sicherungs-Bauweisen	1.	Tone u. Lehme, Silikate, Schlacken, Torf, Komposte und Erden, Kunststoffe, Mulchstoffe
	2.	Fremdstoffe, Schadstoffe, Mindest- und Höchstmengen, Wasserdurchlässigkeit

Landschaftsbau

In DIN-Normen zum "Landschaftsbau" (Tab. 6.2) werden Hinweise und Orientierungswerte für die Bodenbearbeitung und den Aufbau von Substraten und Böden für Vegetationsflächen vorgegeben. Auf dieser fachspezifischen Grundlage der Bodenakteure im Landschaftsbau kann im Prinzip aufgebaut werden. Die Normen folgen dem Prinzip "Zuordnung von Substraten zu verschiedenen Nutzungen nach bestimmten Qualitätskriterien". Auch im Zusammenhang mit der Eingriffsregelung (vgl. Kapitel 5.5) dienen die DIN-Normen als Qualitätskriterien der Bodengestaltung.

Baustoffwirtschaft

Für die Verwendung ***konventioneller mineralischer Baustoffe*** im Straßenbau und deren Qualitätssicherung besteht ein Vorschriftensystem aus

- Richtlinien Güteüberwachung (RG Min-StB 83);
- Technische Lieferbedingungen (TL Min-StB 83);
- Technische Prüfvorschriften (TP Min-StB);
- zusätzlichen Vorschriften und Richtlinien für Erdarbeiten im Straßenbau (ZTVE-StB 86).

Für ***Recyclingbaustoffe*** gilt das "Merkblatt über die Verwertung von industriellen Nebenprodukten im Straßenbau", einschließlich Prüfrichtlinien auf Umweltverträglichkeit. Bei einer Verwendung von Recyclingbaustoffen in sensiblen Regionen, wie Wassergewinnungsgebieten gelten "Richtlinien für bautechnische Maßnahmen an Straßen in Wassergewinnungsgebieten - RiStWag".

Die Güte- und Prüfbestimmungen der Gütegemeinschaft Recycling RAL-RG 501/1 sind hinsichtlich Schadstoffgütekriterien erheblich verbessert worden. Seit August 1991 liegt die RAL-RG 501/2 (RAL, 1991b), ein vom Deutschen Institut für Gütesicherung und Kennzeichnung (RAL) herausgegebenes Regelwerk mit *"Güte- und Prüfbestimmungen für die Aufbereitung zur Wiederverwendung von kontaminierten Böden und Bauteilen"* (Tab. 6.6) vor. Bei den mit dem RAL-Zeichen gekennzeichneten Produkten erfolgt eine Unterteilung je nach verbleibender Schadstoffbelastung durch anorganische und organische Stoffe in Güteklassen. Ziele sind:

- die Qualität von Recyclingbaustoffen aus aufbereiteten, vormals verunreinigten Böden und Bauteilen zu überprüfen und

- Erzeugnisse, die der Prüfung standhalten, mit einem Gütezeichen zur Verwertung im Straßenbau zu versehen.

In Entwicklung sind weitere Richtlinien der Bodenakteure "Baustoff- und Recyclingwirtschaft".

Abfallwirtschaft

Seit März 1994 liegen die LAGA-Anforderungen vor (LAGA, 1994). Sie behandeln nicht das flächenhafte Ein- und Ausbringen von Substraten in/auf den landwirtschaftlich, forstwirtschaftlich und gärtnerisch genutzten Boden. Bisher liegen technische Regeln für die Verwertung von Abfällen aus dem Baubereich, Altlasten und Schadensfällen sowie für Schlacken und Aschen aus thermischen Abfallbehandlungsanlagen vor. Für weitere Substrate sind die Regeln noch in Bearbeitung.

Kompostwirtschaft bzw. Länderregelungen zur Kompostqualität

Trotz der wachsenden Kompostmengen existieren noch keine verbindlichen, bundesweit gültigen Regelungen für Kompostqualitäten und Verwertungsmöglichkeiten. In Abstimmung mit dem Bundesumweltministerium erarbeitet z.Z. das Umweltbundesamt die fachlichen Voraussetzungen für eine bundesweit gültige Kompostverordnung.

Qualitätsziele für organische Substrate zur bodenbezogenen Verwertung (z.B. hinsichtlich Schadstoffgehalten) entstanden bereits aus "Vermarktungsinteressen":

- Gütegemeinschaften für Kompost,
- Gütegemeinschaft Rinde (s. 6.2.2);

aus "Vorsorgeinteresse" bzw. als Erlaß:

- Umweltbundesamt (Blauer Engel);
- Orientierungswerte Bayern;
- Kompostierungserlaß Baden-Württemberg;
- LUFA Bonn;
- Anwendungsgrundsätze Nordrhein-Westfalen (s. 6.2.2).

Länder- und kommunale Regelungen zu Bodenaushub/Bauschutt

Von seiten der "Verwaltung" entwickelten sich aus Mangel an Deponiekapazitäten Regelwerke zum Umgang mit Bodenaushub und Bauschutt:

- Verwertungskonzepte Hamburg, Düsseldorf, Stuttgart,
- Verwaltungsvorschrift Hessen,
- Leitfaden Rheinland-Pfalz,
- Verwaltungsvorschrift Baden-Württemberg (s. 6.2.3);

oder aus der Problematik der unkontrollierten Ablagerung kontaminierter bzw. auch "gereinigter Substrate":

- Berliner Liste mit Einbauwerten,
- Richtwerte Recyclingmaterialien aus biologischen Behandlungsanlagen,
- Umgang mit leicht kontaminierten Böden in Hannover (s. 6.2.3).

Die Notwendigkeit fachliche Standards zu entwickeln wird für alle Bodenreinigungssubstrate gefordert; "Einbauwerte" sind auf Landes- und Kommunalebene im Entstehen und teilweise schon in der Anwendung (vgl. ANONYM, 1990; FUNKE et al. 1991).

6.2.2 Qualitätskriterien organische Substrate

Organische Substrate werden mit dem Ziel der Bodenstrukturverbesserung und Düngung eingesetzt. Anwendung finden Komposte, Rinden, Klärschlamm, Mischungen derselben, z.T. mit anorganischen Substraten.

Qualitätskriterien finden sich in verschiedenen Richtlinien und Anwendungsgrundsätzen, die beispielhaft in Tabelle 6.3 zusammengestellt sind.

Problembereiche

Problembereiche vorliegender Richtlinien sind weniger der jeweilige Umfang der herangezogenen Qualitätskriterien, als vielmehr die nutzungs- und anwendungsfall- **un**abhängige Auslegung. Insbesondere hinsichtlich (Schad-)- stoffbezogener Regelungen ist Kritik angebracht:

- Schadstoffbegrenzungen beziehen sich auf Höchstgehalte in Substraten, selten auf bestimmte Nutzungen, wobei die Einteilung der Flächennutzungen - wenn überhaupt - nur grob erfolgt.

- Für organische Schadstoffe existieren nur wenige Orientierungswerte als Höchstgehalte. Voraussichtlich werden einige Grenzwerte festgesetzt werden, eine Beschränkung auf wenige Indikatorsubstanzen ist zu erwarten. In der Novelle der Klärschlammverordnung sind Grenzwerte für PCB und PCDD/PCDF sowie AOX angegeben.

- Frachtenregelungen hinsichtlich verschiedener Inhaltsstoffe fehlen.

- Zur Maßstabfindung der Schadstoffbewertung sollte ein Frachtenvergleich angestellt werden; z.B. die im Kompost enthaltene Cd-Fracht über Jahre mit $IW_{I/II}$ Werten zu vergleichen.

- Es werden keine Nährstoff-Frachten begrenzt. Grobe Empfehlungen über Anwendungsmengen für verschiedene Anwendungsbereiche reichen nicht aus.

- Nicht nur Höchstgehalte an Nährstoffen, sondern auch Mindestgehalte sind bei organischen Substraten von Interesse.

Welche Bedeutung Frachtenregelungen zukommt, zeigen zwei überschlägige Mengenbilanzen:

- Bei hohen Aufwandmengen organischer Substrate entstehen u.a. Risiken sowohl aus Schwermetallfrachten als auch Stickstoff-Schüben. So kann man davon ausgehen, daß bei synonymer Anwendung der in der neuen Klärschlammverordnung festgelegten Schwermetallfrachten ca. 15 t/ha und Jahr Bioabfallkompost ausgebracht werden können. Ob diese Menge kontinuierlich mit 15 t/ha jedes Jahr zur Anwendung gelangt oder alle 4 Jahre 40 t oder alle 8 Jahre 80 t, ist für die Einhaltung der Frachtenregelung ohne Belang.

- 300 t Kompost mit einem TS-Gehalt von 60 % und einem Gesamtstickstoffgehalt von 1,5 % in der Trockensubstanz führen zu einer Gesamtstickstoffmenge von 2700 kg N/ha. Bei einer Mineralisierungsrate im Anwendungsjahr von 6 - 12 % des Gesamtstickstoffs bedeutet dies eine Freisetzung von wasserlöslichem Stickstoff in einer Größenordnung von ca. 160 - 320 kg N/ha allein aus der Kompostgabe. Hinzu kommen weitere Stickstoffmengen aus dem organisch gebundenen Bodenstickstoff, zusätzliche Einträge über Immissionen usw.

Tab. 6.3 : Richtlinien und Vorschläge zu Qualitätsmerkmalen organischer Substrate

Bezeichnung	Substrat	Bemerkungen
LAGA Merkblatt 10 (LAGA, 1984)	Misch-Müll- bzw. Müll-Klärschlamm-Kompost	In Überarbeitung, Festlegung von Untersuchungsmethoden
RAL-UZ 45 (RAL e.V., 1991a)	Komposte	"Umweltengel" des Umweltbundesamtes
RAL-GZ 251 (RAL e.V., 1992)	Komposte	"Gütezeichen Kompost" der Bundesgütegemeinschaft Kompost
Vorschlag der LUFA Bonn	Komposte	Klasse III: Schadstoffgehalte wie RAL-GZ 251 max. 5t/a Klasse II: Mit geringeren Werten max. 10t/a Klasse I: uneingeschränkter Einsatz
Anwendungs-grundsätze NRW (DELSCHEN, 1992)	Komposte	Vereinbarung zwischen LÖLF, LUFA, Gütegemeinschaft Kompost NRW > Mengenregelungen > Bodenuntersuchungen
Orientierungswerte Bayern	Komposte	Entsprechen "Blauer-Engel-Werten"
Kompostierungserlaß Baden-Württemberg 1994	Komposte	- Pb, Cd, Cr, Cu, Ni, Zn, Hg - Werte entsprechen RAL UZ 45 in der Fassung vom 1.1.95 - PCB, Dioxin,/Furan - Werte entsprechen den Werten der Klärschlammverordnung - sonstige Qualitätsanforderungen entsprechen Kriterien der Bundesgütegem.
Klärschlammverordnung (AbfKlärV v.15.4.92)	Klärschlamm	Grenzwerte Schwermetalle * Böden * Schlamm Frachtenregelung, Boden pH Grenzwerte für PCB, PCDD/PCDF, AOX im Schlamm
Fachtechnische Anforderungen Kommunale Klärschlämme	Klärschlamm-Misch-Substrate	Anwendungsbereich: Herstellung kulturfähiger Bodensubstrate
RindenErde RAL-GZ 250	Rindenabfälle	Gütegemeinschaft "Rinde für den Pflanzenbau" (RAL e.V., 1991) Schwermetall-Werte deutlich niedriger als RAL-UZ und RAL-GZ 251

Anhand von zwei weiteren Beispielen (für Kompost und Klärschlamm-Mischsubstrate) wird im folgenden der heute bereits vorliegende Regelungsumfang von Qualitätskriterien für die Verwertung organischer Substrate sowie Lösungsmöglichkeiten für die genannten Problembereiche kurz dargestellt.

Aufgrund des hohen Verwertungsdrucks angesichts der drohenden Alternative "Verbrennung" sowohl bei Klärschlamm als auch bei Komposten, wird der Diskussion um Qualitäts-/Anwendungsrichtlinien für ***Klärschlamm-Mischsubstrate*** eine hohe Bedeutung zukommen. Pilotprojekte, z.B. in Baden-Baden (ANONYM, 1993b), erproben in Klärwerken die gemeinsame Kompostierung von Biomüll und Klärschlamm; steigende Mengen dieser Mischsubstrate sind zu erwarten.

Beispiel Qualitätskriterien Kompost

Das seit 1989 vorliegende System *Gütesicherung der Bundesgütegemeinschaft Kompost* (Bioabfallkompost/Pflanzenabfallkompost) basiert auf verschiedenen freiwilligen Maßnahmen und Pflichten, die für Mitgliedsunternehmen bindend sind:

- unabhängige Fremdüberwachung der erzeugten Produkte;
- Standardisierung der Produktqualität anhand vorgegebener Kiterien und Bewertungsmaßstäbe (Güterichtlinien);
- gesonderte Kennzeichnung von qualitativ hochwertigen Komposten (RAL-Gütezeichen);
- Pflicht zur Deklaration wesentlicher Eigenschaften und Inhaltsstoffe;
- Pflicht zu sachgerechten Anwendungsempfehlungen nach Maßgabe der Produktqualität, des Anwendungszweckes und der Kulturbedingungen (Anwendungsrichtlinien).

Kern des Gütesystems ist der umfangreiche Kriterienkatalog nach RAL-GZ 251 (Tab. 6.4) zur Vergabe des RAL-Gütezeichens.

Tab. 6.4 : Qualitätskriterien und Güterichtlinien für Fertigkompost zur Erlangung des RAL-Gütezeichens "Kompost" RAL-GZ 251 (nach: RAL, 1992)

Qualitätsmerkmal	Qualitätsanforderung
Hygiene	- prüffähiger Nachweis der seuchenhygienischen Wirksamkeit des Rotteverfahrens - Freiheit von keimfähigen Samen/austriebfähigen Pflz.teilen
Fremdstoffe	- Maximal 0,5 Gew.-% i.d. TS auslesbare, artfremde Stoffe über 2 mm Durchmesser
Steine	- Maximal 0,5 Gew.-% i.d. TS auslesbare Steine über 5 mm
Pflanzenverträglichkeit	- Pflanzenverträglichkeit im vorgesehenen Anwendungsbereich - Frei von phytotoxischen Stoffen - Nicht Stickstoff fixierend
Rottegrad	- Rottegrad IV oder V (Nach LAGA-Merkblatt 10)
Wassergehalt	- Lose Ware max. 45 Gew.-%, Sackware max. 35 Gew.-% - Für Kompost mit mehr als 40% OS sind höhere Wassergehalte gemäß Anhang 6/Anlage 2 der Güteprüfbest. zulässig
Organische Subst.	- mindstens 20 Gew.-% i.d. TS, gemessen als Glühverlust
Schwermetall-	Richtwerte (mg/kg TS, bezogen auf Kompostgehalt mit 30% OS): - Blei 150 - Cadmium 1,5 - Chrom 100 - Kupfer 100 - Nickel 50 - Quecksilber 1,0 - Zink 400
Angaben zur Deklaration	- Art (Fertigkompost) und Zusammensetzung - Körnung - Rohdichte (Volumengew.) - Salzgehalt - pH-Wert - Pflanzennährstoffe gesamt (N, P_2O_5), K_2O, MgO, CaO) - Organische Substanz - Pflanzennährstoffe löslich (N,P_2O_5,K_2O) - Nettogewicht oder Volumen - Name und Anschrift des für das Inverkehrbringen Verantwortlichen - Hinweise zur sachgerechten Anwendung

Gew.-% = Gewichtsprozent, OS = Organische Substanz,
i.d. TS = in der Trockensubstanz

Beispiel Qualitätskriterien Klärschlamm-Misch-Substrate

Die Klärschlammverordnung (AbfKlärV) in der Fassung vom 15.4.92 enthält Grenzwerte (Boden/Klärschlamm) für das Aufbringen von Klärschlamm auf landwirtschaftlich oder gärtnerisch genutzte Böden. Qualitätskriterien beziehen sich

1. auf Stoffgehalte im Klärschlamm:

- Schwermetalle,
- organisch gebundene Halogene (AOX),
- Gesamt- und Ammoniumstickstoff,
- Phosphat,
- Kalium und Magnesium sowie
- Trochenrückstand, organische Substanz, basisch wirksame Stoffe und pH-Wert sowie Gehalte an
- polychlorierten Biphenylen,
- polychlorierten Dibenzodioxinen und Dibenzofuranen;

2. auf Schadstoffgehalte und Eigenschaften der betroffenen Böden:

- Schwermetalle sowie
- pH-Wert und Tongehalt.

Zu Klärschlamm-Misch-Substraten stellt die Klärschlammverordnung in § 1 Abs. 2 fest: "Unter Verwendung von Klärschlamm hergestellte Gemische mit Kohlenstoffträgern, Kalk- oder Gesteinsmehlzusätzen oder anderen Stoffen, die auf landwirtschaftlich oder gärtnerisch genutzten Böden aufgebracht werden sollen, unterliegen dieser Verordnung, sofern diese Gemische nicht nach § 1 des Düngemittelgesetzes den Bestimmungen des Düngemittelrechtes unterliegen".

Wenn die Verwertung von Klärschlamm-Misch-Substraten auf urban-industriellen Nutzungen (z.B. Landschaftsbau) statt auf landwirtschaftlich oder gärtnerisch genutzten Böden stattfindet, verbleibt hier eine Regelungslücke.

Erste Qualitätsanforderungen wurden in Nordrhein-Westfalen im Rahmen einer fachtechnischen Stellungnahme verschiedener Landesbehörden formuliert (LAWA, 1992). Die dort umrissenen allgemeinen Anforderungen berücksichtigen noch nicht Standorteigenschaften und stadttypische Phänomene wie Nutzungswandel, Nutzungsdynamik (vgl. KÖNIG et al., 1993).

Die Anforderungen limitieren den Schwermetallgehalt in dem Misch-Substrat sowie die Gehalte von Schwermetallen und einigen organischen Schadstoffen in den Klärschlämmen, die zur Herstellung dieser Misch-Substrate eingesetzt werden. Bei Aufbringungsmengen von bis zu 4.500 t/ha wird als potentielle Gefahr insbesondere die Auswaschung von Stickstoff angesehen. Deshalb sollen diese Misch-Substrate nur in einer Menge eingebaut werden, bei der der lösliche Stickstoffanteil eine obere Grenze von 350 kg/ha nicht überschreitet.

Die Qualitätsparameter organischer Substrate sollten nur im Hinblick auf deren Eignung für ganz bestimmte Anwendungen definiert werden. Verschiedene Parameter müssen zusammengefaßt werden, um eine prägnante Beschreibung der Qualität einer Charge oder einer Substratklasse zu vermitteln.

Zusammenfassung der Beispiele

- Der Katalog an Qualitätsparametern ist beispielhaft in der RAL GZ 251 (Kompostgütegemeinschaft); sie dient im Rahmen der Vereinbarung NRW (s.u. "Entwicklungen") als Grundlage für die Bildung von Qualitätsklassen organischer Substrate in Kapitel 6.3.2.

- Es fehlen Frachtenregelungen für Schadstoffe und Nährstoffe in Abhängigkeit von Nutzungen und besonderen Risiken sowie

- die Pflicht zur regelmäßigen Bodenuntersuchung, Nachweiskataster und

- Qualitätskriterien für den betroffenen Boden/Nutzung.

- Die AbfKlärV regelt Schadstoffgehalte für Klärschlamm und betroffenen Boden; Nährstoffgehalte für den Klärschlamm sowie

- Aufbringungsmengen und Ausschluß bei besonderen Risiken (Wasserschutzzonen I und II, Uferbereiche).

- Vorbildlich für Regelungen zur Verwertung von Substraten ist die Nachweispflicht und Vorschrift von regelmäßigen Bodenuntersuchungen und Aufbringungsplänen.

- Defizite sind Regelungen für andere als landwirtschaftliche Nutzungen und Berücksichtigung von Substrat-Mischungen.

- Nicht vorhanden sind jeweils Kriterien für eine Verwertung auf urban-industriellen Nutzungen.

Entwicklungen

Den Stand der Entwicklung zeigt die in Nordrhein-Westfalen geschlossene Vereinbarung (*Vereinbarung NRW*) zwischen den LUFA's, der Landesanstalt für Ökologie, Landschaftsentwicklung und Forstplanung (LÖLF) und Landesgütegemeinschaft Kompost über Grundsätze der Anwendung von Komposten zur Verbesserung der Bodeneigenschaften und zur Pflanzenernährung (DELSCHEN, 1992). Beschlossene Grundsätze sind:

- Qualitätsrichtlinien RAL-Gütezeichen;
- Begrenzung von Nährstoffmengen;
- Begrenzung von Schwermetallfrachten nach AbfKlärV;
- Aufwandsmengen auf der Grundlage von Bodenuntersuchungen;
- Registrierung von Mengen, Flächen, Untersuchungen;
- Möglichkeit nutzungsabhängiger Einzelfallentscheidungen.

Der Ausgangspunkt der holländischen Bodenschutzstrategie liegt im Hinblick auf diffuse Schadstoffquellen in der Ansicht, daß der Schadstoffeintrag in das Bodensystem gleich der Schadstoffabgabe sein sollte. Vor diesem Hintergrund entwickelt der Ausschuß für technischen Umweltschutz im Holländischen Umweltministerium Qualitäts- und Gebrauchsstandards für Kompost (VERLOOP, 1993).

6.2.3 Qualitätskriterien anorganische Substrate

Zur qualitativen Einstufung geeignet sind Maßstäbe, die zur Bewertung von bewegten Bodensubstraten vorgeschlagen wurden. Bedingt geeignet sind Vorschläge zur Sanierung von Bodenkontaminationen. Eine Übersicht zu "Listen", die zur Bewertung des "Liegenden" bzw. zur Sanierungsplanung entwickelt wurden, zeigt eine Tabelle in Kapitel 5 (Tab. 5.3); Übersichten siehe auch VIERECK-GÖTTE, EWERS (1994). Diese Listenwerte betreffen in der Regel Schadstoffgehalte, selten weitere Qualitätskriterien.

Bewegte Bodensubstrate, d.h. Substratströme, sind Bewertungsgegenstand von Richtlinien und Regelwerken der Baustoffwirtschaft bzw. Abfallwirtschaft und Kommunal- bzw. Länderkonzepten.

Beispiele Richtlinien der Baustoffwirtschaft/Abfallwirtschaft:

Aus diesen Bereichen vorliegende Regelungen sind in der Tabelle 6.5 zusammengestellt. Die LAGA-Güteanforderungen werden laufend für weitere Substrate ergänzt werden.

Tab. 6.5: Qualitätskriterien anorganischer Substrate - Baustoff- und Abfallwirtschaft

Richtlinie	Erläuterungen	Substrate
RAL-RG 501/2 (RAL e.V. 1991b)	Güteklassen nach anorgan. und organischer Schadstoffbelastung	Kontaminierte Böden und Bauteile
RAL-GZ 515 (RAL e.V. 1988)	Güte- und Prüfbestimmg. für Tennenbaustoffe auf Sportanlagen	Aschen, Schlacken, Montansubstrate, Bauschutt
LAGA-Merkblatt (LAGA, 1985)	über die Verwertung von industriellen Nebenprodukten im Straßenbau	Aschen, Schlacken, Bauschutt, Montansubstrate
LAGA-Güteanforderungen (LAGA 1994)	Anforderungen an die stoffl. Verwertung von mineralischen Reststoffen (Technische Regeln)	Baureststoffe, Substrate aus Altlasten, Schlacken/Aschen aus Abfallbehandlung

Beispiel Regelwerke Länder/Kommunen:

- Verwaltungsvorschrift zur Entsorgung von Erdaushub, Straßenaufbruch und Bauschutt in Baden-Württemberg (MU-BW, 1988);

- Leitfaden zur Behandlung von Erdaushub, Bauschutt, Straßenaufbruch in Rheinland-Pfalz (MU-RHEINLAND-PFALZ, 1988);

- Verwaltungsvorschrift für die Entsorgung von unbelastetem Erdaushub und unbelastetem Bauschutt in Hessen (MU-HESSEN, 1990);

- Die "Berliner Liste" enthält Richtwerte zur Beurteilung kontaminierter Standorte und "Einbauwerte" für geeignete Böden (ANONYM, 1990);

- Verwertungskonzept der Stadt Düsseldorf: Anforderung an die Verwertung von Aushubmaterialien, industriellen Nebenprodukten und aufbereiteten Reststoffen im Stadtgebiet Düsseldorf (VWK DÜSSELDORF, 1991);

- Hamburger Verwertungskonzept für Böden, Recycling-Baustoffe und Reststoffe (FUNKE et al., 1991);

- Konzeption Verwertung und Entsorgung von Baurestmassen. Regierungspräsidium Stuttgart (RP Stuttgart, 1992);

- Technische Verwertung von Bodenaushub (MU-BW, 1993b);

- Umgang mit leicht kontaminierten Böden in Hannover (GÖK, 1993).

Problembereiche allgemein:

- Die Regelwerke Bodenaushub/Bauschutt entstanden meist zur Bestimmung von Ablagerungsgrenzwerten in Deponien, nie unter der Prämisse qualitätszielorientierter Verwertung.

- Die Verwertungskonzepte für Bau- und sonstige Reststoffe sind überwiegend nach **technisch-mechanischen Kriterien** orientiert, die **ökologischen Aspekte** sind - wenn überhaupt vorhanden - einseitig auf das Schutzgut "Wasserwirtschaft" ausgerichtet.

Bezugsgrößen:

- Vertreter der Bodenkunde (BLUME, 1993) sprechen sich dafür aus, Bodenwerte (z.B. Schadstoff-/Nährstoffgehalte) volumenbezogen statt massebezogen zu bewerten, da Bodenorganismen und Pflanzenwurzeln in Räumen leben und sich das Sickerwasser in Räumen bewegt.

Schadstoffbewertung (vgl. GÖK, 1993):

- Bei anorganischen Substraten ist eine Unterteilung der zu verwertenden Materialien in Güteklassen/Einbauklassen vorgesehen (Kommunale Verwertungskonzepte Hamburg und Düsseldorf, RAL-RG, LAGA-Güteanforderungen). Je höher die zulässigen Schadstoffgehalte sind, desto höher sind die **wasserwirtschaftlichen** Anforderungen an den Ort des Wiedereinbaus und die Qualität der Einbauform.

- Der Umfang an Untersuchungsparametern ist sehr unterschiedlich. Die Prüfwerte Hamburg beschränken sich nur auf Schwermetalle; am umfangreichsten ist der Untersuchungsumfang der LAGA-Güteanforderungen und der RAL-RG (Tab. 6.6), dieser entspricht im wesentlichen dem Untersuchungsumfang der Holland-Liste.

- Keines der Regelwerke sieht durchgängig eine Verwertung in Abhängigkeit von der Empfindlichkeit der Flächennutzung vor. Indirekt beinhaltet jedoch das Hamburger Verwertungskonzept die Berücksichtigung von Flächennutzungen (Prüfwerte N,G,D,A). Das Verwertungskonzept Düsseldorf stellt unterschiedliche Anforderungen an den Wiedereinbau in Abhängigkeit von der Wiedereinbauklasse und der Wasserschutzzone am Einbauort.

- Nur das Hamburger Verwertungskonzept regelt den Bodenauftrag in Abhängigkeit von den Untergrundverhältnissen.

- Hamburger Prüfwerte und Berliner Liste sind auf regionale Bedingungen zugeschnitten.

- Am restriktivsten sind die Werte der "Berliner Liste" und der Güteklasse 1 der RAL-RG 501/2. Sie liegen meist unter den B-Werten der "Holland-Liste" und genügen damit dem Vorsorgeprinzip. Bei Einhalten der Richtwerte wird der Bodenauftrag nicht eingeschränkt. Die Werte der Güteklasse 2 und 3 der RAL-RG 501/2 liegen zwischen den B- und C-Werten der "Holland-Liste". Daher werden konsequenterweise die Verwertungsmöglichkeiten eingeschränkt:

  * Güteklasse 2 als Unterboden geeignet,

  * Güteklasse 3 für die Verfüllung von Gruben, Aufschüttungen mit abgedeckter Oberfläche unter Beachtung der Grundwasserverhältnisse, wenn dem keine standortspezifischen Bedingungen entgegenstehen.

Bewertungsziele:

- Beurteilungswerte können dazu dienen, Material entsprechend dem Grad der Schadstoffbelastung von einer Verwertung auszuschließen, wobei es nur einen einzigen Wert gibt, der angibt, ob Material grundsätzlich verwertet werden kann (***Belastungswerte/Grenzwerte***). Für die verwertbaren Anteile gibt es keine weiteren Abstufungen von zulässigen Schadstoffgehalten.

- Beurteilungswerte können verwertungsorientiert sein, z.B. als Einbauwerte: Hamburger und Düsseldorfer Verwertungskonzept sowie bedingt LAGA-Güteanforderungen. Die Anforderung an den Einbauort und die Einbauform stehen im Zusammenhang mit abgestuft zulässigen Schadstoffgehalten. (***Verwendungswerte/ Einbauwerte***).

Tab. 6.6: RAL RG 501/2: Güte- und Prüfbestimmungen für die Aufbereitung zur Wiederverwendung von Kontaminierten Böden und Bauteilen (RAL e.V., 1991b) - Auszug.

	Güteklasse 1		Güteklasse 2		Güteklasse 3		Sicherheits-stufe
pH-Wert	ist zu bestimmen*)						
Färbung	ist zu bestimmen*)						
Leitfähigkeit	ist zu bestimmen*)						
Löslicher Anteil in Gew-%	ist zu bestimmen*)						
CSB	ist zu bestimmen*)						
DOC	ist zu bestimmen*)						
Analyse	in TS mg/kg	Eluat ml/l	in TS mg/kg	Eluat ml/l	in TS mg/kg	Eluat ml/l	
einkernige aromatische Kohlenwasserstoffe							
Benzol	0,01		0,1		0,5		S 1
Ethylbenzol	0,05		0,5		5		S 2
Toluol	0,05		0,3		3		S 2
Xylol	0,05		0,5		5		S 2
Phenole	0.02		0,1		1		S 1
Aromaten gesamt	0,10		2		10		S 1
Polycyclische Aromaten (PAK)							
Naphthalin	0,1		1		5		S 1
Anthracen	0,1		1		10		S 1
Phenanthren	0,1		1		10		S 1
Fluoranthen	0,1		1		10		S 1
Pyren	0,1		1		10		S 1
Chrysen	0,1		1		10		S 1
Acenaphthen	0,1		1	1	10		S 1
Acenaphthylen	0,1		1		10		S 1
Dibenz-a, b-anthracen	0,1		1		10		S 1
Benzo(a) Pyren	0,05		0,5		1		S 1
Benzo-3, 4-Fluoranthen	0,1		1		10		S 1
Benzo-(b)-Fluoranthen	0,1		1		10		S 1
Benzo-(k)-Fluoranthen	0,1		1		10		S 1
Benzo-11, 12-Fluoranthen	0,1		1		10		S 1
Benzo-3, 4-Pyren	0,1		1		10		S 1
Benzo-(ghi)-Perylen	0,1		1		10		S 1
Indeno-(1, 2, 3-cd)-pyren	0,1		1		10		S 1
PAK gesamt	1,0	0,005	5	0,010	25		S 1
Chlorierte Kohlenwasserstoffe (CKW)							
aliphatische CKW einzeln	0,1		1		5	0,5	S 1
aliphatische CKW gesamt	0,1		1	0,1	7	0,5	S 1
Chlorbenzole einzeln	0,05		0,1		1		S 2

Zusammenfassung Kapitel 6.2

- Orientierungswerte zur Einschätzung von Verwertungsmöglichkeiten hinsichtlich Schadstoffgehalten liegen vor, sowohl für organische als auch anorganische Substrate.

- Der Nutzungsbezug und bestimmte Rahmenbedingugen (z.B. Grundwasserrisiken, Bodenqualitätsziele usw.) sind kommunal und regional problemspezifisch zu definieren.

- Als beispielhafte Orientierungswerte im Rahmen eines Bodenmanagements eignen sich:

  * für organische Substrate die Vereinbarung NRW in Verbindung mit der RAL GZ 251 (Kompostgütegemeinschaft),

  * für anorganische Substrate die RAL-RG 501/2 und LAGA-Güteanforderungen in Verbindung mit kommunalen Regelungen.

Diese Regelwerke werden zur Definition von Gütekriterien bestimmten Substrat-Qualitätsklassen in Abhängigkeit der Verwertungsziele zugeordnet (vgl. 6.3.2:Verwertungs- und Einbauklassen).

- Während Orientierungswerte, insbesondere was Schadstoffgehalte betrifft, zur Eignungsbewertung hinsichtlich einer bodenbezogenen Verwertung zur Verfügung stehen, mangelt es an einem Konzept, das Bodenqualitätsziele und zu verwertende Substrate den Anforderungen unterschiedlicher Flächennutzungen gegenüberstellt.

- Diese Abstimmung in einem ***Flächen-Substrat-Konzept*** ist in erster Linie eine Aufgabe der Gebietskörperschaften.

6.3 Flächen-Substrat-Konzept

Durch ein Flächen- und Substratmanagement, das sowohl den Schutz von Böden, als auch Boden-Neubildungen integriert, bei der also das bewegte, umgelagerte Substrat, d.h. die Substratströme und der liegende Boden eine nachhaltige Bewirtschaftung erfahren, kann der Umgang mit

- naturnahen Böden,
- urban-industriell überformten Böden,

- kontaminierten Böden/Standorten,
- Bodeneingriffen durch Tiefbaumaßnahmen und Ver- und Entsorgungsinfrastrukturen,
- urban-industriellen Substraten sowie
- Gestaltung neuer Böden als Folge der Nutzungsdynamik

über die Instrumentarien der Stadt- und Umweltplanung (vgl. 5.5) u.a. durch

- Flächenwidmung,
- räumlich konkretisierte Nutzungskonzepte,
- Flächenschutz,
- qualitätszielorientierte Bodengestaltung und
- Management von Substraten

erheblich verbessert werden. Qualitative Bewirtschaftung von Böden nach Substratströmen erfordert die Abstimmung von Aufgaben und Zielen des Flächen- und des Substratmanagements.

Abb. 6.3: Flächen - Substrat - Konzept

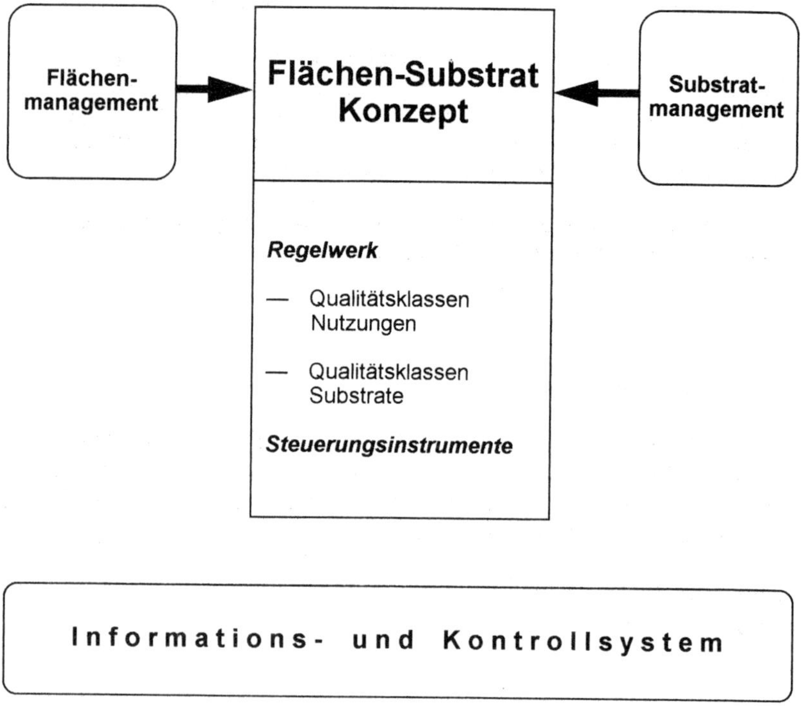

Das erforderliche ***Flächen-Substrat-Konzept*** benötigt ein ***Regelwerk*** (Abb. 6.3) zur Abstimmung von

1. Flächenmanagement:

Identifizierung und Ausweisung von Böden/Flächen auf der Grundlage "Flächenbilanz" und "Entwicklungsziele", die zur Verwertung/Einbau von Substraten geeignet sind.

2. Substratmanagement:

Identifizierung und Steuerung von Substratströmen geeigneter Verwertungs-/Einbauqualität sowie Dokumentation von Ort und Art der Verwertung/Herkunft.

Ziel des ***Flächen-Substrat-Konzepts*** ist die Ermittlung einer Kombinationseignung

Das bedeutet konkret, daß nach bestimmten Regeln und Kontrollmechanismen organische und anorganische Substrate nutzungs-spezifisch und qualitätsziel-orientiert verwertet, d.h. auf geeigneten Böden/ Nutzungen eingebaut werden.

Zur Operationalisierung sind ein ***Informations- und Kontrollsystem*** sowie "Umschlagszentren" als ***Steuerungsinstrumente*** für Stoffströme erforderlich (vgl. Kap. 6.4). Analog dem Qualitätszielansatz geht das ***Regelwerk*** von der Definition nutzugs- und substratbezogener Qualitätsklassen aus:

- Festzulegen sind Qualitätsklassen für Nutzungen, d.h. Anforderungen von Nutzungen an die Verwertung bzw. den Einbau von Substraten und

- Qualitätsklassen für Substrate, d.h. Anforderungen an die Beschaffenheit von Substraten.

Die Herleitung der dazu erforderlichen Grundlagen aus den Kapiteln 3 - 5 faßt Abb. 6.4 zusammen:

Abb. 6.4 : Arbeitsschritte zur Herleitung von Nutzungs- und Substratklassen des Flächen-Substrat-Konzepts

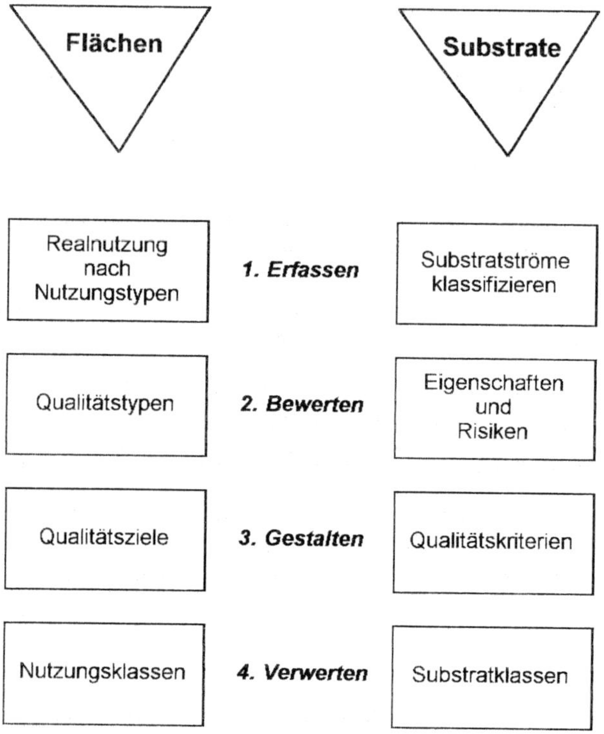

6.3.1 Verwertungsklassen nach Nutzungstypen

Der gezielten Wiederverwertung von Substraten steht das Problem entgegen, daß nur eine begrenzte Anzahl von Flächen bzw. Böden mit einer begrenzten Aufnahmekapazität zur Verfügung stehen. Daher sind geeignete Nutzungen zu klassifizieren unter Berücksichtigung bestimmter Merkmale:

1. Grundsätzlichen Handlungsprinzipien,
2. vorliegender Bodenqualität,
3. geplanter Bodenqualität,

4. Risiken für die Realnutzung/geplante Nutzung, oder "Schutzbereiche" (Wasser-, Natur-, Bodenschutz).

Die klassifizierten Nutzungen müssen als Bestandteil des Dokumentations- und Verwertungskatasters auf Basis eines Geograhischen Informationssystems verfügbar sein (s. 6.4.4).

1. Grundsätzliche Handlungsprinzipien

Aus den in Kapitel 5 herausgearbeiteten

- Leitlinien (Tab. 5.2),
- Rahmenbedingungen (Kap. 5.3.2),
- stadtgemäßen Bodenqualitätszielen (Tab. 5.5)

können Handlungsprinzipien abgeleitet werden, die in bestimmten ***Verwertungsklassen*** (nach Nutzungen) gelten sollen; Ortsspezifische Risiken sind auszuschließen:

- Gezielter Aufbau von Sonderstandorten mit extremen Eigenschaften z.B. zur Entwicklung bestimmter Sukzessionsstufen.

- Verwertbare Substrate sollen zur geologisch/pedologischen Standortsituation passen, das bedeutet aber keine grundsätzliche Bindung an "potentiell natürliche Bodenverhältnisse".

- Verschlechterungsverbot:
  * keine Erhöhung der Schadstoffbelastung bzw. Austrag in das Grundwasser,
  * Schutz gewachsener Böden mit typischen Standorteigenschaften,
  * Schutz von anthropogenen Sonderstandorten (z.B. Brachflächen), deren ökologisch wertvolle Standortspezifika substratgeprägt sind,
  * Substrateinbau muß die physikalischen, chemischen und biologischen Eigenschaften der Böden nachhaltig positiv beeinflussen,
  * Keine Verschlechterung der Qualitätszielklasse, möglichst Verbesserung.

2. und 3. Bodenqualität

Die als ***Qualitätsklasse*** zu bezeichnende aktuelle Bodenqualität und die angestrebte Bodenqualität (bezeichnet als ***Bodenqualitätszielklasse***) werden bestimmt aus der Tabelle 5.1 "Überformungstypen" und der Tabelle 5.5 "Qualitätszielklassen".

4. Risiken

Erforderlich ist eine nutzungsbezogene räumliche Differenzierung von Flächen/ Böden mit unterschiedlichem Verbesserungspotential bzw. Verschlechterungsrisiko, d.h. die Berücksichtigung von Belastungsgebieten (Schwermetalle und Stickstoff z.B. in alten Industrie- oder Siedlungsbereichen).

Zu berücksichtigen sind Schutzgebietsausweisungen und kritische Belastungspfade als Ausschlußkriterien, insbesondere Risiken für Grund- und Oberflächenwasser bei der Verwertung von belasteten Substraten. Ausschlußkriterien können sein:

- Wasserschutzgebiete oder Vorranggebiete für die Wasserversorgung,
- Überschwemmungsgebiete,
- Gewässer und Gewässerränder,
- Mindestabstände Grundwasser,
- Verwertungsbeschränkungen z.B. in Wohngebieten, Nahrungsmittelanbau (vgl. FUNKE et al., 1991; GÖK, 1993).
- Zu berücksichtigen sind ferner planerische Festsetzungen bzw. gebietsbezogene Handlungskonzepte im Rahmen von Bodenschutzplänen gemäß Entwurf BBodSchG §§ 28 - 30.

Beispielhaft mit 4 Verwertungsklassen werden o.g. Merkmale für ausgewählte urban-industrielle Nutzungen zusammengestellt. Dargestellt wird das Prinzip des Flächen-Substrat-Konzepts. Die Anwendung in einer Kommune erfordert orts- und problemspezifische Anpassungen und Erweiterungen.

Verwertungsklassen nach Nutzungen werden bezeichnet als ***Nutzungsklassen***. In den vorgeschlagenen 4 Klassen werden

- flächenhafte Nutzungen nach Nutzungstypen-Systematik für den urban-industriellen Bereich (vgl. Tab. 3.1),

- punktuelle, linienhafte Nutzungen (Typ-Nr. nach Tabelle 3.1),
- sonstige Nutzungen (Bauwerke, Teile von Bauwerken)

zusammengefaßt und anhand der Merkmale "Grundsätzliche Handlungsprinzipien" , "Qualitätsklasse" , "Qualitätszielklasse" , "Risiken" charakterisiert.

Nutzungsklasse I

- Landwirtschaftsflächen: Acker, Wiesen, Weiden (Typ 51,52)
- Feuchtgebiete, Heiden (81,82)
- Waldflächen und Gehölze (61,65)

= Naturnahe Böden: Eingeschränktes Verwertungspotential für Substrate

---

1. Verwertung von Substraten nur zulässig, wenn bestehende Bodenfunktionen nicht verändert, Risiken unter Punkt 4 ausgeschlossen werden.

   Verschlechterungsverbot

2. <u>Ist</u>: Qualitätsklasse I/II

3. <u>Soll</u>: Qualitätszielklasse I/II

4. Wasserschutzgebiet ?
   Überschwemmungsgebiet ?
   Gewässer und Gewässerränder ?
   Naturschutzgebiet ?
   Sonderstandort mit besonderen Eigenschaften ?
   Bodenschutzgebiet (§§ 28-30 BBodSchG) ?

	-	Landwirtschaftsflächen: Acker, Wiesen,
Nutzungsklasse II		Weiden, Baumschulen (Typ 51,52,53)
	-	Kleingartenanlagen (43)
	-	Spielplätze (412)
	-	Gärten, Grünanlagen auf Wohnflächen (11, 12, 13)
	-	Feuchtgebiete, Heiden (81,82)
	-	Waldflächen und Gehölze (61,65)
	=	Anthropogen geprägte Böden: Teils eingeschränktes, teils großes Verwertungspotential

---

1. Verwertung von Substraten nur zulässig, wenn bestehende Bodenfunktionen nicht verändert, Risiken unter Punkt 4 ausgeschlossen werden

   Verschlechterungsverbot

2. Ist: Qualitätsklasse II und schlechter

3. Soll: Mindestens Qualitätszielklasse II

4. Wasserschutzgebiet ?
   Überschwemmungsgebiet ?
   Gewässer und Gewässerränder ?
   Naturschutzgebiet ?
   Sonderstandort mit besonderen Eigenschaften ?
   Bodenschutzgebiet ?

	-	Rekultivierungsflächen
Nutzungsklasse III	-	Brachflächen Industrie und Verkehr (92, 93)
	-	Sport- und Freizeitanlagen (411)
	-	Industrie- und Gewerbeflächen (141 - 144)
	-	Verkehrsflächen/Randbereiche (31-37)
	=	anthropogen gestaltete, belastete Böden: Großes Verwertungspotential

---

1. Entwicklung von "Extremstandorten" für den Biotop- und Artenschutz

   Verschlechterungsverbot

2. <u>Ist</u>: Qualitätsklasse III und schlechter

3. <u>Soll</u>: Mindestens Qualitätszielklasse III

4. Wasserschutzgebiet ?
   Überschwemmungsgebiet ?
   Gewässer und Gewässerränder ?
   Naturschutzgebiet ?
   Sonderstandort mit besonderen Eigenschaften ?
   Bodenschutzgebiet ?

Nutzungsklasse IV

- Industrie- und Gewerbeflächen (141 - 144)
- Einzelne Anlagen/Bauwerke (Lärmschutz)
- Besondere Oberflächen (Stellplätze, Lagerflächen, Fundamente)
- Brachflächen Industrie und Verkehr (92, 93)
- Verkehrsflächen/Randbereiche (31-37)
- Ver- und Entsorgungsflächen (161, 163 - 165) mit Ausnahme Wasserversorgung (162)

= anthropogen gestaltete, stark belastete Böden: Großes Verwertungspotential

---

1. Entwicklung von "Extremstandorten" für den Biotop- und Artenschutz

   Verschlechterungsverbot

2. Ist: Qualitätsklasse IV und V

3. Soll: Qualitätszielklasse III

4. Wasserschutzgebiet ?
   Überschwemmungsgebiet ?
   Gewässer und Gewässerränder ?
   Naturschutzgebiet ?
   Sonderstandort mit besonderen Eigenschaften ?
   Bodenschutzgebiet ?

6.3.2 Verwertungsklassen nach Substraten

Analog den Nutzungsklassen erfordert das Flächen-Substratkonzept Qualitätsklassen für Substrate. Ziel ist, bestimmte Substratqualitäten geeigneten Bodenqualitäten zuordnen zu können. Damit werden ***zukünftige*** bodenbildende Verwertungsmöglichkeiten und Funktionen für urban-industrielle Substratströme vorgeschlagen (vgl. Tabelle 6.1: ***bisherige*** bodenbildende Verwertung und Funktionen). Das ist operationalisierbar über die Bildung von ***Substratklassen***; sie bestimmen die Verwertungs-/Einbaumöglichkeiten für Substrate.

Den Klassen sind Substrate zuzuordnen, die aufgrund bestimmter gemeinsamer Eigenschaften (Zusammensetzung, mechanische und ökologische Eigenschaften) oder auch hinsichtlich zu fordernder Auflagen (Einbauvorschriften, Nutzungsbeschränkungen) gleich zu behandeln sind.

Je genauer die einzelnen Substrate klassifiziert sind, desto besser lassen sich Verwertungsmöglichkeiten regeln, denn die Klassifizierung garantiert über Qualitätsstandards die Funktionalität und die Erreichung vorgegebener Bodenqualitätsziele.

Die Kriterien für anorganische und organische Substrate gliedern sich nach dem Schema:

1. Handlungsprinzipien
2. Verwertung/Funktion
3. Gütekriterien

1. Handlungsprinzipien

- Anforderungen sind immer dann etwas höher anzusetzen, wenn Substrat (Bodenaushub, Bodenreinigung) an einer anderen Stelle als am Anfallort verwertet werden soll.

- Wie bei den "schlechten" sind auch "gute bzw. besondere" Substrate möglichst am Ort des Entstehens zu verwerten.

- Ein generelles ökologisches Prinzip ist das Prinzip der Schadstoffkonzentration. Kontaminierte Substrate sind nur für vorbelastete Nutzungen zu verwerten, eine Verteilung auf viele Orte ist zu minimieren.

- ***Verwertungsort*** belasteter Substrate muß im "Einbaukataster" dokumentiert sein;

- ebenso ***Herkunftsort*** von Substraten besonderer Qualität oder hoher Belastung.

- Keine Verwertung von kontaminierten Substraten mit wasserlöslichen, hoch mobilen Schadstoffen.

- Keine Vermischung schadstoffbelasteter mit unbelasteten Chargen; das gilt auch für den Boden des Verwertungsortes (betroffene Nutzung).

- Mengenregelungen für belastete Substrate (nutzungs- und risikobezogen, vgl. 6.2.2).

- Mutterboden unterliegt den besonderen Regelungen des § 202 des Baugesetzbuches.

2. Verwertung/Funktion

Unter diesem Punkt erfolgen Angaben, in welcher Nutzungsklasse eine Verwertung/Einbau ***grundsätzlich*** (vorbehaltlich der Einzelfallprüfung) möglich ist, einschließlich einer Beschreibung der angestrebten Funktion.

Die auf den folgenden Seiten in den einzelnen ***Substratklassen*** aufgeführten Substrate entsprechen den Substratströmen in Tabelle 6.1 mit weiterer Differenzierung oder es handelt sich um Mischungen dergleichen bzw. mit zusätzlicher Aufbereitung/Behandlung.

3. Gütekriterien

Gütekriterien können aus verschiedenen Regelwerken/Richtlinien herangezogen werden (Übersichten in 6.2.2 und 6.2.3). Die Auswahl des "richtigen" Maßstabs muß nach ortsspezifischen Werthaltungen (Umweltqualitätsziele, Umweltpolitische Zielsetzungen) erfolgen.

Die Maßstäbe müssen sich für verschiedenartige Substrate bzw. Substratklassen eignen: vorgeschlagen werden 5 Klassen für anorganische und 3 Klassen für organische Substrate; die Einteilung orientiert sich an der Klassifikation der Substratströme (Kap. 4) und grundsätzlichen Verwertungsmöglichkeiten nach Schadstoffbelastungen:

- Qualitätssubstrate;

- Natürliche Substrate, unbelastet;

- Anthropogene Substrate, unbelastet;
- Natürliche und anthropogene Substrate, leicht belastet;
- Natürliche und anthropogene Substrate, belastet.

a) Substratklassen anorganisch

Für anorganische Substrate werden beispielhaft 5 Substratklassen aufgeführt. Ziel dieser Auswahl und Zusammenstellung ist die Darstellung des Prinzips. Je nach den kommunalen, naturräumlichen und umweltpolitischen Voraussetzungen lassen sich Anzahl der Klassen und Gütekriterien variieren (z.B. unterschiedliche "Listenwerte" für Schadstoffgehalte).

Substratklasse I	-	Oberboden (A_h) natürlich gewachsener Böden mit besonderen Eigenschaften
	-	Unterboden (B,C-Horizonte) natürlich gewachsener Böden mit besonderen Eigenschaften
	-	Misch-Substrate mit besonderen Qualitätsmerkmalen (aus Bodenzentren)
	=	Qualitätssubstrate

1. - Keine Vermischung mit belasteten Substraten
   - Verbleib möglichst am Ort des Entstehens
   - Dokumentationspflicht "Herkunft"
   - "Mutterboden" nach § 202 BauGB

2. Nutzungsklassen: I - II

   Funktionen:
   - Erhaltung/Entwicklung von Bodeneigenschaften, Biotopmanagement
   - Ober- und Unterboden im Landschaftsbau
   - Bodengestaltung für Ausgleichs- und Ersatzmaßnahmen

3. - Kommunale Verwertungs- und Verwaltungsvorschriften für Bodenaushub
   - Hintergrundbelastung/geologische Ausgangsgesteine

	-	Oberboden (A_h) natürlich gewachsener Böden
Substratklasse II	-	Unterboden (B,C-Horizonte) natürlich gewachsener Böden
	-	Mischsubstrate aus Bodenzentren mit vergleichbaren Eigenschaften
	=	natürliche Substrate, unbelastet

1. - Keine Vermischung mit belasteten Substraten
   - Verbleib möglichst am Ort des Entstehens
   - "Mutterboden" nach § 202 BauGB

2. Nutzungsklassen: I - II

   Funktionen:
   - Ober- und Unterboden im Landschaftsbau, Biotopmanagement
   - Bodengestaltung für Ausgleichs- und Ersatzmaßnahmen

3. - Kommunale Verwertungs- und Verwaltungsvorschriften für Bodenaushub
   - RAL-RG 501/2
   - DIN Normen Landschaftsbau

Substratklasse III	-	Substrate aus der Bodenreinigung
	-	Bodenaushub mit Bauschutt (bis 30%)
	-	Baggergut
	=	anthropogene Substrate, unbelastet

1. - Keine Vermischung mit belasteten Substraten

2. Nutzungsklassen: III - IV

   Funktionen:
   - Unterboden im Landschaftsbau
   - Füllmaterial (z.B. Lärmschutz)

3. - RAL-RG 501/2
   - LAGA-Güteanforderungen
   - Kommunale Verwertungs- und Verwaltungsvorschriften für Bodenaushub und Bauschutt
   - DIN Normen Landschaftsbau

	-	Bodenaushub, leicht belastet
	-	Bodenaushub mit Bauschutt (> 30 %)
	-	Bauschutt, leicht belastet
Substratklasse IV	-	Substrate aus der Bodenreinigung
	-	Montansubstrate, leicht belastet
	-	Baggergut/Sandfraktion, leicht belastet
	=	Natürliche/Anthropogene Substrate, leicht belastet

1. - Keine Vermischung mit unbelasteten Substraten
   - Verwertung nur auf vorbelasteten Nutzungen
   - Mengenregelungen
   - Dokumentationspflicht "Einbaukataster/Herkunft"

2. Nutzungsklassen: III - IV

   Funktionen:
   - befestigte Oberflächen
   - Unterboden im Landschaftsbau
   - Füllmaterial (z.B. Lärmschutz)
   - Unterbau für Bauwerke

3. - RAL-RG 501/2
   - LAGA-Güteanforderungen
   - Kommunale Verwertungs- und Verwaltungsvorschriften für Bodenaushub, Bauschutt und belastete Böden
   - Holland-Liste, B-Werte

Substratklasse V

- Recycling-Baustoffe
- Schlacken
- Bauschutt, belastet
- Substrate aus der Bodenreinigung
- Montansubstrate, belastet
- Bodenaushub, belastet
- Baggergut/Schlickfraktion

= Natürliche/Anthropogene Substrate, belastet

1.
- Verwertung aus Bodenreinigung möglichst vor Ort
- Keine Vermischung mit unbelasteten Substraten
- Verwertung nur auf vorbelasteten Nutzungen
- Mengenregelungen
- Dokumentationspflicht "Einbaukataster/Herkunft"

2. Nutzungsklasse: III, IV

Funktionen:
- befestigte Oberflächen
- Füllmaterial (z.B. Lärmschutz)
- Unterbau für Bauwerke: Hochbau und Infrastruktur

3.
- Keine hochmobilen, wasserlöslichen Schadstoffe
- Kommunale Verwertungs- und Verwaltungsvorschriften für Bodenaushub, Bauschutt und belastete Böden
- RAL-RG 501/2
- LAGA-Güteanforderungen
- RAL-GZ 515
- Holland-Liste, B,C-Werte

b) Substratklassen organisch

Die Kriterien für organische Substrate gliedern sich analog denen für anorganische Substrate mit folgenden Ergänzungen:

- Trotz des "Positiv-Image" von Komposten bedeutet ihre bodenbezogene Verwertung immer Belastung. D.h. für ihre grundsätzliche Verwertbarkeit: möglichst im urban-industriellen Bereich unter Berücksichtigung nutzungsbezogener Regelungen; das gilt insbesondere für Bioabfall- und Klärschlamm-Misch-Komposte;

- Grundsätzlich Mengenregelungen;

- Beispielhafte Gütekriterien umfaßt die "Vereinbarung NRW" (DELSCHEN, 1992).

Substratklasse I	-	Pflanzenabfallkomposte
	-	Substratmischungen mit besonderen Qualitätsmerkmalen
	=	Qualitätssubstrate

1. - Keine Vermischung mit belasteten Substraten
   - Mengenregelungen (z.B. 350 kg N/ha)
   - Dokumentationspflicht "Herkunft"

2. Nutzungsklassen: I - IV

   Funktionen:
   - Bodenstrukturverbesserung,
   - Organischer Dünger,
   - Biotopmanagement

3. - Vereinbarung NRW
   - RAL GZ 251

Substratklasse II	-	Bioabfallkomposte
	-	Klärschlamm-Misch-Substrate
	-	Rindensubstrate
	-	sonstige Abfallkomposte (z.B. Holz, Produktionsrückstände)
	=	Substrate unbelastet bzw. leicht belastet

1. - Keine Vermischung mit unbelasteten Substraten
   - Mengenregelungen (z.B. 3 kg Zn/ha)
   - Dokumentationspflicht "Einbaukataster/Herkunft"

2. Nutzungsklassen: II - IV

   Funktionen:
   - Oberbodenersatz (Rekultivierung/Melioration)
   - Bodenstrukturverbesserung
   - Organischer Dünger

3. - Vereinbarung NRW
   - RAL GZ 251

Substratklasse III :	-	Klärschlamm
	-	Klärschlamm-Misch-Substrate
	-	sonstige Abfallkomposte (z.B. Produktionsrückstände)
	=	Substrate belastet
1.	-	Keine Vermischung mit unbelasteten Substraten
	-	Mengenregelungen (z.B. 1 kg Pb/ha)
	-	Dokumentationspflicht "Herkunft"
2.	Nutzungsklassen:	III, IV
	Funktionen: -	Oberbodenersatz (Rekultivierung/Melioration
	-	Bodenstrukturverbesserung
	-	Organischer Dünger
3.	-	Vereinbarung NRW
	-	RAL GZ 251

6.4 Steuerungsinstrumente

Sollen Substratströme einer bodenbezogenen Verwertung zugeführt werden, sind außer planerischen (Kap.5) auch organisatorische Steuerungsinstrumente erforderlich. Geeignet sind die Organisationsformen

- Kommunale/regionale Bodenbörsen (s. 6.4.1) und

- Regionale Bodenbehandlungszentren (s. 6.4.2).

Zahlreiche Bodenbörsen (Tab. 6.5) und Bodenbehandlungszentren (Tab. 4.6 in Kapitel 4) existieren bereits, bzw. sind in Planung. Sind Bodenbörsen hinsichtlich ihrer Aufgaben rein abfallwirtschaftlich orientiert, stellen Bodenbehandlungs- bzw. Bodenkonditionierungszentren den Einstieg in ein industrielles Bodenmanagement dar. Beide Instrumente erfüllen aber nur begrenzt Ansprüche im

Rahmen einer qualitativen Bodenbewirtschaftung nach Substratströmen. Außer der Einbindung in ein Flächen-Substrat-Konzept sind zusätzlich erforderlich:

1. Aufbau und Führung eines "Netzwerk Bodenakteure" im Rahmen nutzerspezifischer Lösungen (s. 6.4.3) und

2. Informations- und Kontrollsysteme für alle Teilaufgaben der qualitativen Bodenbewirtschaftung (s. 6.4.4).

Abb.: 6.5 Flächen - Substratkonzept / Steuerungsinstrumente

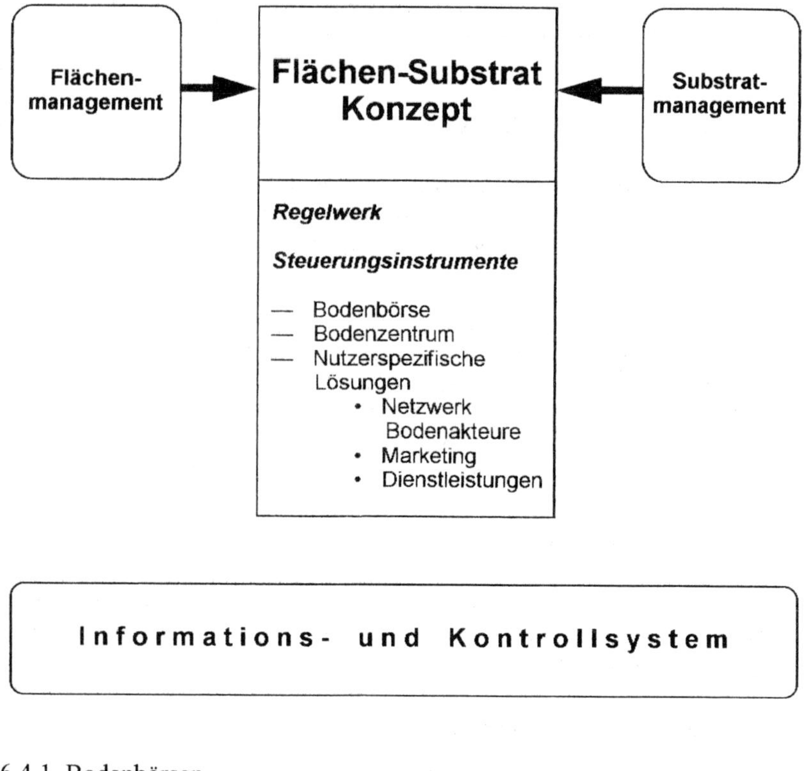

6.4.1 Bodenbörsen

Bodenbörsen verstehen sich als Makler und Mengenpuffer von Bodensubstraten. Sie können sich nur auf die Maklerfunktion beschränken oder als zusätzliche Serviceleistung Substrate annehmen, lagern, sortieren, verteilen. Sie sind in Form öffentlich/kommunaler Einrichtungen, als Eigenbetriebe und private Unternehmen in zahlreichen Gebietskörperschaften bereits eingerichtet worden.

Die Ziele von Bodenbörsen umfassen drei Aufgabenbereiche:

1. ***Maklerfunktion***: Bei diesem Aufgabenbereich melden Freiwillige bzw. satzungsmäßig Verpflichtete "Bodenüberschuß" an, der ansonsten gebührenpflichtig zu entsorgen wäre. An der Übernahme von Erd- und Bodenaushub Interessierte melden ihren quantitativen Bedarf ebenfalls der Bodenbörse an, die Bodenbörse übernimmt die Koordination der Stoffströme, wobei die Abwicklung des Transportes, Zwischenlagerung etc. extern von den Beteiligten vereinbart werden.

2. Die Notwendigkeit von Bodenbörsen wird in fast allen kommunalen und länderspezifischen Verfahrensregelungen zur Verwertung von Bodensubstraten betont, um eine optimale ***Vermarktung*** zu gewährleisten.

3. Weitere Aufgaben ergeben sich durch die Vorhaltung von ***Zwischenlagerkapazitäten***, durch die der Handlungsspielraum in der Steuerung und Koordination der anfallenden Stoffströme erheblich vergrößert wird: da durch chargenweise Zwischenlagerung unterschiedlicher Qualitäten flexibler auf die starken Schwankungen unterworfene Nachfrage eingegangen werden kann.

Zwischenlagerkapazitäten werden außerdem erforderlich, wenn Substratmischungen mit besonderen Eigenschaften nachgefragt werden. Dieser Bedarf ist diskontinuierlich - z.B. Bodenaushub aus Kalkmergel zur Biotopentwicklung. Die Zwischenlagerung derartiger Chargen ist Rohstoffvorrat.

Die Aufgaben von Bodenbörsen sind bisher beschränkt auf wenige Substratarten (Bodenaushub, Bauschutt). Unterschiedliche Zielsetzungen und Organisationsformen spiegeln sich in den Bezeichnungen wider: *Bodenleitstelle, Bodenvermittlungsstelle, kommunale Bodenbörse, regionale Bodenbörse, Bauschutt- und Erdaushubbörse.*

Beispiele:

Einige kommunale und privatwirtschaftliche Initiativen werden in der Tab. 6.5 aufgelistet. In der Regel handelt es sich um abfallwirtschaftlich orientierte Modelle zur Reduzierung der Inanspruchnahme von Deponieraum für Bodenaushub, vergleichbar den von einigen Industriezweigen eingerichteten Abfallbörsen.

Der Entwicklungstrend geht bei Neueinrichtungen von Bodenbörsen weg von der Telefon-Börse in einem kommunalen Amt, hin zu neuen Organisationsformen mit EDV-Unterstützung und nutzerspezifischen, auch ökonomischen Anreizinstrumenten für verschiedenste Bodenakteure.

Als allgemeine Defizite von Bodenbörsen sind hervorzuheben:

- Nur Vermittlungsfunktion;
- Beschränkung auf wenige anorganische Substrate;
- keine Intergation organischer Substrate in die Konzeption;
- Marketingkonzepte insbesondere für Substratabnehmer fehlen, oder sind sehr einseitig ausgerichtet;
- keine Qualitätssicherung;
- ökonomische Instrumente sind kaum ausgebaut;
- EDV-gestütztes Management von Stoffströmen ist nicht vorhanden.

Tab. 6.7: Beispiele zu Bodenbörsen

Bodenbörse/ Beginn	**Vermittelte Substrate Qualitätsklassen**	**Ziele und Organisation**
Berliner Bodenleitstelle 1972	- Unbelasteter Bodenaushub	Lediglich Vermittlung von Substraten, die für den Einbau bei öffentlichen Baumaßnahmen bestimmt sind
Frankfurt 1985	- Unbelasteter Bodenaushub Klassifizierung nach bau-technischen Kriterien und Kulturfähigkeit	Private Initiative, die dem Verband baugewerblicher Unternehmen Hessen e.V. angeschlossen ist Reine Vermittlungsstelle
Karlsruhe 1986	- Mutterboden - Kulturfähiger Boden - Bindiger Boden - Bauaushub - Sandiger Boden - Kiesiger Boden - Mineralischer Bauschutt - Lehmboden - Felsabbruch	Vermeidung von Deponierung als Beitrag zu einem ressourcenschonenden Umgang mit Entsorgungskapazitäten Initiative der Kommune mit reiner Vermittlungsfunktion

Noch Tab. 6.7: Beispiele zu Bodenbörsen

Bodenbörse/ Beginn	**Vermittelte Substrate Qualitätsklassen**	**Ziele und Organisation**
Boden- und Bauschutt-börse Bochum 1987	- Bodenaushub - Bauschutt	Kommunale Stelle, Anschluß- und Benutzerzwang, Meldepflicht der bauaus führenden Ämter, Deponiegebühren sind auf "Einbau" übertragen !
Lahn-Dill Kreis 1989	Klassifizierung nach bautechnischen Kriterien, hauptsächlich für Deponie-abdeckungen	Kreis arbeitet mit Bauunternehmen im Verbund Ziele gemäß 5.Novelle Hess. AbfG
Boden- und Bauschuttbörse Märkischer Kreis 1991	- Erdaushub - Bauschutt - Straßenaufbruch	Entsorgungspflicht. Kreis spart Deponie, finanziert 100%ige Tochter, die über BTX die Börse organisiert
Boden- und Bauschuttbörse NRW, 1995	- Erdaushub - Bauschutt - Gering belastete Böden	Landesweites Anbieten und Anfordern über ein PC - System

6.4.2 Bodenzentren - Aufgaben und Organisation

Unter den Begriffen *Bodenbehandlungs-, Bodenkonditionierungs-, Bodensanierungs- Bodenrecyclingzentrum,* wird der Zusammenschluß von mehreren kombinierbaren und sich ergänzenden Technologien in einer stationären Anlage zur Reinigung kontaminierter Böden und anderer Substrate verstanden. Der Begriff "Zentrum" beinhaltet zudem, daß ein bestimmter Einzugsbereich erfaßt werden soll, bei dem die Anbindungslogistik sowohl ökonomisch wie ökologisch optimal ausgeprägt ist (FISCHER, KÖCHLING, 1991).

Derartige Zentren, in denen die örtlich anfallenden Substrate nach bedarfsorientiert vorzugebenden Programmen behandelt, gelagert und gemischt werden, markieren den Übergang zur Industrialisierung der Bodenreinigung und Bodenaufbereitung. Ziel ist, den Weg zu finden vom Substrat-"Down Cycling" (vgl. KOHLER, 1993) hin zur ***Stoffstrom- und Bodenbewirtschaftung.*** Die Anlagengrößen und die einzusetzenden Technologien ergeben sich aus der Aufgabenstellung und den anfallenden Teilmengen eines Planungs- und Einzugbereichs. An die Flächen bzw. Standorte dieser Zentren selbst sind strenge Bodenschutzauflagen anzulegen.

Aufgaben der Substratbehandlung im Rahmen einer qualitativen Bodenbewirtschaftung nach Substratströmen sind:

- Bodenreinigung
- Substrataufbereitung/Sortierung/Klassierung
    * Bauschutt
    * Bodenaushub
    * Produktionsrückstände
    * Baggergut usw.
- Konditionierung von Substraten z.B. hinsichtlich
    * Mechanischen Eigenschaften
    * Chemischen Eigenschaften
    * Wasserhaushalt
    * Nährstoffhaushalt
    * Löslichkeit/Mobilität/Verfügbarkeit von Stoffen
- Substratherstellung
    * Komposte
    * Kultursubstrate
    * Erden
    * Mischungen
- Lagerhaltung
- Qualitätssicherung

Sowohl Bodenbörsen als auch zentrale Behandlungseinrichtungen dienen der Steuerung von Substratströmen; eine Zusammenfassung ihrer jeweiligen Aufgaben in ***Bodenzentren*** ist naheliegend, um substratorientierte Bodenbewirtschaftung mit den verschiedensten Akteuren organisieren zu können. Daraus ergeben sich an ***grundsätzlichen Anforderungen*** an Bodenzentren:

Bodenzentren müssen Aufgaben von Bodenbörsen, Zentralen Behandlungsanlagen und Bodenbewirtschaftung umfassen.

Sind die grundsätzlichen Bedingungen

- Nutzung mehrerer Bodenaufbereitungs- und Bodenreinigungs-Techniken;
- Verwertungsorientierte Angebote einer Vielfalt von verschiedenen Substraten;
- Qualitätsstandards und Qualitätsgarantien;
- EDV-Systeme zur Steuerung und Überwachung von Substratströmen;
- Integration aller lokalen/regionalen Bodenakteure

erfüllt, stellen Bodenzentren das ***geeignete Instrument für regionales Bodenmanagement*** dar.

Rechtliche Besonderheiten und neue gesetzliche Regelungen für Genehmigungen von Bodenbehandlungsanlagen werden nicht thematisiert, siehe dazu z.B. SONDERMANN & STEINER, (1993); MÜLLER,(1993).

Organisation von Bodenzentren

Als einer der Eckwerte des Kreislaufwirtschaftsgesetzes gilt, daß für Verwertungs- und Entsorgungsaufgaben eine möglichst weitgehende Privatisierung anzustreben ist: Gebiets- und Verwaltungskörperschaften, die sich wiederum sach- und fachkundiger Spezialfirmen bedienen können (TÖPFER, 1993). Dem entsprechen würde ein Organisationsmodell von Bodenzentren unter Regie der öffentlichen Hand, in Kooperation mit der lokalen Bau- und Baustoffwirtschaft, um die existierende Logistik nutzen zu können und Konkurrenzsituationen zu entschärfen.

Hauptnutzen derartiger Kooperationen sind für die beteiligten Gebietskörperschaften :

- Einsparung von Deponiekapazität,
- Einnahmen aus Abnahmepreisen (Verursacher von Substratströmen zahlen einen Teil ihrer vermiedenen Deponierungskosten),
- Einnahmen aus Abgabepreisen (Verwerter von Substraten zahlen für Qualitätsprodukte),
- Gestaltung von Bodenqualitäten unter Zielvorgaben von Naturschutz und Umweltplanung,
- Kontrolle von Substratströmen (Vermeidung von Sanierungskosten),
- Einflußmöglichkeiten über die Planungsinstrumente (vgl. 5.5), um Substratmanagement mit der flächenbezogenen Planung zu koppeln.

Der Nutzen für beteiligte Unternehmen ist :

- Einsparung von Deponiekosten,
- Entsorgungssicherheit für Abfallsubstrate,
- Qualitätsgarantie für verwertbare Substrate (wichtig im Landschaftsbau),
- umwelthaftungsrechtliche Sicherheit,
- Sekundäreffekte:
    * zügige Baustellenabwicklung, da jederzeitige Substratabfuhr und -beschaffung möglich,
    * Konfliktentschärfung mit Überwachungsbehörden bei belasteten Substraten, sowohl bei Anfall als auch bei Verwertung.

Bezüglich der Betriebsform sind rein privatwirtschaftliche Betreibermodelle, kommunale Eigenbetriebe sowie aus kommunalen und privaten Trägern zusammengesetzte Kooperationsformen ("public-private-partnership" = PPP) vorstellbar, wobei jedoch der Betrieb in alleiniger kommunaler Regie aufgrund des fehlenden technologischen Know-hows und der Unkenntnis der "Marktwege" wenig realistisch erscheint. Kooperationsmodelle auf privatwirtschaftlicher Initiative wie z.B. die Bodensanierungs- und Recycling GmbH in Bochum und das Bodenforschungs- und Sanierungszentrum in Köln zeigen problemadäquate Betriebsformen auf.

Für das Modell PPP unter Beteiligung der öffentlichen Hand sprechen ferner

1. "Boden", als Fläche wahrgenommen, betrifft immer Eigentum und berührt damit die ***Sozialpflichtigkeit*** von Grund und Boden;

2. Substratströme stellen, legt man Deponierungskosten zugrunde, einen erheblichen Kostenfaktor für den Verursacher dar. Die von allen Bodenakteuren angestrebte Kostenminimierung (Verwertung) muß ***umweltverträglich*** sein.

Mit dem Modell PPP kann das viel beschworene "Vorbild öffentliche Hand" am Boden bald erkennbar werden. Sinnvoll ist auch eine Kombination mehrerer Betriebsformen; Voraussetzung ist dann eine Koordinierung der jeweiligen Aufgaben von z.B. kommunalem Eigenbetrieb/bauausführenden Ämtern/Unternehmen. Ziel muß ferner eine angemessene Verteilung von Gewinn und Risiko zwischen Unternehmen und öffentlicher Körperschaft sein.

6.4.3 Nutzerspezifische Lösungen

An der Stadtbodenentwicklung sind Bewohner, Unternehmen, Institutionen und Organisationen interessiert und dabei (latent) engagiert. Ohne eine umfassende Einbeziehung aller Beteiligten und Betroffenen (vom Kleingärtner über Bauunternehmen bis zum Umweltbeauftragten) können die Ziele urbanen Bodenmanagements nicht erreicht werden. Behörden (von Umweltbehörden über Planungsämter bis zu Fachdienststellen), Eigentümer und Nutzer von Flächen (z.B. Kommunen, Verkehrsträger und Wohnungsbaugesellschaften), Umwelt-initativen und Wissenschaftler, sollten ihr Handeln außer an abstrakten Grenz-werten an einer ortsbezogenen Konzeption orientieren können.

Für die bodenökologische Optimierung der Substratströme ist die Frage nach den Möglichkeiten der Kopplung und Integration der einzelnen Transfervorgänge von entscheidender Bedeutung. Zu prüfen ist nicht nur die Bereitschaft der einzelnen Akteure zur Kooperation, sondern auch ihre ökonomische Interessenlage. Für ein neues Konzept "Substratumgang" muß auf Behörden- und Unternehmerseite Interesse (Geld!) geweckt werden. Handfeste Vorteile müssen sich rechnen.

Ist keine gemeinsame Basis zu finden, sind im Extremfall bestimmte Substratströme unter "Anschluß- und Benutzerzwang" zu stellen. Durch Änderung der kommunalen Abfallentsorgungssatzung können z.B. Transport und Verwertung von Bodenaushub, Bauschutt, Kompost ausschließlich einem kommunalen Eigenbetrieb (Bodenzentrum) übertragen werden. Umgekehrt kann durch Ausschluß eine privatwirtschaftliche Regelung unterstützt werden. Baureststoffe sind in Hamburg wegen des großen Mengenanfalls gemäß § 3.3 Abfallgesetz von der öffentlichen Entsorgung ausgeschlossen. Die Baureststoffentsorgung ist deshalb Aufgabe der Privatwirtschaft.

Die Verantwortung für qualitative Bodenbewirtschaftung ist auf die verschiedenen Bodenakteure zu übertragen. Dies setzt allerdings eine klare Aufgabenverteilung und die Bezeichnung spezifischer Handlungsgruppen voraus. Die erforderliche Organisationsstruktur wird nach HEEB et al. (1990) als ***Netzwerk Bodenakteure*** bezeichnet; darin sollen die Interessen der qualitativen Bodenbewirtschaftung zusammenfließen. Gebietskörperschaften arbeiten im Netzwerk mit privaten Bodenakteuren, Fachorganisationen und Verbänden, Forschung und Ausbildung zusammen.

Boden-Akteure bewegen anorganische und organische Substrate:

a) Anorganische Substrate

- Tiefbau- und Hochbauunternehmen, Erdbauunternehmen etc.,
- Recyclingunternehmen, die "Sekundärbaustoffe" produzieren,
- Transportunternehmen,
- Abbruchunternehmen,
- Bodensanierungsfirmen,
- Vermarktungsunternehmen für Substrate,
- Ingenieurbüros: Architekten, Planer, Bauingenieure, Geodäten und Geologen etc.,

- Abfallwirtschaftlich orientierte Unternehmen, Entsorgungsbranche,

- behördliche Instanzen: bauausführende Ämter, Umweltämter Fachplanungsämter,

- Bauherren und Investoren, die Aushubböden abzugeben haben bzw. Einbau- und Auffüllungsmaterial benötigen,

- Betreiber von Bodenbehandlungsanlagen,

- Sanierungspflichtige, die schwach belastete Böden auf dem Sanierungsgrundstück nicht wiederverwenden können,

- kommunale und private Produzenten von Reststoffen und Recycling-Baustoffen.

b) Organische Substrate

- Landschaftsbau,
- Landwirtschaft,
- Gartenbau, Baumschulen,
- behördliche Instanzen: bauausführende Ämter, Umweltämter, Fachplanungsämter.

Das Netzwerk Bodenakteure ist eine Interessenorganisation. Sie dient als Basis einer partnerschaftlichen Zusammenarbeit zwischen Verwaltung, Unternehmen, Organisationen und Institutionen mit dem Ziel der Beteiligung/Nutzbarmachung einer Bodenwirtschaft.

Rechtliche Bedingungen für die einzelnen Akteure werden an dieser Stelle nicht betrachtet. Interessenausgleich der Bodenakteure bedeutet:

- Bodenakteure sind zugleich Anbieter und Nachfrager/Verwerter von Substraten; beide Interessen sind in Verbindung zu bringen;
- Abnahmegarantie,
- Liefergarantie,
- Organisation eines optimalen Angebots (Dienstleistungspakete),
- Qualitätsgarantie.

Der Ausgleich von Interessen ist unbedingt zu vermitteln, soll die Verwertung von Substraten nicht als Kurzschluß enden: Organischen Substraten droht bei Nichtverwertbarkeit = nicht marktfähig der "Ausweg Verbrennungsanlage".

Bodenmanagement ist aufgrund des mehrfach aufgezeigten Mengen- und Qualitätsproblems angewiesen auf professionelles Marketing. Vor dem Hintergrund künftiger Substratmengen, die bodenbezogen zu verwerten sind, ist Qualität entscheidend für den Erfolg der Verwertung. Die Absatzmöglichkeiten für organische Substrate werden für bestimmte "Verwerter" überschätzt (BAUMANN, 1989). Ursache ist die bisherige reine Mengenbetrachtung: z.B. wird soviel Kompost produziert, wie organische Anteile in den Abfällen enthalten sind. Richtig wäre dagegen, soviel Substrat zu erzeugen, wie der Markt nutzerspezifisch aufnehmen kann, und zwar in der verlangten Qualität. Absatzprobleme relativieren sich für Qualitätssubstrate, wie Umfragen unter Produzenten ergaben (WIRSIG, 1994).

Die zielgerichtete Erzeugung marktgerechter Qualitäten unter Einbeziehung der Anwender ist Voraussetzung für gesicherten Absatz. Nutzerspezifische Lösungen zur Steuerung von Substratströmen sind anzulegen im Rahmen von

- Einzugsstrategie,
- Absatzstrategie,
- Dienstleistungsangeboten,
- Qualitätssicherung (Qualität betrifft nicht nur das Produkt an sich, sondern auch die Lieferung, die Beratung, Aquisition).

Das bedeutet an Einzelaufgaben:

1. ***Zielgruppenorientierte Information;***

Zu den Aktivitäten der Bodenbörse Frankfurt gehört ein ***Informationsdienst,*** der an ca. 200 interessierte Unternehmen aus der Baubranche versandt wird und die jeweils aktuellen Angebote der Bodenbörse enthält.

2. ***Förderung der Akzeptanz*** gegenüber den Produkten: Ausräumen des Verdachts auf Kontaminationen.

Qualitäts- und Verwertungszertifikate gelten für Abnehmer von Substraten als Unbedenklichkeitsnachweis.

3. Vielseitige ***Qualifikation der Produkte*** (Produkt-Mix);

Aufbau einer verwertungsorientierten ***Produktpalette*** mit "Massenprodukten", aber auch Sortierung und Herstellung von ***Spezialsubstraten*** besonderer Qualität, mit seltenen Eigenschaften (Mergelböden, Schotter, anthropogene Gesteine) und besonderer Bedeutung für bestimmte Anwendungen (z.B. Biotopmanagement).

4. Abnahmeverträge, Selbstverpflichtungen von Bodenakteuren zur ***Absatzsicherung;***

Als zentrales Problem wird von den Betreibern der Bodenbörsen die Abnahme der angebotenen Stoffe dargestellt: Viele der angebotenen Böden können nicht vermittelt werden, da sich nicht genügend Abnehmer melden.

5. ***Gebührengestaltung und Restriktionen*** der Deponierung durch Gebietskörperschaften.

Über die Realisierbarkeit einer qualitativen Bodenbewirtschaftung und der Organisationsform Bodenzentrum entscheiden nicht zuletzt ***ökonomische Faktoren***. An dieser Stelle soll nur auf ihre Bedeutung

- für das Entstehen von Substratströmen und
- den "Marktwert" von kommunalen/regionalen Substratströmen

hingewiesen werden:

- Gebührenerhöhungen und Deponierungsverbote für verwertbares Material haben in den Umlandgemeinden Frankfurt die jährliche Menge an Bauschutt und Erdaushub von 881.000 t auf 64.500 t schrumpfen lassen. Die Bauunternehmen zahlen inzwischen Recyclingfirmen Geld dafür, daß sie das nicht benötigte Material verwerten. Selbst für Abfall-Holz werden an Abnehmer erhebliche Beträge gezahlt, um die Gebühren von 175 DM/t Gewerbemüll zu umgehen.

- Der jährliche Substratstrom von Bauabfällen im Raum Hannover besitzt - gemessen an den Deponiekosten - einen "Marktwert" von ca. 20 - 30 Mio DM.

Dienstleistungsangebote

Künftig sind nutzerspezifische Lösungen in Form von Dienstleistungsangeboten gefragt. Umweltpolitische Zielsetzungen und Gesetzentwürfe beschreiben bereits Arbeitsprogramme derartiger Angebote, z.B. für Bauabfälle:

Im Entwurf zum Kreislaufwirtschafts- und Abfallgesetz (KrW/AbfG) wird unterstrichen:

- Keine Vermischung: Bauschutt, Baustellenabfälle, Erdaushub und Straßenaufbruch sind bereits auf der Baustelle getrennt zu erfassen und jeweils getrennt zu verwerten bzw. zu entsorgen.

- Ein Ablagerungsverbot der gemeinsamen Ablagerung verwertbarer und nicht verwertbarer Baurestmassen soll den Vorrang der Verwertung gewährleisten.

- Gesonderte Erfassung von Schadstoffen bereits auf der Abbruchstelle. Sonderabfälle sind grundsätzlich von der gemeinsamen Beseitigung mit Baustellenabfällen auszuschließen und somit nach § 14 Abs. 1 AbfG getrennt zu entsorgen.

Ein weiteres Beispiel für Dienstleistungsangebote sind Vorplanungen - im Auftrag einer Kommune oder eines Investors - für große Bauvorhaben:

- Bilanzierung anfallender Aushub- und Abbruchmassen,

- Klassifizierung für Bodenreinigung und Verwertung,

- Vorschläge zum Umgang mit Böden für einzelne Bauphasen,

Bei Vorkommen von Altlasten und flächenhaften Kontaminationen:

- Organisation von Analytik und Gutachtertätigkeit,

- Organisation der Separierung und des Transports von Chargen,

- Management komplexer Problemfälle (Analytik - Bodenreinigung - Verwertung).

Auch für Substratverwerter sind nutzerspezifische Dienstleistungspakete anzubieten: z.B. Lieferung von Bodenqualitäten/Substratmischungen auf gezielte Nachfrage für

- Einzelvorhaben (Sanierungen, Biotopmanagement),
- Daueraufgaben (Pflege und Entwicklung),
- Ausgleichs- und Ersatzmaßnahmen nach Naturschutzgesetz

in garantierten Mengen und Qualitäten. Damit läßt sich eine langfristige Zusammenarbeit mit Kommunen, Landschaftsbau und Bauwirtschaft begründen.

Für die Kompostvermarktung bieten einige Firmen bereits "Dienstleistungspakete" an, die sich an Marktmechanismen orientieren. Sie umfassen:

- Anwendungsberatung,
- Bodenberatung (Anwendungsgebiete),
- Bodenanalyse mit Düngemittelempfehlung,
- Bewirtschaftungsplanung,
- Kompostverkauf (Qualität, Menge, Lieferzeit),
- Transporte nach Art und Lage der Flächen,
- Technik zur Ausbringung und Bodenbearbeitung.

Die Qualität von Dienstleistungspaketen beeinflußt den Absatz von Kompostprodukten sehr stark (SCHRIEWER, 1991).

Dienstleistungen der Substrataufbereitung und Transport/Verteilung lassen sich z.T. auf die Landwirtschaft übertragen. Dort besteht erhebliches Interesse bei der Mitwirkung an der Verwertung von Substraten, wobei das Interesse bei der Einkommenssicherung und Nutzung der vorhandenen Investitionen liegt (THORMANN, 1989).

6.4.4 Informations- und Kontrollsystem

Ziel eines flächen- und substratbezogenen Informationssystems ist einerseits Informationsanforderungen des Flächenmanagements zu befriedigen und andererseits Substratströme quantitativ und qualitativ abzubilden; d.h. die Umsetzung des Flächen-Substrat-Konzepts zu unterstützen.

Zu integrieren sind an Teil-Modulen:

- Geographisches Informationssystem mit flächenbezogenen Informationen wie Realnutzungen, Nutzungswandel (= nutzungsbezogene Datenbasis, vgl. Kap. 3); Bodenfunktionen: Überformung, Schadstoffe, Substrate (Kap. 5); Qualitätsklassen, Qualitätszielklassen, Verwertungsklassen (Kap. 6).

- Modelle für Substrataufkommen (Erfassung, Bewertung, Klassifikation).

- Dokumentationssystem für Substratverwertung.

Diese Module dienen der Unterstützung des Flächen-Substrat-Konzepts und umweltplanerischen Aufgaben.

- Stoffstrommanagement: Stoffbilanzen, interne und externe Chargensteuerung, Qualitätssicherung.

- Informationsbörse für alle Bodenakteure: betrifft Annahme und Abgabe (Chargen, Mengen, Qualitäten, Verwertungsmöglichkeiten), Dienstleistungsangebote, Preise usw.

Die letzten beiden Module betreffen technische Anforderungen, Organisations- und Marketingaufgaben.

Abb. 6.6: Flächen-Substratkonzept / Informations- und Kontrollsystem

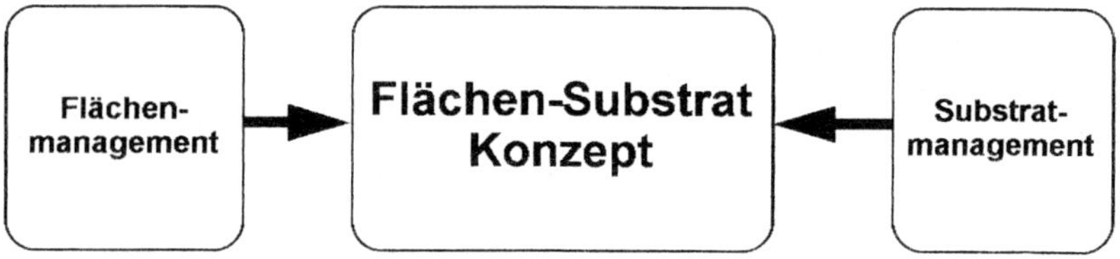

Informations- und Kontrollsystem

- Flächenbezogenes Informationssystem (GIS)
- Modelle für Substrataufkommen
- Dokumentation (Substratkataster)
- Stoffstrommanagement (Mengen/Qualitäten)
- Informationsbörse (Makler-, Marketingaufgabe)

Flächenbezogene Informationen

Für das Informationsinstrumentarium einer Flächenhaushaltspolitik ergeben sich nach KISTENMACHER et al. (1991) zwei nicht immer ganz scharf zu trennende Anwendungsbereiche:

- Grundlage für Planungsentscheidungen, d.h. geeingnete Informationsgrundlagen über die zu koordinierenden Belange zielorientiert aufzubereiten und in die Planungsentscheidungen einzubringen.

- Kontrollfunktion für die Anwendung und Wirksamkeit der Planungsinstrumente, aber auch Kontrolle und Rechenschaft der Planungsträger.

Zu ergänzen ist:

- Kontrolle des Erfolgs von Bodenmanagement, Nachweis der Effektivität (Grad der Zielerfüllung) von Bodenentwicklungsstrategien.

Mit einem Geographischen Informationssystem (GIS) besteht die Möglichkeit, die Flächennutzungsdaten mit Informationen zur Funktionalität und Bewirtschaftungsmaßnahmen von Böden zu neuen strukturellen Zusammenhängen zu verknüpfen (vgl. Kapitel 3). Abbildbar und damit kontrollierbar wird die flächendeckende, differenzierte Erfassung und Fortschreibung der vorhandenen und geplanten Bodennutzungen als Grundlage für ein Flächenmanagement.

Informationsbestand

Ökologische Informationen zum Umweltmedium Boden sind auf kommunaler Ebene spärlich (vgl. Kapitel 2). Sie beschränken sich in der Regel auf Reichsbodenschätzung und (seltener) Bodenübersichtskarten im nicht besiedelten Außenbereich. In Einzelfällen liegen Schadstoffkataster oder Bestandsaufnahmen im Rahmen von Forschungsprojekten vor.

Die Bodeninformationen betreffen nur das "Liegende". Daten zu Substratströmen finden sich nur in Ausnahmefällen und zwar in Abfallstatistiken bzw. Abfallwirtschaftsplänen. Das wird sich in Zukunft ändern: im Rahmen von Abfallwirtschaftskonzepten der Länder bzw. der Entsorgungsinstitutionen werden in den nächsten Jahren Informationssysteme zur "Dynamik" aufzubauen sein, um den Durchbruch zur "Stoffwirtschaft" zu ermöglichen.

Zu punkt- und flächenbezogenen Aussagen nutzbar sind aber einige weitere Informationsgrundlagen, betrachtet man vorliegende Erhebungen und Informationen wie:

- Bodenkarten (aus Forst- und Landwirtschaft, spezielle Stadtboden- und Bodenübersichtskarten),
- Geologische/hydrogeologische Karten,
- Baugrundplanungskarten,
- Stadtplanungs- und Nutzungskarten (Flächennutzungspläne, Realnutzungserhebungen),
- historische Karten (Stadtpläne, Kriegsschadenskarten, Erhebungen zum Gebäudealter),

- Objekt- und projektbezogene Untersuchungen (Baugrunduntersuchung, Altlastensanierung, landschaftspflegerische Begleitpläne),
- Versiegelungserhebungen (auf der Basis von Rastern, Nutzungseinheiten oder Versiegelungsklassen), allgemeine Oberflächeneigenschaften,
- Fernerkundungsdaten (Oberflächentemperaturen, Versiegelung),
- Wissenschaftliche Erhebungen (Forschungsprojekte).

Selten, aber von großer Bedeutung für ein Bodenmanagement unter Nutzung von Substratströmen sind Bodenbelastungskataster insbesondere hinsichtlich Schad- und Nährstoffen. Kaum vorhanden sind ferner Darstellungen räumlicher Belastungen (z.B. Flächenverbrauch), wie eine Auswertung von 108 "Katastern" (DIFU, 1989) zeigte. Informationen zur Nutzungsdynamik bzw. Substratströmen sind nicht erfaßt worden.

Flächendeckende Bodenbelastungskataster im Rahmen von Landes-Bodeninformationssystemen sind erst im Aufbau (vgl. NEITE u. THIELE, 1993). Sie sollen als Grundlage für Auswertungen und Bewertungen stofflicher Belastungen dienen, z.B. zur Ableitung lokaler und regionaler Referenz- und Hintergrundwerte.

Von weitaus größerem Nutzen für Bodenmanagement sind - bisher noch nicht realisierte - Stadtbodeninformationssysteme. Das fortschrittlichste Konzept eines Stadtboden-Informationssystems wird z.Z. im Saarland im Rahmen eines Forschungsvorhabens diskutiert. Der Aufbau des Bodeninformationssystems SAAR-BIS (1992) dient der Sammlung und Weiterverarbeitung aller im Saarland vorhandenen bodenbezogenen Daten. Es soll eine Datenbasis zum Zwecke des Bodenschutzes darstellen, die der Beurteilung von nutzungsbedingten Risiken für den Boden dient. Ein Schwerpunkt bildet das Stadtbodeninformationssystem mit hoher räumlicher Auflösung. Zur flächenbezogenen Verarbeitung der Daten dient das Geographische Informationssystem ARC/INFO.

Dokumentation und Güteüberwachung

Voraussetzung substratorientierter Bodenbewirtschaftung ist ein ***Dokumentations- bzw. Verwertungskataster.*** Damit sind 2 Teilaufgaben umrissen:

a) jederzeit genaue Informationen über die Herkunft und Menge von Substraten, deren Zusammensetzung und Belastungen, angewandte Behandlungstechniken und erzielte Reinigungsleistungen, und

b) flächenbezogene Informationen über geeignete Nutzungen zur Substratverwertung erhalten zu können.

Bodenmanagement ist ohne Dokumentatios- und Verwertungskataster nicht leistbar. Die Rückholbarkeit der Einbaumaterialien muß grundsätzlich gewährleistet sein. Mindestanforderungen sollten sein:

- Herkunft bzw. Bodenakteur;
- Entstehungsprozeß
  * technischer Prozeß
  * Bodenaushub (Herkunftsort)
  * Bodenreinigung (Verfahren);
- Menge und physikalische Beschreibung;
- Schadstoffangaben, Analysenergebnisse;
- Datum der Verwertung/des Einbaus;
- Ziel der Verwertung/des Einbaus;
- Bodenakteur Einbau (Firma, Kommune).

Betroffene Flächen und zugehörige Daten-Dokumentation können in einem GIS verarbeitet werden.

Die Güteüberwachung ist in direktem Zusammenhang mit der Dokumentation zu sehen. Wichtigste Teilaufgabe ist die Überwachung von Substrat-Chargen, damit z.B.

- belastete und unbelastete Chargen nicht vermischt werden;
- bereits während des Aushubvorgangs Substrate unterschiedlicher Qualität identifiziert, getrennt und gekennzeichnet werden;
- in der Aufbereitung die "richtigen" Substrate zu den erwünschten Qualitäten zusammengeführt werden;
- die Verwertung vor Ort entsprechend dem Flächen-Substrat-Konzept realisiert wird.

Literatur

AEY, W. (1987): Ökologische Kartierung in der Lübecker Altstadt. Exkursion zur 9. Sitzung der Arbeitsgruppe "Biotopkartierung im besiedelten Bereich", September 1987 in Rendsburg. Manuskript, unveröffentlicht

AG BOFO (1993), Bodenforschungsgemeinschaft Hamburg: Erfassung und funktionale Bewertung urban-industriell überformter Böden. Hauptbericht zum BMFT-Forschungsvorhaben 0339168A. Hamburg 1992, unveröffentlicht

AGU (1992), Arbeitsgemeinschaft Umwelthygiene im Bayrischen Staatsministerium des Innern: Hygienische Bewertung von Schadstoffen im Boden - Metalle im Boden von Kinderspielplätzen - Blätter zur Fortbildung Nr. 10, Aug. 1992

AK STADTBÖDEN (1989): Empfehlungen des Arbeitskreises Stadtböden der Deutschen Bodenkundlichen Gesellschaft für die bodenkundliche Kartieranleitung urban, gewerblich und industriell überformter Flächen (Stadtböden). UBA-Texte

ANONYM (1987a): Verordnung über Schadstoffe im Boden (VSBo) vom 9. Juni 1986 (Stand 1987). Der Schweizerische Bundesrat

ANONYM (1987b): Erkenntnisse und Empfehlungen - Thesen, in: Flächenhaushaltspolitik, ein Beitrag zum Bodenschutz. Akademie für Raumforschung und Landesplanung. Forschungs- und Sitzungsberichte, Bd. 173, S. 5 - 9

ANONYM (1988): Leidraad Bodemsanering Deel II, Technisch Inhoudelijk Deel. Afl. 4, Nov. '88, Sdu uitgeverij, 'S Gravenhage 1988

ANONYM (1990): Bewertungskriterien für die Beurteilung kontaminierter Standorte in Berlin (Berliner Liste), Amtsblatt Berlin, 28.12.1990

ANONYM (1991): Sechste Allgemeine Verwaltungsvorschrift zum Abfallgesetz (TA Siedlungsabfall). Entwurf vom 22. Nov. 1991

ANONYM (1992a): Klärschlammverordnung vom 15. April 1992. BGBL 1992, Teil I, S. 912 - 934

ANONYM (1992b): Klärschlamm-Poker um landwirtschaftliche Flächen hat begonnen. Kommunale Briefe für Ökologie Nr. 21, 1992

ANONYM (1993a): Entwurf zum Bundes-Bodenschutzgesetz - Erstmals bundeseinheitliche Standards für Bodensanierungen. Umwelt 12/93, S. 483-484

ANONYM (1993b): Kombinierte Verwertung von Biomüll und Klärschlamm. Kommunale Briefe für Ökologie Nr. 15, 1993

ATKIS (1987): "Amtliches Topographisch-Kartographisches Informationssystem" Arbeitsgemeinschaft der Vermessungsverwaltungen der Länder der Bundesrepublik Deutschland (AdV). Wiesbaden, Dezember 1987

AUBE (1987), "Arbeitsgruppe Umweltbewertung Universität Essen" Ökologische Qualität in Ballungsräumen - Methoden zur Analyse und Bewertung - Strategien zur Verbesserung. Der Minister für Umwelt, Raumordnung und Landwirtschaft des Landes NW (Hrsg.), 1987

BACCINI, P., BELEVI, H. und T. LICHTENSTEIGER (1992): Die Deponie in einer ökologisch orientierten Volkswirtschaft. GAIA 1 (1992) Nr. 1, S. 34 - 49

BACHMANN, G. (1989): Boden -Schutz, -Nutzung, Belastung. Forum Wissenschaft Nr. 1/89. BdWi, Marburg 1989

BAUHUS, J. und K-J. MELWES (1991): Zum Problem der Nitratauswaschung nach Grünabfallausbringung in Wäldern, in: Mitt.Dt.Bodenkdl.Ges. 66, S. 275 - 278

BAUMANN, J. (1989): Bedeutung der Kompostierung aus der Sicht des Bundesverbandes Garten-, Landschafts- und Sportplatzbau, in: WIEMER (Hrsg.): Kompostierung International. Abfallwirtschaft H. 2, Universität Kassel, Witzenhausen 1989

BERGS, C. und F. HEBESTREIT (1993): Landwirtschaftliche Klärschlammverwertung nach der neuen Klärschlammverordnung. Entsorgungspraxis 2/93, S. 51 - 55

BERLEKAMP, L.-R., KAMIETH, H. und N. PRANZAS (1990): Eine neue Systematik urbaner Nutzungstypen. Allgemeine planerische Relevanz und ihre besondere Bedeutung für die Erhebung von Bodenversiegelungen. Landschaft und Stadt, 22 (3), S. 105-113

BFLR (1990), Bundesforschungsanstalt für Landeskunde und Raumordnung: Wohnbaulandbedarf für 2,5 Millionen Neubauwohnungen. Ergebnisse aktueller Modellrechnungen der BfLR, in: BfLR Mitteilungen Juli 1990, Selbstverlag, Bonn 1994

BFLR (1994), Bundesforschungsanstalt für Landeskunde und Raumordnung: Bodenmanagement. Informationen zur Raumentwicklung. Heft 1/2 1994. Selbstverlag, Bonn 1994

BKS (1992), Bundesverband der kommunalen Spitzenverbände: Stellungnahme zur UVPVwV, 13 S., Köln, Feb. 1992

BKS (1993), Bundesverband der kommunalen Spitzenverbände: Mustersatzung zur Erhebung von Kostenerstattungsbeiträgen nach § 8a Bundesnaturschutzgesetz

BLUME, H.-P., SUKOPP, H. (1976): Ökologische Bedeutung anthropogener Bodenveränderungen. Schr. Reihe Vegetationskunde Bd. 10, 75-89

BLUME, H.-P. (1988): Zur Klassifikation der Böden städtischer Verdichtungsräume, in: Mitt. Dt. Bodenkdl. Ges. 56, S. 323 - 326, 1988

BLUME, H.-P. (1993): Bodenschutz und Bodenschutzrecht aus der Sicht der Bodenforschung. Mitt.Dt.Bodenkdl.Ges. 72, S. 37 - 48, 1993

BMI (1985), Der Bundesminister des Inneren (Hrsg.): Bodenschutz- konzeption der Bundesregierung. Bundestagsdrucksache 10/2977 vom 7. März 1985

BMU (1988), Der Bundesminister für Umwelt, Naturschutz und Reaktorsicherheit (Hrsg.): Bericht der Bundesregierung an den Deutschen Bundestag: Maßnahmen zum Bodenschutz. Bundestagsdrucksache 11/1625 vom 12.1.88

BMU (1990), Der Bundesminister für Umwelt, Naturschutz und Reaktorsicherheit (Hrsg.): Maßnahmen der Bundesregierung nach § 14 Abfallgesetz. Umwelt Nr. 6/1990

BMU (1992), Der Bundesminister für Umwelt, Naturschutz und Reaktorsicherheit: Entwurf der UVP-Verwaltungsvorschrift, Bonn, 13. Mai 1992

BMU (1993), Der Bundesminister für Umwelt, Naturschutz und Reaktorsicherheit: Gesetz zum Schutz des Bodens - Referentenentwurf, Bonn, 22.9.1993

BOETTICHER, M., FISCH, R. (1988): Zur Einführung des Biotopflächenfaktors (BFF) in die Landschafts- und Bauleitplanung, in: Das Gartenamt 37, Heft 1, S. 26 - 30

BÖHME,S. (1986): Zum Zusammenhang von Oberflächenversiegelung und Vegetationsvolumen städtischer Teilgebiete - dargestellt am Beispiel der Stadt Erfurt, in: Landschaftsarchitektur 15, 2, VEB Dt. Landwirtschaftsverlag Berlin 1986

BRANDT, E. (1993): Altlasten und Bodenschutz, in: BRANDT (Hrsg.): Altlasten - Bewertung, Sanierung, Finanzierung. Blottner Verlag, Taunusstein 1993

BRASSEL, K.E. (1988): Erste Bilanz, in: Die Nutzung des Bodens in der Schweiz. Züricher Hochschulforum Band 11. Verlag der Fachvereine Zürich

BREMER, H.., ROHWEDER, U. (1994): Hamburger Sanierungsleitwerte für Grundwasser- und Bodenkontaminationen, in: EINSELE, ROSENKRANZ, HARREß (Hrsg.): Handbuch Bodenschutz, E. Schmidt Verlag

BRIDGES, M.E. (1989): Soils in the urban jungle, in: Geographical Analysis 9/89

BÜKER, D., GÜNTHER, H. und A. KOMODROMOS (1994): Komostierung: Ein Geschäftsfeld mit Zukunft. Müll & Abfall, 8/94, S. 453-463

BUND (1992): Bund für Umwelt und Naturschutz Deutschland, LV Hessen (Hrsg.): Bioabfallkompostierung - vorrangige Abfallverwertung, Schr.R. für Natur- und Umweltschutz, H.8

BURGHARDT, W., D.A. HILLER, M. HINTZKE, H. MEUSER, R. WESSEL (1991): Abiotische und biotische Eigenschaften eines thermisch gereinigten Bodens, in: Mitt. Dt. Bodkdl. Ges., 66 II, S. 609 - 612

CORDSEN,E., SIEM,H.K., BLUME,H.-P. und H. FINNERN (1988): Bodenkarte 1:20.000 Stadt Kiel und Umland, in: Mitt. Dt. Bodenkundl. Gesellschaft 1988

DANNEMANN, H., LANGE, W. u. H.J. FRITZ (1992): Technische Nutzung für die nutzungsbezogene Aufbereitung von Altstandorten und mögliche Vorgehensweise bei der Übertragung auf neue Nutzer, in: FRANZIUS (Hrsg.): Sanierung kontaminierter Standorte 1991. Abfallwirtschaft in Forschung und Praxis, 46, E. Schmidt Verlag, Berlin 1992

DAVID, C.-H. (1990): Öko-Land-Banking. Bodenerwerb und Landmanagement der öffentlichen Hand als Instrument der Umweltpolitik. Beiträge zur Umweltgestaltung A 122, Erich Schmidt Verlag

DEGGAU, M., RADERMACHER, W. und H. STRALLA (1989): Pilotstudie statistisches Informationssystem zur Bodennutzung (STABIS) - Voruntersuchung. Schr. Reihe "Forschung" des Bundesministers für Raumordnung, Bauwesen und Städtebau, 471, S. 1-183, Bonn-Bad Godesberg

DELSCHEN, T. (1992): Umweltverträglicher Einsatz von Abfallkomposten. Vereinbarung über Grundsätze der Anwendung von Abfallkomposten in Nordrhein-Westfalen. LÖLF-Mitt. 4/92, S. 45-48

DENNEMANN, C.A.J., ROBBERSE, J.G. (1993): Boden-Standards im Rahmen des Niederländischen Bodenschutzes, in: EINSELE, HARRESS: Handbuch des Bodenschutzes, E. Schmidt Verlag, Berlin

DIFU, Deutsches Institut für Urbanistik (1989): Auswertung kommunaler Bodenbelastungskataster. Materialien 4/91. Berlin, Mai 1989

DIRLMEIER, U. (1989): Zu den Lebensbedingungen in der mittelalterlichen Stadt: Trinkwasserversorgung und Abfallbeseitigung, in: HERRMANN (Hrsg.): Mensch und Umwelt im Mittelalter, Fischer Verlag 1989

DOMSCH, K. (1985): Funktionen und Belastbarkeit des Bodens aus der Sicht der Bodenmikrobiologie. Materialien zur Umweltforschung, H. 13, Verlag Kohlhammer 1985

DOMSCH,K. (1988): Stand der Forschung in der Bodenbiologie und ihre Bedeutung für die landwirtschaftliche Bodennutzung, in: Bodenleben, Bodenfruchtbarkeit, Bodenschutz. Arbeiten der DLG, Band 191, DLG-Verlag Frankfurt 1988

DÜNGELHOFF, J.M. und M. PLANKERT (1983): Hydrochemische Vorgänge in einer Bergeschüttung, in GLA-NW (Hrsg.): Bergehalden und Grundwasser. Geologisches Landesamt Nordrhein-Westfalen, Krefeld 1983

EIKMANN, Th., KLOKE, A. und H.P. LÜHR (1991): IWS-Bodenwertlisten, in: Ableitung von Sanierungswerten für kontaminierte Böden. IWS-Schriftenreihe Bd. 13. E. Schmidt Verlag

EIKMANN, TH., MICHELS, S., KRIEGER, TH. und H.J. EINBRODT (1990): Environmental Hygienic Principles and Aspekts in Establishing Limit Values for Toxic Substances in Soil, in: ARENDT et al. (Eds.): Contaminated Soil, pp.229-236. Kluwer Academic Publishers, Dortrecht-Boston-London 1990

EIKMANN, Th., KLOKE, A. (1993): Nutzungs- und schutzgutbezogene Orientierungswerte für (Schad-)Stoffe in Böden - Eikmann-Kloke-Werte. 2., überarbeitete und erweiterte Fassung, in: ROSENKRANZ/EINSELE/HARREß: Handbuch Bodenschutz, TZ 3590, E. Schmidt V.

FETZER, K.D., LOBENHOFER, M. und E. ENRIGHT (1992): Urbane Böden im Raum Saarbrücken. Kolloquium 'Stadtbodeninformationssystem - ein Schwerpunkt des saarländischen Bodeninformationssystems (SAAR-BIS)'. Saarbrücken 1992

FHB (1991), Freie und Hansestadt Bremen: Empfehlungen des Sen. f. Gesundheit zur Bewertung von Metallkontaminationen in Sand und Boden/Baumaterialien auf Kinderspielplätzen. Freie und Hansestadt Bremen 1991

FHH (1984), Freie und Hansestadt Hamburg: Luftbericht 83/84. Umweltbehörde der Freien und Hansestadt Hamburg, Hamburg 1984

FHH (1985), Freie und Hansestadt Hamburg: Hamburger Umweltberichte 2/85: Gewässergütebericht '84. Umweltbehörde Hamburg

FHH (1988a), Freie und Hansestadt Hamburg: Abfallentsorgungsplanung für komunale Abfälle in Hamburg, Stand September 1988, Baubehörde der Freien und Hansestadt Hamburg

FHH (1988b), Freie und Hansestadt Hamburg: Zur Absetzbarkeit von Hamburger Kompost. Baubehörde Hamburg, unveröffentlicht

FHH (1989), Freie und Hansestadt Hamburg: Abfallwirtschaftsplan 1989 einschließlich Entsorgungsplan gemäß Abfallgesetz. Senat der FHH - Baubehörde

FHH (1990), Freie und Hansestadt Hamburg: Bodenbelastung mit Schwermetallen. Konsequenzen für Bauleitplanung, Baugenehmigungsverfahren und Baudurchführung. Baubehörde, Bauordnungsamt, Landesplanungsamt. Hamburg 1990

FHH (1991), Freie und Hansestadt Hamburg: Anwendung der naturschutzrechtlichen Eingriffsregelung, Bewertungsmaßstab Boden. Ergebnis des Staatsräte-Arbeitskreises am 28.5. 1991, unveröffentlicht

FHH (1993), Freie und Hansestadt Hamburg: Senat beschließt Konzept zum Schutz des Bodens. Staatliche Pressestelle, 31. August 1993

FICHTNER, V. (1977): Die anthropogen bedingte Umwandlung des Reliefs durch Trümmeraufschüttungen in Berlin (West) seit 1945. Abh. d. Geogr. Inst. der FU Berlin Anthropogeographie, 21, 169 S.

FINNECY, E.E. (1986): Incidental and accidental soil pollution, in: EC-Congress "Scientific basis for soil protection". Reader S. 33 - 57, Berlin 1986

FISCHER, B., KÖCHLING, P. (1991): Anforderungen an Bodenrecyclingzentren, in: NORDAC, Norddeutsches Altlastensanierungszentrum (Hrsg.): Einrichtung und Betrieb eines Bodenrecyclingzentrums. Economica Verlag, Bonn 1991

FÖRSTNER, U., CALMANO, W. (1982): Bindungsformen von Schwermetallen in Baggerschlämmen. Vom Wasser 59

FÖRSTNER, U. (1984): Mobilität von toxischen Metallen im Baggerschlamm. Fachseminar Baggergut. Freie und Hansestadt Hamburg 1984

FÖRSTNER, U. (1986): Begrenzung der Schadstoffausbreitung in Böden und Vorschläge zur Sanierung. Vortrag auf dem Symposium über ökonomische Instrumente und Beschäftigungswirkung der Umweltpolitik - Arbeitsgruppe Bodenschutz am 15.1.1986. Harburger Forum "Umwelttechnologie und Beschäftigung in Hamburg" 1986

FRANZIUS, V. (1991): Altlasten - Einführung und Überblick über Begriffsbestimmungen, Erfassung, Sanierungstechniken und Kosten, in: Norddeutsches Altlastensanierungszentrum (Hrsg.): Errichtung und Betrieb eines Bodenrecyclingzentrums. Economica Verlag, 1991

FRICKE, K. und T. TURK (1991): Stand und Stellenwert der Kompostierung in der Abfallwirtschaft, in: WIEMER u. KERN (Hrsg.): Bioabfallkompostierung - flächendeckende Einführung, in: Abfallwirtschaft H. 6, Universität Kassel

FRICKE, K., NIESSEN, H., TURK, T., VOGTMANN, H. und O. HANGER (1992): Situationsanalyse Bioabfall 1991. Müll u. Abfall 8/92

FRÜND, H.-C., RUSZKOWSKI, B., SÖNTGEN, M. und U. GRAEFE (1988): Besiedlung städtischer Böden durch Regenwürmer, Enchytraeiden und bodenlebende Gehäuseschnecken, in: Mitt. Dt. Bodenkundl. Ges. 56, S. 351 - 356, 1988

FUNKE, R., BREMER, H. und U. ROHWEDDER (1991): Sanierungsziele - Reinigungsziele, in: NORDAC (Hrsg.): Errichtung und Betrieb eines Bodenrecyclingzentrums. Praxis der Altlastensanierung Band 2, Economica Verlag, Bonn 1991

FÜRST (1947): Trümmerbeseitigung in Hamburg. Kurzreferat am 26.9.47 vor der Finanzdeputation der Freien und Hansestadt Hamburg. Unveröff. Manuskript, Amt für Trümmerbeseitigung

FÜRST, DIETRICH et al. (1989): Umweltqualitätsziele für die ökologische Planung, in: Umweltforschungsplan des BMU: Forschungsbericht 109 001 08, im Auftrag des Umweltbundesamtes, Hannover 1989

GEISELER, J. (1990): Verwertung von Hochofen- und Stahlwerksschlacken, in: 1. Nordrhein-Westfälischer Recycling-Kongreß. LWA-Materialien Nr. 2/90, Düsseldorf 1990

GETHMANN, C.-F. (1991): Das Setzen von Umweltstandards als Ausdruck gesellschaftlicher Risikogestaltung. Univers. Oldenburg, unveröffentlicht

GOETZ, D., CLAUSSEN, A. und M. KÜHN (1989): Eigenschaften von thermisch gereinigten Bodenmaterialien. Mitt. Dt. bodenkdl. Ges. 59/I, S. 343-348

GOETZ, D., HOLZ, C. (1989): Stoffaustrag aus thermisch gereinigtem Bodenmaterial im Freilandlysimeterversuch. Mitt. Dt. bodenkdl. Ges. 59/I, S. 349-354

GOETZ, (1990): Zur Frage der Umweltverträglichkeit von MV-Schlacke. Kolloquium im Rahmen der 20-Jahrfeier der Fachhochschule Hamburg, April 1990

GÖK, Gruppe Ökologie Hannover GmbH (1993): Handlungsempfehlungen zum Umgang mit leicht kontaminierten Böden in Hannover. Gutachten im Auftrag der Landeshauptstadt Hannover, Amt für Umweltschutz

GÖHREN, H. (1982): Problem der Baggergutuntersuchung des Hamburger Hafens, in: Z. f. Kulturtechnik und Flurbereinigung 23, S. 95 - 104

GOTTSCHALL, R. (1991): Bioabfall- und Grünabfallkompost als Torfersatz und Pflanzsubstrat, in: WIEMER, KERN (Hrsg.): Bioabfallkompostierung - flächendeckende Einführung. Abfallwirtschaft 6, Universität Kassel

GRENZIUS, R. (1987): Die Böden Berlins (West) - Klassifizierung, Vergesellschaftung, ökologische Eigenschaften. Diss. TU Berlin 1987

GRENZIUS, R. und BLUME, H.-P. (1984): Karte der Bodengesellschaften von Berlin (West) 1:75.000; interdisziplinäres Forschungsprojekt der Techn. Univ. Berlin: Karten zur Ökologie des Stadtgebietes von Berlin-W.

HÄBERLI, R., LÜSCHER, C., PRAPLAN CHASTONAY, B. und C. WYSS (1991): Boden Kultur. Vorschläge für eine haushälterische Nutzung des Bodens in der Schweiz. Schlußbericht des Nationalen Forschungsprogramms (NFP) 22 'Nutzung des Bodens in der Schweiz'. Verlag der Fachvereine, Zürich 1991

HANDZIK, K.-H., (1989): Das neue Bauschutt-Merkblatt und dessen Auswirkungen auf die Praxis, in: K. WIEMER (Hrsg.): Bauschuttrecycling in Vollzug und Praxis. Abfallwirtschaft Heft 1. Veröffentlichung des Fachgebietes Abfallwirtschaft und Recycling an der Universität Kassel

HECKMAN, C.W., KAMIETH, H. und R. SCHADE (1987): Harburger Binnenhafen. Forschungsvorhaben im Forschungsbereich Umweltschutz und Umweltgestaltung der Universität Hamburg

HEEB, J. et al. (1990): Denkansätze und Handlungskonzepte für den Bodenschutz in der Schweiz. Bericht 55 des Nationalen Forschungsprogramms Boden. Liebefeld-Bern 1990

HEITING, B., HORCH, K. und G. MÜTZENICH (1989): Rückstandsoptimierte Rauchgasreinigung. Entsorgungspraxis-Spezial Nr. 6, S. 15 - 19

HESSISCHE LANDESREGIERUNG (Hrsg.), 1982 : Umweltbericht der Hessischen Landesregierung, Wiesbaden

HEYN,E. (1955): Zerstörung und Aufbau der Großstadt Essen. Arbeiten zur rheinischen Landeskunde, H. 10, Bonn 1955

HIERSCHE, E.-U. (1989): Aufkommen an alternativen Baustoffen, in: Baustoffrecycling 1990. Stein-Verlag

HIRN, G. (1989): Anforderungen an eine Fortschrittliche Bodenpolitik. Forum Wissenschaft, Studienheft Nr. 7. BdWi, Marburg

HÜBLER, K.-H. (1989): Aktuelle Trends in der Bodenschutzpolitik - ein Prozeß der Verdrängung gesellschaftlicher Probleme. Forum Wissenschaft, Studienheft Nr. 7. BdWi, Marburg 1989

ICRCL (1987): Guidance on the Assessment and Redevelopment of Contaminated Land. Interdepartmental Committee on the Redevelopment of Contaminated Land (ICRCL), ICRCL Paper 59/83

IFS (1988): Städtebauliche Lösungsansätze zur Verminderung der Bodenversiegelung als Beitrag zum Bodenschutz. Institut für Stadtforschung und Strukturpolitik. Berlin 1988

ISP/ARUM (1991), E. Pestel Institut für Systemforschung/Arbeitsgemeinschaft Umweltplanung: Ökobilanz der EXPO 2000 für den erweiterten Großraum Hannover. Gutachten im Auftrag der Niedersächsischen Staatskanzlei und des Ndrs. Umweltministeriums. Hannover, 1991

JAGER, J., FRICKE, K., VOGTMANN, H. und M. WILKEN (1989): Bewertung von organischen Schadstoffen im Kompost. Witzenhäusener Abfalltage. Grundlagen zur Kompostierung von Bioabfällen, Bd. II, S. 117 - 127, Witzenhausen 1989

KEHRER, E. (1990): Regionale Bodenbehandlungsanlagen - Planerische und technologische Anforderungen an die stationäre Behandlung kontaminierter Böden in Hamburg. Diplomarbeit Technische Universität Hamburg-Harburg, Städtebau/Stadtplanung.

KERSTING, A., PINGEL, P., SCHNEIDER, S. und W.G. SCHRAPS (1993): Stadtbodenkartierung Herne-Sodingen, ein Pilotprojekt des GLA Nordrhein-Westfalen. Mitt.Dt.Bodenkdl.Ges. 72, 967 - 970

KILGER, R. und GRIMSKI, D. (1993): Bodenbehandlungszentren - Konzept und Sachstand, in BRANDT (Hrsg.): Altlasten - Bewertung, Sanierung, Finanzierung. E. Blottner Verlag, Taunusstein 1993

KINNER, U., KÖTTER, L. und M. NIKLAUß (1986): Branchentypische Inventarisierung von Bodenkontaminationen. UBA-Texte 31/86. Berlin, Oktober 1986

KISTENMACHER, H., DOMHARDT, H.-J. und J. STOFFEL (1991): Flächenhaushaltspolitik. Erfordernisse und Instrumente einer Flächenhaushaltspolitik, insbesondere zur Verbesserung des Boden- und Freiraumschutzes in Rheinland-Pfalz. Forschungsprojekt im Auftrag des Min. für Umwelt und Gesundheit Rheinland-Pfalz (Referat 1016, Nr. 12), Abschlußbericht

KLEGRAF (1992): Abfallbilanz 1991. Min. f. Umwelt Rheinland-Pfalz (Hrsg.). Mainz, Juli 1992

KLOKE,A. (1980): Richtwerte '80, Orientierungsdaten für tolerierbare Gesamtgehalte einiger Elemente in Kulturböden, in: Mitt. VDLUFA, H. 1-3, S. 9 - 11, 1980

KLOKE, A. (1981): Anforderungen der Landwirtschaft an den Klärschlamm. In: Gewässer, Wasser, Abwasser. H. 45, S. 511 - 529

KLOKE, A. (1987a): Umweltstandards - Material für Raumordnung und Landesplanung, in: Wechselseitige Beeinflussung von Umweltvorsorge und Raumordnung. Forschungs- und Sitzungsberichte Bd.165, Akademie für Raumforschung und Landesplanung, Hannover 1987

KLOKE, A. (1987b): Wissenschaftliche Vorgaben zur Reinigung schadstoff- insbesondere schwermetallbelasteter Böden, in: FRANZIUS (Hrsg.): Sanierung kontaminierter Standorte. E. Schmidt Verlag, Berlin 1987

KLOKE, A. (1988a): Grundlagen zur Ermittlung von nutzungs-bezogenen, höchsten akzeptierbaren Schadstoffgehalten in innerstädtischen und stadtnahen Böden, in: Altlastensanierung '88. Zweiter internationaler TNO/BMFT Kongreß über Altlastensanierung, April 1988, Hamburg

KLOKE, A: (1988b): Das "Drei-Bereiche-System" für die Bewertung von Böden mit Schadstoffbelastung. VDLUFA-Schriftenreihe 28/2, Kongreßband 1988, S. 1117 - 1127

KLOKE, A. (1991): Ansätze zur Bewertung von Schadstoffen in urbanen Böden, in: Ableitung von Sanierungswerten für kontaminierte Böden. IWS-Schriftenreihe Bd. 13. E. Schmidt Verlag

KLOKE, A., LÜHR, H.-P. (1991): Das Drei-Bereiche-System (DBS) zur Beurteilung von (Schad-) stoffen in Böden, in: Ableitung von Sanierungswerten für kontaminierte Böden. IWS-Schr.Reihe Bd. 13. E. Schmidt Verlag

KNAUER, P. (1989): Umweltqualitätsziele, Umweltstandards und ökologische Eckwerte, in: HÜBLER, OTTO-ZIMMERMANN (Hrsg.): Bewertung der Umweltverträglichkeit, Blottner

KNEIB,W.D. und SCHWARZE-RODRIAN,M. (1986): Entwicklung von Kenngrößen zum Einbezug des Bodenschutzes in die Stadtplanung. Vorstudie im Auftrag des UBA

KNEIB, W.D. (1992): Bodenkundliche Aspekte der Altlastenerfassung und -bewertung, in: Mitt. d. Dt. Bodenkdl. Ges. 67, S. 25-28

KNÖPP, H. (1989): Beseitigung kontaminierten Baggergutes - Sachzwänge, Lösungen und Schlußfolgerungen, in: BÖHNKE (Hrsg.): Abfälle beseitigen, Klärschlamm nutzen, Trinkwasser gewinnen - Technik im Zeichen des Umweltschutzes. Gewässerschutz-Wasser-Abwasser 85, S. 875 - 904, 1986

KOHLER (1993): Vom "Downcycling" zum Recycling. Bonner Umwelt und Energiereport 3/93, S. 52 - 54

KÖNIG, W., DELSCHEN, T. und M. HANNEN (1993): Bodenschutz und schädliche Stoffeinträge. Wasser und Boden 9/93, S. 681-686

KÖTTER, L., NIKLAUß, M. und A. TOENNES (1989): Erfassung möglicher Verunreinigungen auf Altstandorten. Kommunalverband Ruhrgebiet, Essen 1989

KRAUSE, K.H. (1986): Großmaßstäbige Flächennutzungskartierungenunter stadtökologischen Aspekten, in: Landschaftsarchitektur 15, 2, S. 48 - 50, VEB Dt. Ldw. Verlag Berlin 1986

KRIETER, M. (1986): Untersuchungen von Bodeneigenschaften und Wurzelverteilungen an Straßenbaumstandorten, in: Das Gartenamt 35, 1986, 11

KÜHLING, W. (1986): Planungsrichtwerte für die Luftqualität, ILS-Materialien, Dortmund 1986

KUNTZE, H. (1993): Moore als Senken und Quellen für Kohlenstoff und Stickstoff, in: Mitt. Dt. Bodenkdl. Ges. 69, S. 277 - 280

KUNTZE, H., ROESCHMANN, G. und G. SCHWERDTFEGER (1988): Bodenkunde. 4. Auflage, Verlag Ulmer, Stuttgart 1988

LAGA (1984), Länderarbeitsgemeinschaft Abfall (Hrsg.): Merkblatt 10 - Qualitätskriterien und Anwendungsempfehlungen für Kompost aus Müll und Müll/Klärschlamm. Mitt. der LAGA 8, E. Schmidt Verlag, Berlin 1984

LAGA (1985), Länderarbeitsgemeinschaft Abfall (Hrsg.): Merkblatt über die Verwendung von industriellen Nebenprodukten im Straßenbau. E. Schmidt Verlag, Berlin 1985

LAGA (1992), Länderarbeitsgemeinschaft Abfall (Hrsg.): Laga-Informationsschrift Abfallarten. E. Schmidt Verlag, Berlin 1992

LAGA (1994), Länderarbeitsgemeinschaft Abfall: Anforderungen an die stoffliche Verwertung von mineralischen Reststoffen/Abfällen (Technische Regeln) vom 1.3.1994

LALUBIE, C., KNEIB, W.D. und B. SCHEMSCHAT (1993): Die Bodenschutzmaßnahmenkarte des Ruhrgebiets. Mitt. Dt. Bodenkdl. Ges., 72, S. 1001 - 1004

LANDTAG NW (1989): Abbau von Zukunftsblockaden und Schaffung neuer Arbeitsplätze - Beseitigung des Industrieflächennotstandes. Drs. 10/4070 vom 20.2. 1989, Entschließungsantrag aller Fraktionen.

LAWA, Landesamt für Wasser und Abfall NRW (1992): Fachtechnische Anforderungen an die Herstellung von kulturfähigem Boden unter Verwendung kommunaler Klärschlämme. Jahresbericht '91, Selbstverlag 1992, S. 65-66

LFU, Landesanstalt für Umweltschutz (1989): Grenzwerte und Richtwerte für die Umweltmedien Luft, Wasser, Boden. Karlsruhe 1989

LHH, Landeshauptstadt Hannover (1991): Abfallwirtschaftsprogramm 1991-1995 für nicht ausgeschlossene Abfälle

LHH (1992), Landeshauptstadt Hannover: Betriebsdaten - Amt für Abfallwirtschaft und Stadtreinigung, Stand : Ende 1992

LÖLF, Landesanstalt für Ökologie, Landschaftsentwicklung und Forstplanung NW (1983): Mindestuntersuchungsprogramm Kulturboden, Recklinghausen 1983

LÜHR, H.-P. (1986): Gefährdungspotential, in: Altablagerungen und Altlasten. Heft 10 der Schr. R. des Nieders. Städte- und Gemeindebundes, Hannover 1986

LÜHR, H.-P. (1990): Umweltvorsorge und Abfall, in: Abfallwirtschaft. Loccumer Protokolle 11/90

LUCKS, U., SARTORIUS, R. (1985): Synoptische Darstellung einiger ausgewählter bodenrelevanter Schadstoffe, in: Boden - das dritte Umweltmedium. Forschungen zur Raumentwicklung Bd. 14, Bundesforschungsanstalt für Landeskunde und Raumordnung, Bonn, 1985

LYNAR, W., SCHNEIDER, U., BRAHMS, E. (1989): Bodenschutz in Stadt- und Industrielandschaften. Verlag Blottner, Taunusstein 1989

MAGS/NW (1990): Erlaß des Ministers für Arbeit, Gesundtheit und Soziales des Landes Nordrhein-Westfalen: VB 4 - 0292.5.3, Düsseldorf 1990

METZGER, F. (1993): Stadtbodenkartierung, Beitrag zur Grunddatenerhebung für die Planung - Erfahrungen aus dem Pilotprojekt Oberhausen-Brücktorviertel. Mitt. Dt. Bodenkdl.Ges. 72, 1013 - 1016

MEUSER, H. (1991): Verteilung unterschiedlicher technogener Substrate in Essener Stadtböden, in: Mitt. Dt. Bodenkdl. Ges. 66, S. 819 - 822

MEYER, B. (1993): Kommunaler Biomüll-Kompost, Recyclierung, Bodenschutz. Mitt.Dt. Bodenkdl.Ges. 72, 1379 - 1382

MLS (1984): Freiraumbericht. Ministerium für Landes- und Stadtentwicklung des Landes NRW. MLS informiert 1/84.Düsseldorf 1984

MOEN, J.E.T. (1988): Bodenschutz in den Niederlanden, in: WOLF, K., v.d. BRINK, W.J. und F.J. COLON (Hrsg.): Altlastensanierung 88, Zweiter Internationaler TNO/BMFT-Kongreß über Altlastensanierung, Bd. I, S. 1533 - 1542. Hamburg 4/1988

MÖNNINGHOFF, H. und PÖPPELBAUM, M. (1992): Über den Umgang mit schadstoffbelasteten Grundstücken in der Kommune am Beispiel der Landeshauptstadt Hannover. Müll und Abfall 11/92, S. 806 - 809

MOLL, O. und SPEETZEN, F. (1987): Durchführung der Bodenkartierung in Hamburg, in: Mitt. Dt. Bodenkdl. Ges. Bd. 55/II, S. 805 - 806

MU-BW (1988): Ministerium für Umwelt Baden-Württemberg (Hrsg.): Informationsschrift zur Entsorgung von Erdaushub, Straßenaufbruch und Bauschutt, Verw.vorschrift vom 13.7. 1988

MU-BW (1993a): Ministerium für Umwelt Baden-Württemberg: Dritte Verwaltungsvorschrift zum Bodenschutzgesetz über die Ermittlung und Einstufung von Gehalten anorganischer Schadstoffe im Boden (VwV Anorganische Schadstoffe) vom 24.8. 1993

MU-BW (1993b): Ministerium für Umwelt Baden-Württemberg: Technische Verwertung von Bodenaushub - ein Beitrag zum sparsamen und schonenden Umgang mit dem Boden. Heft 24 der Reihe Luft, Boden, Abfall

MU-HESSEN (1990): Hess. Min. für Umwelt und Reaktorsicherheit (Hrsg.): Verwaltungsvorschrift für die Entsorgung von unbelastetem Erdaushub und unbelastetem Bauschutt v. 11.10.1990

MU-RHEINLAND-PFALZ, Ministerium für Umwelt und Gesundheit Rheinland-Pfalz (Hersg.) (1988): Leitfaden zur Behandlung von Erdaushub, Bauschutt, Straßenaufbruch

MU-SAAR (1990): Bekanntmachung des Bodenschutzprogramms des Saarlandes vom 25.1.1990 durch den Minister für Umwelt. Amtsblatt des Saarlandes Nr. 14 vom 5. März 1990

MÜCKENHAUSEN,E.(1977): Entstehung, Eigenschaften und Systematik der Böden der Bundesrepublik Deutschland. DLG-Verlag Frankfurt 1977

MÜCKENHAUSEN,E. und E. SCHÖNHALS (1989): Zur Geschichte der Deutschen Bodenkundlichen Gesellschaft und der Bodenforschung. Dt. Bodenkdl. Ges. (Hrsg.), 1989

MÜLLER, R. (1993): Kontaminierter Boden - Abfall oder Wirtschaftsgut ? Altlasten-Spektrum 3/93, S. 131 - 136

NEITE, H. und V. THIELE (1993): Aufbau eines Bodenbelastungs-katasters für Nordrhein - Westfalen. Mitt. Dt. Bodenkdl. Ges. 72, S. 1021 - 1024

NEIDHART (1992): Klärschlammverwertung auf landwirtschaftlich genutzten Böden. Nds. Landwirtschaftsministerium, 17 S., unveröffentlicht

NLFB (1993), Niedersächsische Landesanstalt für Bodenforschung (Hrsg.): Rohstoffsicherungsbericht Niedersachsen 1993

PALSMA, A.J., DIEPENDAAL, M.J., AELMANS, F.G., HOEKSTRA, E.J., LEGET, A.C. und H.J. VAN VEEN (1993): Dauerhafte Bodennutzung. Ein TNO-Konzept, in: ARENDT (Hrsg.): Altlastensanierung '93. Kluver academic Publishers, 1993

PIETSCH, J. und H. KAMIETH (1991): Stadtböden - Entwicklungen, Belastungen, Bewertung und Planung. E. Blottner Verlag, Taunusstein 1991, 304 S.

PIETSCH, J. (1989): Umweltqualitätsziele - Methodische Anmerkungen zu einer normativen Basis von Umweltwahrnehmung, in: Leipert/ Zieschank (Hrsg.): Perspektiven der Wirtschafts- und Umweltberichterstattung, Berlin 1989

POLETSCHNY (1992): Kompostverwertung im Land- und Gartenbau aus der Sicht des Verbandes Deutscher Landwirtschaftlicher Untersuchungs- u. Forschungsanstalten, VDLUFA, Darmstadt 1992

RACH, D. (1987): Landschaftsverbrauch in der BRD, in: Inf. z. Raumentwicklg.,H. 1/2,S. 27 - 43

RAL e.V. (1988), Deutsches Institut für Gütesicherung und Kennzeichnung: Tennenbaustoffe für Sportanlagen. Gütesicherung RAL - GZ 515

RAL e.V. (1991a), Deutsches Institut für Gütesicherung und Kennzeichnung: Grundlage für Umweltzeichenvergabe (Umweltbundesamt) - Bodenverbesserungsmittel/Bodenhilfsstoffe aus Kompost RAL-UZ 45

RAL e.V. (1991b), Deutsches Institut für Gütesicherung und Kennzeichnung: Güte- und Prüfbestimmungen für die Aufbereitung zur Wiederverwendung von kontaminierten Böden und Bauteilen. Gütesicherung RAL-RG 501/2, Ausgabe August 1991

RAL e.V. (1992): Gütesicherung Kompost, RAL-GZ 251, Fassung Januar 1992

REIMANN, D. (1992): Verwertungsmöglichkeiten von Mülverbrennungsschlacken. Müll und Abfall 9/92

REINIRKENS, P. (1988): Urbane Böden: Ein anwendungsorientierter, stadtökologischer Klassifikationsversuch, in: Mitt. Dt. Bodenkdl. Ges. 56, S. 393 - 398

RP-STUTTGART (1992): Konzeption - Verwertung und Entsorgung von Baurestmassen. Regierungspräsidium Stuttgart, Abteilung VII - Umwelt

RUH, H., BRUGGER, F. und C. SCHENK (1990): Ethik und Boden. Bericht 22 des Nationalen Forschungsprogramm 22 "Nutzung des Bodens in der Schweiz", Liebefeld-Bern 1990

RUNGE,M. (1975): Westberliner Böden anthropogener Litho- oder Pedogenese. Diss. TU Berlin

SAAR-BIS (1992): Kolloquium "Stadtbodeninformationssystem - ein Schwerpunkt des saarländischen Bodeninformationssystems SAAR-BIS. Geologisches Landesamt des Saarlandes, F&E - Vorhaben SAAR-BIS, Saarbrücken, September 1992

SCHLEINIGER u. BACCINI (1993): Das Verursacherprinzip: Eine Anwendung bei der Siedlungsabfallentsorgung. GAIA 2 (1993) Nr. 1, S. 42 - 49

SCHLICHTING, E. (1970): Bodensystematik und Bodensoziologie, in: Z. Pflanzenernährung und Bodenkunde, 127, S. 1 - 9, 1970

SCHMIDT, R. (1986): Bodenbelastungen in Kleingärten - mögliche Ursachen und Gefahren, in: Hohenheimer Arbeiten - Bodenschutz. Tagung über Umweltforschung an der Universität Hohenheim. Verlag Ulmer, Stuttgart 1986

SCHOLICH, D. und G. TUROWSKI (1987): Flächenkataster und Flächenbilanzen für eine wirksame Flächenhaushaltspolitik, in: Flächenhaushaltspolitik - Ein Beitrag zum Bodenschutz. Akademie für Raumforschung und Landesplanung, Forschungs- und Sitzungsberichte Band 173, Hannover 1987

SCHOLLES, F. (1990): Konzepte zur Verwendung von Umweltqualitätszielen bei komplexen Planungsvorhaben - Stellungnahme aus der Wissenschaft, in: Beiträge zur räumlichen Planung, Schr.R. des Fachbereichs Landespflege der Universität Hannover, H. 27

SCHÖNBERGER, H. (1990): Klärschlamm - Kontamination auf Raten. Zur Schadstoffproblematik des Klärschlamms. Berlin 1990

SCHRIEWER, H. (1991): Das Brikollare-Verfahren der Firma Rethmann, in: Bioabfallkompostierung - flächendeckende Einführung. Abfall-Wirtschaft H. 6, Universität Kassel

SCHRÖDER, D. (1983): Bodenkunde in Stichworten. Hirt Verlag

SCHULTE, W., VOGGENREITER, V. (1986): Flächendeckende Biotopkartierung im besiedelten Bereich als Grundlage für eine stärker naturschutzorientierte Stadtplanung. Natur und Landschaft, 7/8, S. 275 - 282, Bonn 1986

SCHULZE, H.-D., POHL, W., GROSSMANN, M. (1984): Grünvolumenzahl und Bodenfunktionszahl in der Landschafts- und Bauleitplanung. Schr.R. Umweltbehörde Hamburg H.9

SEMMEL, A. (1983): Grundzüge der Bodengeographie. Stuttgart 1983

SENATOR FÜR STADTENTWICKLUNG UND UMWELTSCHUTZ (1984): Der Landwehrkanal und der Neuköllner Schiffahrtskanal - Wassermenge, Wassergüte, Sanierungskonzeptionen. Besondere Mitteilungen zum Gewässerkundlichen Jahresbericht des Landes Berlin

SENATOR FÜR STADTENTWICKLUNG UND UMWELTSCHUTZ (1985): Umweltatlas Berlin, Teil I und II. Berlin 1985

SENATOR FÜR STADTENTWICKLUNG UND UMWELTSCHUTZ (1987): Programm für den Schutz, die Pflege und die schonende Nutzung des Bodens (Berliner Bodenschutzprogramm). Drucksache 10/1503 vom 18.5.87 des Abgeordnetenhauses von Berlin

SIEBELS, N. (1991): Kompostierung und Vermarktung von Kompost in Zusammenarbeit mit der Torf- und Humuswirtschaft.

SONDERMANN, D. und STEINER, N. (1993): Neue gesetzliche Regelungen für die Genehmigung von Bodenbehandlungsanlagen. Altlasten-Spektrum 3/93, S. 127 - 130

SOWA, E. (1992): Schutzgutbezogene Folgenutzung von Rieselfeldern, in: ROSENKRANZ et al.: Bodenschutz. E. Schmidt Verlag

SPILOK, G. (1992): Bodenschutzgesetz Baden-Württemberg. Kurzkommentierung. Verlag W. Kohlhammer, Stuttgart 1992

SRU, RAT VON SACHVERSTÄNDIGEN FÜR UMWELTFRAGEN (1987): Umweltgutachten 1987. BT-Drucksache 11/1568 vom 21.12. 87

STAHR, K. (1985): Wie lassen sich Bodenfunktionen erhalten ? In: Bodenschutz als Gegenstand der Umweltpolitik. Schriftenreihe des Fachber. Landschaftsentwicklung der TU Berlin Nr. 27

STASCH, D., STAHR, K. und M. SYDOW (1991): Welche Böden müssen für den Naturschutz erhalten werden ? Berliner Naturschutzblätter 35 (2), 53-64

STICHER, H. (1988): Bodenqualität und Bodengefährdung, in: BRASSEL u. ROTACH (Hrsg.): Die Nutzung des Bodens in der Schweiz. Züricher Hochschulforum Bd. 11. Verlag der Fachvereine an den Schweizerischen Hochschulen und Techniken, Zürich 1988

SUKOPP, H. (1985): Natur in der Großstadt, in: Stadt als Lebensraum. Wissenschaftsmagazin, Heft 2, Band 2, TU-Berlin

SUMMERER, S. (1988): Umweltethik, Handwörterbuch des Umweltrechts, Band 2, Berlin 1988

SUMMERER, S. (1989): Von der Widerspenstigkeit der Realität: Zwei Versuche mit der UVP in der Praxis, in: WALTERS (Hrsg.): Umweltverträglichkeitsprüfung. Ein Prüfstein für die Umweltpolitik. Zur Umsetzungsdiskussion in der Bundesrepublik Deutschland und Österreich. Wien 1989

SUTTNER (1992): Stadtbodenkartierung München-Allach. Vortrag auf dem Kolloquium 'Stadtbodeninformationssystem - ein Schwerpunkt des saarländischen Bodeninformationssystems (SAAR-BIS). Saarbrüchen 1992

TENT, L. (1982): Auswirkungen der Schwermetallbelastungen von Tidegewässern am Beispiel der Elbe, in: Wasserwirtschaft 72, 2, 1982

THORMANN, A. (1989): Einbeziehung der Landwirtschaft in die Kompostierung, in: WIEMER (Hrsg.): Kompostierung international (Abfallwirtschaft H. 2), Kassel, 1989

TÖPFER, C. (1993): Kreislaufwirtschaft statt Abfallbeseitigung. Umwelt 5/93, S. 198 - 199

TÖRK, U. (1993): Bodensanierungszentrum Bochum, in: ARENDT et al. (Hrsg.): Altlastensanierung '93, S. 1143 - 1148. Kluwer Academic Publishers

TRAMPE, R. und W. FINK (1987): Erfassung der im Landkreis Kreuznach anfallenden Baurestmassen. Baustoffrecycling 1987/3

TREPL, L. (1988): Gibt es Ökosysteme? Landschaft und Stadt 20, (4), S. 176 - 185, 1988

UBA (1990): Umweltbundesamt: Jahresbericht 1990

UNESCO (1981): Stofffluß in Hongkong. Unesco-Kurier, 22 (1981) 4. - S. 26

VEGTER, J.J., ROELS, J.M. und H.F. BAVINCK (1988): Bodenqualitätsstandards: Wissenschaft oder Zukunftsvision? Untersuchung der methodischen Ansätze zur Ermittlung von Bodenqualitätskriterien, in: WOLF, K., v.d. BRINK, W.J. und F.J. COLON (Hrsg.): Altlastensanierung 88, Zweiter Internationaler TNO/BMFT-Kongreß über Altlastesanierung, Bd. I, S. 319 - 328, Hamburg 4/1988

VERLOOP, K.J. (1993): Normen für die Qualität und Verwendung von Kompost aus biogenem Abfall, in: ARENDT et al. (Hrsg.): Altlastensanierung '93, S. 1599-1600, Kluwer Academic Publishers

VIERECK-GÖTTE, L, EWERS,U. (1994): Bestandsaufnahme der in Regelwerken und Handlungsanleitungen der Länder- und Bundesbehörden vorliegenden Richtwerte zur Beurteilung von Bodenverunreinigungen. Altlasten Spektrum 4/94, S. 217 - 222

VOGTMANN, H.; KEHRES, B.; GOTTSCHALL, R. und A. MEIER-PLOEGER (1991): Untersuchungen zur Kompostverwertung in Landwirtschaft und Gartenbau, in: WIEMER, KERN (Hrsg.): Bioabfallkompostierung. Abfallwirtschaft 6. Universität Kassel 1991

VWK DÜSSELDORF (1991): Verwertungskonzept - Anforderungen an die Verwertung von Aushubmaterialien, industriellen Nebenprodukten und aufbereiteten Reststoffen im Stadtgebiet Düsseldorf. Umweltamt der Landeshauptstadt Düsseldorf

WALDSTEIN (1992): Die Pedosphäre als Ansatzpunkt für ein humanes Management des Kohlenstoff-Kreislaufs, in: Politische Ökologie, Sonderheft 4, 1992

WBK (Westfälische Berggewerkschaftskasse Bochum), 1981: Gutachten Bergehalde Hoheward. Institut für angewndte Geologie, Abteilung Wasserwirtschaft und Hydrogeologie

WEIGMAN, G., BLUME, H.P., MATTES, H. und H. SUKOPP (1981): Ökologie im Hochschulunterricht, in TROMMER, RIEDEL (Hrsg.): Didaktik der Ökologie. Aulis, Köln 1981

WELLMANN, C. (1983): Stadtbiotopkartierung Hamburg - Zwischenbericht Nutzungstypen. Behörde für Bezirksangelegenheiten, Natur- und Umweltschutz, Abteilung Naturschutzamt, Hamburg 1983

WERSCHE GmbH (1993): Bauabfallströme in der Region Hannover. Gutachten im Auftrag der Stadt Hannover 1993

WHO (1990): WHO-Regionalbüro für Europa: Consultation on Tolerable Daily Intake from food of PCDDs and PCDFs; Bilthoven, 21.12.1990

WIEGANDT, C.-C. (1991): Reaktivierung von Gewerbe- und Industriebrachen: Das Modell einer Fondslösung am Beispiel des Grundstücksfonds in Nordrhein-Westfalen, in: ROSEN-KRANZ, EINSELE, HARRESS (Hrsg.): Handbuch Bodenschutz, Verlag E. Schmidt, 1991

WIEGEL, U. et al. (1989): Möglichkeiten der Intensivierung der Eigenkompostierung. Endbericht im Auftrage des Landkreises München

WIGGERING, H. (1984): Mechanismen bei der Verwitterung aufgehaldeter Sedimente (Berge) des Oberkarbons. Diss. FB 9 Geologie, Universität Essen GHS, 1984

WIRSIG, G. (1994): Qualitätskompost ist vermarktbar. Umwelt, Bd. 24 (1994), Nr. 6, S. 298 - 303

WOHLRAB, B., EHLERS, M. und K. MOLLENHAUER (1982): Deponien verschiedenster Art, Probleme ihrer Rekultivierung und Integration in die Stadtlandschaft, in: Mitt. Dt. Bodenkundl. Ges. 33, S. 109 - 120, 1982

WOLFF, R. (1993): Stadtböden - Bodenkartierung und bodenökologische Bewertung. Dissertation Universität Hamburg, Instutut für Bodenkunde

WÖRNER, T. (1989): Umweltverträglichkeit alternativer Baustoffe, in: HIERSCHE: Baustoff-Recycling 1990, Stein Verlag 1989